Textbook on the Domestic Implementation of ICESCR

《经济、社会、文化权利国际公约》国内实施读本

黄金荣 主编

北京大学出版社
PEKING UNIVERSITY PRESS

图书在版编目(CIP)数据

《经济、社会、文化权利国际公约》国内实施读本/黄金荣主编. —北京:北京大学出版社,2011.1
ISBN 978-7-301-18136-2

Ⅰ.①经… Ⅱ.①黄… Ⅲ.①人权-国际公约-学习参考资料 Ⅳ.①D998.2

中国版本图书馆 CIP 数据核字(2010)第 234771 号

书　　　名:《经济、社会、文化权利国际公约》国内实施读本
著作责任者:黄金荣　主编
责 任 编 辑:郭薇薇
标 准 书 号:ISBN 978-7-301-18136-2/D·2754
出 版 发 行:北京大学出版社
地　　　址:北京市海淀区成府路 205 号　100871
网　　　址:http://www.pup.cn　电子邮箱:law@pup.pku.edu.cn
电　　　话:邮购部 62752015　发行部 62750672　编辑部 62752027
　　　　　　出版部 62754962
印 刷 者:北京飞达印刷有限责任公司
经 销 者:新华书店
　　　　　　730 毫米×980 毫米　16 开本　13.5 印张　257 千字
　　　　　　2011 年 1 月第 1 版　2011 年 1 月第 1 次印刷
定　　　价:29.00 元

未经许可,不得以任何方式复制或抄袭本书之部分或全部内容。
版权所有,侵权必究
举报电话:010-62752024　电子邮箱:fd@pup.pku.edu.cn

序　言

《经济、社会、文化权利国际公约》与《世界人权宣言》、《公民权利和政治权利国际公约》一起构成了作为全球人权体系基石的"世界人权宪章"。尽管与《公民权利和政治权利国际公约》相比，《经济、社会、文化权利国际公约》曾经一度受到忽视，但自20世纪90年代以来，它开始受到国际社会前所未有的重视。迄今为止（2010年3月14日），全世界已经有160个国家加入了该公约。

近二十年来，《经济、社会、文化权利国际公约》（以下简称《公约》）已经获得了重大发展。一方面，经济、社会和文化权利委员会通过发布"一般性意见"，已经让《公约》的含义日渐清晰。目前，经济、社会和文化权利委员会已经通过并发布了21个"一般性意见"，内容几乎涵盖所有的《公约》权利内容；另一方面，国际社会建立《公约》个人申诉机制的长期努力也终成正果。经过十多年的努力后，联合国人权理事会终于于2008年6月18日通过了最后版本的《经济、社会、文化权利国际公约任择议定书》草案。2008年12月10日世界人权日这一天，联合国大会全体会议一致通过了该议定书。因此，《公约》个人申诉机制的建立已经指日可待。

《经济、社会、文化权利国际公约》对于中国可以说意义重大。自2001年6月27日加入《公约》后，《公约》已经成为中国促进对经济、社会和文化权利保障的重要推动力量和国际标准。中国政府为了履行《公约》的义务，于2003年6月向联合国经济及社会理事会提交了首份履约报告。该报告全面阐述了中国在保障经济、社会和文化权利方面的成就以及存在的不足。在2005年3月经济、社会和文化权利委员会第34次会议期间，委员会对中国的首次履约报告进行了审议，中国政府也认真进行了答辩。委员会最后对中国的首份履约报告发表了"结论性意见"，该意见对中国在保障经济、社会和文化权利方面的成就给予了充分肯定，同时也对存在的不足提出了自己的意见和建议。自2005年审议会议以来，伴随着中国经济的迅速发展和改革的日益深入，中国在保障经济、社会和文化权利保障方面又取得了巨大的进步，无论是在对工作权、社会保障权、健康权的保障方面，还是对住房权和受教育权的保障方面中国都有大量的新的改革措施出台。很多经济、社会和文化权利委员会当初提出的意见和建议现在都已经成为或者接近成为现实。

正是在这样的背景下，我们编写了本书。本书的目的在于为读者全方位展示《经济、社会、文化权利国际公约》内容的同时，结合经济、社会和文化权利委员会的"一般性意见"和针对中国的"结论性意见"向读者系统介绍中国在保障具体经济、社会和文化权利方面的进展以及所存在的不足,从而让读者既能对《公约》规定的基本权利、实施机制、国家义务等方面能够有一个基本的了解,也能对中国在保障《公约》具体权利方面与《公约》所存在的差距有一个清醒的认识。

为此目的,由本书诸位作者组成的课题组进行了几年的努力。早在2005年经济、社会和文化权利委员会审议中国首次报告结束后,课题组即在曼谷就中国的首次履约报告和委员会的"结论性意见"进行了充分研讨,随后又多次在广州和北京召开课题组会议,商讨书稿的内容。经过多年努力,现在终于可以向读者呈现最终的成果了。

本书各章的具体分工如下:第一、二章,白桂梅(北京大学法学院教授);第三、十章,黄启成(亚洲法律资源中心研究员);第四章,李傲(武汉大学法学院教授);第五、九章,黄巧燕(中山大学法学院讲师);第六章,郭凯仪(香港浸会大学副教授)、孔繁华(华南师范大学法学院副教授);第七章,柳华文(中国社会科学院法学研究所副研究员);第八章,林莉红(武汉大学法学院教授);第十一章,黄金荣(中国社会科学院法学研究所副研究员);第十二章,夏春利(北京航空航天大学法学院讲师);第十三章,梁晓晖(北京大学法学院2004级国际法博士研究生)。黄金荣接受课题组委托对书稿进行了统一审稿和编辑。

在本书的编写过程中,白桂梅教授在组织写作和联系出版等方面作出了重大贡献;黄启成先生则在组织和协调本课题组的研究活动方面起到了主导作用;除了本书的诸位作者之外,香港社区组织协会的何喜华先生和华东政法大学社会学系的李俊博士也曾多方参与课题组的讨论,在此特别表示感谢。在编写本书的过程中,尽管课题组有统一的体例要求,但由于各章内容有别,再加上作者人数较多,有些章节之间在体例上不可避免有些差异,希望读者能够见谅。

本书课题组
2010年3月14日

目　　录

第一章　《公约》全貌概览 …………………………………………… （1）
　　一、《公约》产生背景及其起草过程 ………………………………… （1）
　　二、《公约》的签字、批准和保留 …………………………………… （3）
　　三、《公约》的主要内容 ……………………………………………… （5）
　　四、中国与《公约》 …………………………………………………… （6）
第二章　人民自决权 …………………………………………………… （8）
　　一、人民自决权的内容 ………………………………………………… （8）
　　二、缔约国义务 ……………………………………………………… （11）
　　三、其他国际公约和人权文件对人民自决权的规定 ……………… （12）
　　四、结语 ……………………………………………………………… （13）
第三章　国家义务 ……………………………………………………… （15）
　　一、《经济、社会、文化权利国际公约》国家义务的解释及其发展 … （15）
　　二、第2条第1款：国家义务的性质和实现方法 …………………… （16）
　　三、国家对权利予以限制时所负有的义务 ………………………… （19）
　　四、国家义务的类型 ………………………………………………… （20）
第四章　非歧视原则 …………………………………………………… （23）
　　一、非歧视原则概念 ………………………………………………… （23）
　　二、反歧视原则的内容 ……………………………………………… （25）
　　三、其他全球性及区域性国际公约的相关规定 …………………… （28）
　　四、国际与国内案例 ………………………………………………… （29）
　　五、中国的法律与政策 ……………………………………………… （31）
第五章　工作权 ………………………………………………………… （35）
　　一、工作权的概念和发展 …………………………………………… （36）
　　二、工作权的要素 …………………………………………………… （38）
　　三、第18号"一般性意见"对第6条工作权的解释 ………………… （46）
　　四、国际与国内案例 ………………………………………………… （48）
　　五、中国的法律与政策 ……………………………………………… （50）
　　六、本章小结 ………………………………………………………… （54）

第六章　社会保障权···(55)
　　一、社会保障权概况···(55)
　　二、社会保障权的内容···(57)
　　三、社会保障权在其他国际公约和人权文件中的体现·······················(60)
　　四、中国的政策与案例···(61)
　　五、本章小结···(68)

第七章　家庭、母亲和儿童受保护的权利···(69)
　　一、概述···(69)
　　二、家庭权利···(69)
　　三、婚姻自由···(73)
　　四、母亲的权利···(74)
　　五、儿童权利···(76)
　　六、缔约国义务和国际案例···(79)
　　七、中国的政策与案例···(82)
　　八、本章小结···(84)

第八章　适足生活水准权之食物权···(85)
　　一、食物权的历史发展···(85)
　　二、食物权的内容···(87)
　　三、食物权在其他国际公约和文件中的体现···(95)
　　四、国家采取行动的实例与案例···(96)
　　五、中国的政策与案例···(97)

第九章　适足生活水准权之住房权···(104)
　　一、适足住房权的内容···(104)
　　二、适足住房权的国家义务···(107)
　　三、国际案例···(111)
　　四、中国的政策与案例···(114)
　　五、本章小结···(120)

第十章　健康权···(122)
　　一、健康权的历史发展···(122)
　　二、健康权的定义及内容···(123)
　　三、其他国际公约中的健康权···(127)
　　四、健康权的国际案例···(128)
　　五、健康权的中国政策和案例···(131)
　　六、本章小结···(137)

第十一章　受教育权 ……………………………………………（138）
一、受教育权的内容 …………………………………………（139）
二、其他国际人权公约和文件中的受教育权 ………………（141）
三、国际案例 …………………………………………………（143）
四、中国的政策与案例 ………………………………………（147）
五、本章小结 …………………………………………………（155）

第十二章　文化权 ……………………………………………（157）
一、文化权的内容 ……………………………………………（157）
二、其他国际人权公约或文件中的文化权 …………………（163）
三、国际案例与国家行动 ……………………………………（166）
四、中国的政策与案例 ………………………………………（168）

第十三章　《公约》执行机制 ………………………………（171）
一、国际人权公约执行机制概况 ……………………………（171）
二、经济、社会和文化权利委员会 …………………………（175）
三、《公约》的报告制度 ……………………………………（178）
四、经济、社会和文化权利申诉与调查机制 ………………（187）
五、《公约》在缔约国的实施 ………………………………（190）

附录一　《经济、社会、文化权利国际公约》 ………………（193）
附录二　《〈经济、社会、文化权利国际公约〉任择议定书》 …（201）
附件三　参考文献相关网址 ……………………………………（208）

第一章 《公约》全貌概览

一、《公约》产生背景及其起草过程

早在1945年联合国制宪会议上就曾有不少学者和非政府组织提出在《联合国宪章》中包括一个人权法案[①]，但是这个建议没有被采纳。《联合国宪章》仅对人权作出了比较原则性的规定。例如，《联合国宪章》（以下简称《宪章》）第1条第3款规定："促成国际合作，以解决国际间属于经济、社会、文化及人类福利性质之国际问题，且不分种族、性别、语言或宗教，增进并激励对于全体人类之人权及基本自由之尊重。"此外，《宪章》的其他条款（第13条、第55条、第56条、第62条、第68条和第76条）也有类似的规定。但是，《宪章》既没有列举人权和基本自由的具体内容，也没有规定联合国会员国的具体义务。因此，联合国人权委员会从1947年开始着手制定"世界人权宪章"，并决定首先起草一个没有法律拘束力的宣言，然后再制定一个公约以及一个关于实施措施的文件。

（一）从制定一个人权公约开始

两个国际人权公约是在《世界人权宣言》（以下简称《宣言》）的基础上起草的。《宣言》于1948年12月10日在联合国大会通过。《宣言》由序言和30条条文所组成：从第3条到第21条，《宣言》规定了大约18项公民和政治权利；从第22条到第27条，《宣言》规定了一些经济、社会和文化权利，其中包括工作权、同工同酬的权利、组织和参加工会的权利、享受休息和闲暇的权利、享受健康生活水准的权利、受教育的权利、自由参加社会文化生活的权利等。

就在《宣言》通过的当年，联合国大会要求人权委员会将起草人权公约和执行公约措施的准备工作作为其议事日程的首要事项。最初，联合国计划制定一个一般性国际人权公约以便使《宣言》中的人权规定成为对国家具有法律拘束力的国际法律规则。但是，在公约起草工作开始时正是"冷战"初期，西方资本主义国家、社会主义国家和一些发展中国家在人权的性质和内容上存在严重分歧。西方国家认为只有公民和政治权利才是真正的人权，而经济、社会和文化权利不是人权。然而社会主义国家和某些发展中国家坚持所有人权的不可分割性。由于西方国家在当时的人权委员会占有一定优势，其结果造成在包括18条

[①] 刘杰：《美国与国际人权法》，上海社会科学出版社1996年版，第50页。

的人权公约第一个草案条文中根本就没有包含经济、社会和文化权利。为此,联合国大会通过了一个决议(1950年12月421(V)决议),在该决议中联合国大会要求人权委员会公约草案应以《宣言》为基础,并强调人权是相互联系并相互依存的,因此公约草案应该包括经济、社会和文化权利。但是,两大阵营之间的分歧并没有得到解决,他们各执己见不肯妥协。这样就使公约的起草工作处于难以继续的停滞状态。为了防止公约起草工作就此搁浅,人权委员会反过来要求联合国大会重新考虑关于起草一个人权公约的决定。后来联合国大会第三委员会①经过两个多月的激烈讨论最终决定起草分别规定公民权利、政治权利与经济、社会和文化权利的两个人权公约。为此联合国大会于1952年专门通过了543(VI)号决议,要求联合国经济及社会理事会请求人权委员会同时起草一个规定公民和政治权利的公约和一个专门规定经济、社会和文化权利的公约,要求人权委员会在两个公约中尽可能多地包括同样的规定,并同时提交到联合国大会以便同时通过并同时向各国开放签字。②结果两个国际人权公约均于1966年12月16日在联合国大会第2200A(XXI)号决议中获得通过。

(二)《公约》是"国际人权宪章"的组成部分

由《世界人权宣言》和两个国际人权公约组成的"国际人权宪章"是国际人权法的基础。大多数其他普遍性(或全球性)和区域性国际人权公约基本上都是以"国际人权宪章"为蓝本制定出来或为了实现"国际人权宪章"所设定的目标而制定的。

在这三个国际人权文件中,《世界人权宣言》是联合国大会的决议。根据《联合国宪章》的规定,这类联合国大会决议本身对联合国的会员国没有法律的拘束力。但是在两个国际人权公约于1976年生效之前,该《宣言》起着解释《联合国宪章》中人权规定的作用。此外,自从《宣言》通过到目前已经超过半个世纪,《宣言》中的一些规则不仅得到后来的国际人权文件的确认,而且有些规则已经被不少国家规定在其宪法当中。因此,一些学者认为,至少《宣言》中的某些规则已经形成国际习惯法的一部分,从而对所有国家都具有法律的拘束力。③

虽然在两个国际人权公约生效之前就已经有了1950年的《欧洲人权公约》和1969年的《美洲人权公约》,但是这两个区域性国际人权公约以后的修订,基

---

① 联合国大会下设六个主要委员会,第三委员会是社会、人道主义和文化委员会。
② 参见 Daniel Warner, An Ethics of Human Rights: Two Interrelated Misunderstandings, 24 *Denv. J. Int'l L. & Pol'y* 395 (Spring, 1996), pp.5—7.
③ 参见 John Humphrey, No Distant Millennium: *The International Law of Human Rights*, UNESCO, 1989, p.155; J. G. Merrills, *Human Rights in the World*, 1989, p.27; Boutros Boutros-Ghali, in The United Nations and Human Rights: 1945—1995, *United Nations Blue Book Series*, Vol. VII, United Nations, New York, 1995, p.7.

本上都是以两个国际人权公约为基础的。虽然欧洲和美洲人权公约都不包括经济、社会和文化权利,但是随着《欧洲社会宪章》以及《美洲人权公约附加议定书》的通过,经济、社会和文化权利也成为两个区域人权体系的组成部分。与两个人权公约的体系最接近的区域性人权公约是1981年的《非洲人权和民族权宪章》,它不仅包括公民和政治权利,而且包括经济、社会和文化权利;不仅包括个人人权,而且还包括集体人权。目前这三个仅在各自区域内生效的区域性人权公约与两个国际人权公约同时并存,它们都是一般性国际人权公约,但是两个国际人权公约是这些区域性人权公约的基础。

最后需要特别指出的一点是,《经济、社会和文化权利国际公约》也是九个联合国"核心人权公约"之一。其他的八个公约是:上面提到的1966年《公民权利和政治权利国际公约》、1965年《消除一切形式种族歧视国际公约》、1984年《禁止酷刑和其他残忍、不人道或有辱人格的待遇或处罚公约》、1979年《消除对妇女一切形式歧视公约》、1989年《儿童权利公约》、2001年《迁徙工人及其家庭成员权利国际公约》、2006年《保护所有人免遭强迫失踪国际公约》和2006年《残疾人权利国际公约》。除了这些核心人权公约,国际上还有关于难民、国际劳工权利和其他专门性国际人权公约,总计大约七十个。

二、《公约》的签字、批准和保留

(一) 签字

如前所述,《经济、社会和文化权利国际公约》于1966年12月16日在联合国大会通过并向所有国家开放签字,1976年1月3日《公约》开始生效。"签字"、"批准"、"生效",这些都是国际法上的用语,都是条约法上的内容。"公约"是条约的一种,根据1969年《维也纳条约法公约》的规定,一个有效的条约要符合条约的缔结程序。条约大致可以分为双边(即只有两个缔约方)和多边(即有三个和三个以上的缔约方)条约两种。"公约"属于多边条约,而且是参加国很多的全球性国际"公约"。"公约"是条约的名称,条约还有其他名称,例如"协定"、"议定书"、"盟约"、"规约"等。条约是总称,但它也可以是具体条约的名称,例如1961年《南极条约》。无论什么条约都必须经过条约缔结的程序才能成为有效的法律文件从而对缔约国发生法律的约束力。双边条约需要缔约双方的代表在条约文本上签字;多边条约则需要各个缔约国的代表签字。如果多边条约是允许世界上的所有国家参加的,那它就是开放性的条约,因此它向所有国家开放签字,意思是参加和没有参加缔约的国家都可以签字。例如,我们正在讨论的《公约》第26条第1款规定:"本公约开放给联合国任何会员国或其专门机构的任何会员国、国际法院规约的任何当事国和经联合国大会邀请为本公约缔约国的任何其他国家签字。"签字意味着签字国对条约约文的认定和接受。根据条约的内容以及条约中的具体规定,有的条约签字后即可生效,有的则需要进行下一步程序,即批准。

(二) 批准

《公约》第 26 条第 2 款规定:"本公约须经批准。批准书应交存联合国秘书长。"条约的批准一方面是条约本身的要求,是条约缔结程序的重要步骤;另一方面,条约须经批准也可能是国内立法的要求。根据条约的具体内容及其性质,国家或政府的代表在条约上的签字必须经过立法机构的批准。在签字之后批准之前的期间内,签字国可以对条约的内容重新或进一步加以考虑以便作出是否批准的决定。如果不准备拒绝批准,可以进行国内立法和其他方面的准备。除非明确表示拒绝批准,签字国在签字后批准前的期间内,不能作出任何与相关条约的宗旨和目的相悖的行为。

多边条约仅仅得到一两个签字国的批准是不能生效的,一般条约中都有批准数目的具体要求。例如《公约》第 27 条第 1 款规定:"本公约应自第三十五件批准书或加入书交存联合国秘书长之日起 3 个月生效。"1976 年 1 月 3 日正是这个日子,《公约》从开放签字到生效间隔近十年之久。另外,《公约》第 27 条第 2 款规定:"对于在第三十五件批准书或加入书交存后批准或加入本公约的国家,本公约应自该国交存批准书或加入书之日起 3 个月生效。"我国就是属于这样的国家。

(三) 保留

保留属于一种特殊的条约缔结程序,仅仅发生于多边条约,双边条约不存在保留问题。根据 1969 年《维也纳条约法公约》第 2 条的规定,保留是指国家在签署、批准或加入条约时所作出的声明,这种声明的措辞可能不尽相同,但其目的是为了摒除或更改条约中若干规定对该国适用时的法律效果。由于多边条约的约文是根据少数服从多数的民主原则以投票的方式通过的,因此当投票赞成一个条约时,国家可能反对或不接受条约中的某些条款或某条款中的某种规定。条约法中存在的保留制度,允许国家在正式接受条约拘束时,即在签字、批准或加入条约时将保留提出来。如果国家提出的保留与条约的宗旨和目的相符合,同时也不是条约明文禁止的,保留就是有效的。当然,根据 1969 年《维也纳条约法公约》第 22 条的规定,国家对条约作出的保留是可以随时撤回的。

（四）中国对《公约》的签字、批准和保留

中国于 1997 年 10 月 27 日由中华人民共和国驻联合国代表秦华孙在该公约上签了字，2001 年 2 月 28 日全国人民代表大会常务委员会批准了该公约，2001 年 3 月 27 提交批准书，2001 年 6 月 27 日开始对我国生效。

中华人民共和国政府在批准该公约时作了如下声明：第一，中华人民共和国政府对该公约的第 8 条第 1 款（甲）项，将依据《中华人民共和国宪法》和《中华人民共和国劳动法》等法律的有关规定办理；第二，根据 1997 年 6 月 20 日和 1999 年 12 月 2 日中华人民共和国常驻联合国代表先后致联合国秘书长的照会，该公约适用于中华人民共和国香港特别行政区和中华人民共和国澳门特别行政区，依照《中华人民共和国香港特别行政区基本法》和《中华人民共和国澳门特别行政区基本法》的规定，通过各特别行政区的法律予以实施；第三，台湾当局于 1967 年 10 月 5 日盗用中国名义对该公约所作的签署是非法和无效的。

三、《公约》的主要内容

（一）《公约》主体内容

《公约》由序言和 31 个条款所组成《公约》包括五个部分：第一部分只有一个条款，即自决权条款。这部分的内容与《公民权利和政治权利国际公约》的第一部分完全相同。第二部分（第 2 条至第 5 条）规定了缔约国的一般性义务。第三部分（第 6 条至第 15 条）是各项权利，包括工作权、关于工会的权利、社会保障权、婚姻和家庭权、健康权、受教育权和文化权等。第四部分（第 16 条至第 25 条）是关于《公约》执行机制的规定，主要规定缔约国的报告机制。第五部分（第 26 条至第 31 条）是《公约》的最后条款，主要是关于《公约》的签字、批准、生效、修正和作准文字等方面的规定。

（二）经济、社会和文化权利委员会的"一般性意见"

"一般性意见"（general comments）是指由负责监督缔约国履行公约义务的机构对所有缔约国所作出的关于相关公约的解释、缔约国义务的履行等方面的意见。之所以称为"一般性意见"是与人权条约机构专门针对某个缔约国提出的意见（一般称"结论性意见"）相对而言的。经济、社会和文化权利委员会从 1989 年开始发布"一般性意见"，到 2009 年已经作出了 21 个"一般性意见"，主要内容涉及缔约国报告、缔约国义务的性质以及关于住房权、残疾人和老龄人的权利、工作权、食物权、住房权、受教育权、水权和文化权等具体问题。虽然这些

"一般性意见"是经济、社会和文化权利委员会的专家们作出的,对缔约国没有法律的拘束力,但它们对于《公约》的解释、适用和实施均具有非常重要的参考价值。

四、中国与《公约》

(一) 中国的加入

如前所述,《公约》的起草从20世纪50年代初就开始了,直到1966年《公约》在联合国大会通过时,中国在联合国的席位尚未得到恢复。因此,中国1967年10月5日在《公约》上的签字是台湾当局盗用中国名义所为。① 正是由于这个历史原因,中国不可能参加《公约》的起草,也不可能成为《公约》的原始缔约国,而只能通过加入成为《公约》的参加国。原始缔约国与通过加入成为《公约》参加国的国家在条约的权利和义务方面没有任何差别,唯一的不同是,在《公约》生效后加入的国家不是在《公约》生效的同时开始受《公约》约束②,而是在加入书交存之日起3个月后(《公约》第27条第2款)开始生效。因此,中国于2001年3月27日交存加入书,3个月后,即2001年6月27日《公约》开始对中国生效。

(二) 香港和澳门特别行政区与《公约》

如前所述,中国在加入《公约》时所作的声明中指出:"根据1997年6月20日和1999年12月2日中华人民共和国常驻联合国代表先后致联合国秘书长的照会,该公约适用于中华人民共和国香港特别行政区和中华人民共和国澳门特别行政区,依照《中华人民共和国香港特别行政区基本法》和《中华人民共和国澳门特别行政区基本法》的规定,通过各该特别行政区的法律予以实施"。中国政府之所以专门就《公约》在这两个特别行政区的适用问题作出声明,原因是在《中华人民共和国香港特别行政区基本法》和《中华人民共和国澳门特别行政区基本法》中都有相关规定。《中华人民共和国香港特别行政区基本法》第153条规定:"中华人民共和国缔结的国际协议,中央人民政府可根据香港特别行政区的情况和需要,在征询香港特别行政区政府的意见后,决定是否适用于香港特别行政区。"《中华人民共和国澳门特别行政区基本法》第138条也作出了措辞完全相同的规定。中国政府所作的声明完全符合两个特别行政区基本法的规定。

实际上,在中国尚未加入之前《公约》就已经分别适用于香港和澳门了。这

---

① 中国政府在加入《公约》时已经将这种行为宣布为非法和无效。
② 但是,如果加入发生在《公约》生效之前,那就没有任何区别了。

是因为在这两个特别行政区在回归之前分别在英国和葡萄牙的统治之下。它们在国际上与其他国家签订的某些条约也适用于香港或澳门，其中包括《公约》，而且这些条约中国并不是参加国。那么在回归之后这些原来适用于两个特别行政区但中国没有参加的条约是否还继续适用呢？为了解决这个问题，两个特别行政区的基本法都对此作了规定。《中华人民共和国香港特别行政区基本法》第153条规定："中华人民共和国尚未参加但已适用于香港的国际协议仍可继续适用。中央人民政府根据需要授权或协助香港特别行政区政府作出适当安排，使其他有关国际协议适用于香港特别行政区。"《中华人民共和国澳门特别行政区基本法》第138条也作出了措辞完全相同的规定。特别是《中华人民共和国香港特别行政区基本法》第39条对《公约》作出专门规定："《公民权利和政治权利国际公约》、《经济、社会与文化权利的国际公约》和国际劳工公约适用于香港的有关规定继续有效，通过香港特别行政区的法律予以实施。"《中华人民共和国澳门特别行政区基本法》第40条也作出了措辞相同的规定。

第二章 人民自决权

第1条

一、所有人民都有自决权,他们凭这种权利自由决定他们的政治地位,并自由谋求他们的经济、社会和文化的发展。

二、所有人民得为他们自己的目的自由处置他们的天然财富和资源,而不得损害根据基于互利原则的国际经济合作和国际法而产生的任何义务。在任何情况下不得剥夺一个民族自己的生存手段。

三、本公约各缔约国,包括那些负责管理非自治领土和托管领土的国家,应在符合联合国宪章规定的条件下,促进自决权的实现,并尊重这种权利。

一、人民自决权的内容

人民自决权作为一项权利规定在两个国际人权公约中①,这是与非殖民化运动密切相关的重要发展。但是,由于《公约》没有对这项权利的主体作出任何界定,这项权利的内涵和外延仍然是人们争论的焦点。特别是该项权利是否适用于缔约国领土范围内的少数者?如何实现自决?自决权中是否包括分离权或独立权?人们在这些问题上仍存有重大分歧。为了对这些问题有一个比较客观的了解,简单介绍一下这项权利产生的背景是必要的。

(一) 人民自决权的历史发展

在人民自决权被正式写进两个国际人权公约之前,它已经成为国际法上的一项原则,而且是基本原则。

虽然作为一项政治原则,自决权的概念在列宁领导的十月革命和第一次世界大战后美国总统威尔逊提出的14点原则中都从不同的角度得到了提倡,但是在国际法的意义上,该原则的第一次提出应该是在《联合国宪章》中。《宪章》第1条第2款规定联合国组织的宗旨和目的之一就是"发展国际间以尊重人民平等权利及自决原则为依据之友好关系"。此后,随着战后非殖民化运动的迅速发展,人民自决权逐渐发展成为习惯国际法的一部分并进而获得国际法基本原

---

① 1966年两个国际人权公约均在其第一部分第1条对此权利作了完全相同规定。

则的地位。在这项原则的发展过程中,联合国大会通过的两个重要宣言发挥了非常重要的作用:1960年12月14日的《给与殖民地国家和人民独立宣言》和1970年10月24日《关于各国间依据联合国宪章建立友好关系及合作的国际法原则宣言》(以下简称《国际法原则宣言》)。上述1960年的《宣言》规定:"所有的人民都有自决权,依据这个权利,他们自由地决定他们的政治地位,自由地发展他们的经济、社会和文化。"可以看出,《公约》第1条的措辞,与该《宣言》的上述规定十分相近。《国际法原则宣言》也作出了类似的规定:"根据联合国宪章所尊崇之各民族享有平等权利和自决权之原则,各民族一律有权自由决定其政治地位,不受外界之干涉,并追求其经济、社会及文化之发展,且每一国家均有义务遵照宪章规定尊重此种权利。"

在逐渐被接受为国际法原则的同时,自决在非殖民化过程中作为一项人权也得到越来越普遍的接受。自决与人权之间的密切联系是不言自明的,因为如果个人所属的社会是在外国奴役之下,这些个人就不可能自由,也不可能真正地享有人权。上述1960年的《宣言》在序言中庄严宣布,为了"创造建立在尊重各国人民的平等权利和自决的基础上的稳定、福利以及和平和友好关系的条件,和创造普遍尊重和遵守人类的权利以及不分种族、性别、语言或宗教的所有人的基本自由的条件,需要迅速和无条件地结束一切形式和表现的殖民主义"。从该宣言的措辞看出,自决与人权的这种最初的联系,主要强调的是实现自决,即摆脱殖民统治,可以为尊重和保证人权和基本自由创造条件。随着非殖民化和人权运动的发展,自决权逐渐演变成一项人权。

将人民自决权写进两个人权公约是新独立国家和被压迫民族与殖民主义斗争的结果。早在1950年,负责起草国际人权公约的联合国人权委员会在其第6次会议上就接到一个关于在公约中写进人民自决权的议案,由于遭到种种反对而未被通过。反对的声音主要来自西方,其理由主要是:人民自决是"原则"而不是"权利"。但是,已经在联合国大会占据多数的、支持将自决权视为人权的国家,促使联合国大会通过了(42票赞成、7票弃权、5票反对)要求在公约中写进自决权条款的GA545Ⅵ(1952)号决议,并对该条款的措辞作了指导。其主要内容是:为再次确认《联合国宪章》中宣布的原则,在国际人权公约中包括所有人民和民族自决权条款。该条款应起草为:"所有人民都有自决权",并应规定所有国家,包括负责管理非自治领土的国家,应按照联合国宗旨和原则促进这些权利的实现。经过认真激烈的讨论,联合国大会第三委员会终于在1955年通过了关于自决权的条款。除了一些不重要的文字上的变动外,这次通过的条文草案就是1966年联合国大会最后通过的两个人权公约的共同第一条。

（二）人民自决权的概念

自决权在两个国际人权公约中都用同样的措辞并且都是在公约第一部分的第1条中作出规定,并且该部分都只有一个条款。对于公约起草者的这种安排,人们有不同的解读。一些否认自决权是人权的人认为,之所以将它与其他权利和自由在不同的部分作出规定,就是因为它只是一项政治原则,而不是人权。持对立意见的人则认为,将它在第一部分并作为第1条作出规定是因为它是最重要的人权,是其他人权的前提。其实人权事务委员会[①]于1984年第21届会议上通过的关于第1条的第12号"一般性意见"也持后一种观点。该意见指出："自决权具有特别重要的意义,因为自决权的实现是有效地保障和遵守个人人权以及促进及巩固这些权利的基本条件。基于这些原因,缔约国将自决权列在两项公约的成文法条款中,并将此项权利与由两项公约所提的其他权利加以区别,作为第1条列于所有其他权利之前。"

关于自决权是否是人权的这种争论随着两个人权公约的生效而改变了焦点,因为自决权作为一项人权已经得到了越来越普遍的承认。但是,自决权与其他人权的关系问题依然存在争议。[②]尽管如此,自决权被写进具有法律拘束力的国际人权公约中尚属首次。本书不再进行学术方面的探讨,这里特别需要澄清的是人民自决权的概念。

1. 人民自决权是一项集体人权

在人权的发展历史中集体人权是比较新的概念。它的出现与非殖民化运动紧密联系在一起。因为它在时间上比公民权利和政治权利与经济、社会和文化权利的提出要晚,所以也被称为"第三代人权"。集体人权是与个人人权相对而言的,在集体人权的概念提出之前,人权就是个人的基本权利和自由。集体人权概念的提出打破了只有个人才是人权主体的传统观念。人民作为一个集体成为人权的主体,享受自决权、发展权等一系列权利和自由。

2. 自决的内容包括政治和经济两个方面

从第1条第1款的措辞可以看出,自决权包括政治的自决和经济的自决。"他们凭这种权利自由决定他们的政治地位,并自由谋求他们的经济、社会和文化的发展。"从国际实践来看,对于被殖民或非自治领土上的人民来说,政治自决就是摆脱殖民统治和外国的压迫,自由决定在国际上的政治地位。根据1960年联合国大会通过的1541（XV）号决议的规定,非自治领土通过"成为独立国

[①] 依《公民权利和政治权利国际公约》建立的执行机构。由于两个人权公约关于自决权的规定是完全相同的,该委员会的意见对于《经济、社会、文化权利国际公约》的缔约国也具有重要参考价值。

[②] 关于不同人权之间的关系,在1993年世界人权大会上得到明确强调:所有人权都是相互联系和不可分割的。

家"、"与一个独立国家自由联合"或"并入一个独立国家"都可以说已经达到自决。因此,自决并不都是建立独立国家,只要是相关的人民自己自由决定的,采取其他方式也可以说是实现了政治自决。政治自决之后,相关人民的经济、社会和文化发展,建立什么制度以及通过什么方式实现这种发展也是人民自决权的重要方面。

3. 人民自由处置其天然财富和资源的权利

第1条第2款是根据智利在人权委员会的代表提出的议案增加到自决权条款中的。这个议案遭到许多西方国家的反对,原因是害怕这样的规定可能被用来将外国财产国有化而不提供充分的补偿。结果智利的议案经过很多修订后成为了公约现在这样措辞较为模糊的规定。从第1条第2款的措辞可以看出,人民自由处置其天然财富和资源的权利以"不损害国际经济合作和国际法而产生的任何义务"为条件。但是该条件中还有一个条件,即这种义务必须是以互利原则为基础。如果这种义务是单方面的有利于一方,这个条件就不能适用。值得特别强调的是,这一款的最后一句话是非常重要的:"在任何情况下不得剥夺一个民族自己的生存手段。"一个民族的生存手段,包括自由处置其天然财富和资源,"在任何情况下"都不能剥夺。这项规定具有强行法的性质。为了进一步强调这一点,《公约》在第25条专门规定:本公约之解释,不得损害所有民族充分与自由享受及利用其天然财富与资源之天赋权利。人民自由处置其天然财富和资源的权利已经成为国际习惯法的一部分。在《公约》之后通过的许多联合国大会决议和国际公约中都对该项权利予以确认。例如,1978年《关于国家在条约方面的继承的维也纳公约》第13条规定:"本公约的任何规定均不影响确认每一民族和每一国家对其自然财富与资源拥有主权的国际法原则。"

二、缔约国义务

《公约》第1条第3款对缔约国的义务专门作出规定,要求各缔约国,包括那些负责管理非自治领土和托管领土的国家,在符合《联合国宪章》的条件下促进自决权的实现,并尊重这种权利。上述人权事务委员会的第12号"一般性意见"认为第3款特别重要,因为依照该款的规定,缔约国不仅对其本国人民承担具体的义务,而且对无法行使自决权或被剥夺了行使自决权机会的所有人民都要承担具体的义务。此外,该委员会强调:"无论享有自决权的人民是否附属于本《公约》缔约国",均应承担第3款规定的义务。

据此,缔约国的义务可以归纳为下面三个层次:

1. 尊重、保护和实现缔约国本国人民自决权的义务

由于本国人民的自决权与缔约国的主权和领土完整存在不可避免的联系,这个问题一直比较敏感。有些缔约国在签署或批准《公约》时甚至还由于这个原因对这个条款作出了保留。例如,印度在保留声明中指出:"……'自决权'一词仅适用于在外国统治下的人民,不适用于主权独立国家或一个人民或民族的一部分,这是国家统一的根本。"①中国在给经济、社会和文化权利委员会问题的答复中也强调:为了维护中国的领土完整,根据中国刑法的规定,那些组织、谋划和进行分裂国家或破坏国家统一的行为属于犯罪,应受到法律的惩罚。②

2. 尊重、保护和实现缔约国负责管理的非自治领土和托管领土上的人民自决权的义务

在非殖民化运动中,缔约国如何履行这项义务颇为重要。实践证明,一些老牌殖民国家对于殖民地人民实现自决权的斗争持抵抗态度,甚至用武力加以镇压。因此,在1970年《国际法原则宣言》中作出这样的规定:"每一国均有义务避免对上文阐释本原则③时所指之民族④采取剥夺其自决、自由及独立权利之任何行动。此等民族在采取行动反对并抵抗此种强制行动以求行使其自决权时,有权依照宪章宗旨及原则请求并接受援助。"应当注意的是,在非殖民化运动进入尾声之后缔约国此项义务的重要性也随之发生了变化。

3. 尊重、保护和实现不属于或不附属于缔约国的人民自决权的义务

缔约国还承担着尊重、保护和实现外国的人民自决权的义务。这种义务与国际法上的不承认原则有着密切联系。因此,当一个不属于或不附属于缔约国的人民的自决权遭到严重侵害时,缔约国有义务不承认由于这种侵害造成的事实。例如,侵害了罗得西亚人民自决权的所谓史密斯政府于1965年11月11日单方面宣布独立,联合国安全理事会于第二天通过决议号召各国不承认这种侵害罗得西亚自决权的事实。

三、其他国际公约和人权文件对人民自决权的规定

如上所述,人民自决权作为一项集体人权得到国际社会的普遍承认。联合国大会1970年通过的《关于各国依联合国宪章建立友好关系及合作之国际法原则之宣言》(以下简称《国际法原则宣言》)不仅规定了各民族的平等权和自决权

---

① 参见《在联合国秘书长登记的国际多边条约汇编》,1991年英文版,第124—125页。
② 参见北京大学法学院人权中心网站:http://www.hrol.org,2008年6月5日访问。
③ 即各民族享有平等权利与自决权之原则。
④ 指受殖民统治、异族奴役、统治与剥削的民族。

还规定了每一个国家为实现这项权利而应该承担的义务,以便"妥为顾及有关民族自由表达之意旨,迅速铲除殖民主义;并毋忘各族人民之受异族奴役、统治与剥削,即系违背此项原则且系否定基本人权,并与宪章不合"。此外,欧洲安全与合作会议1975年通过的《欧洲关于指导与会国间关系原则的宣言》的第8项也对民族自决作出了规定,其措辞与《联合国宪章》和两个人权公约共同第1条基本类似。需要指出的是,上述两个文件均不具有法律拘束力,它们通常被列入"软法"的范畴。但是,无论如何它们对于促进人民自决权成为国际习惯法的一部分具有重要意义。

在两个国际人权公约之外,规定人民自决权的具有法律拘束力的唯一国际文件是1981年非洲统一组织(现在的非洲联盟)通过的《非洲人权和民族权宪章》。该《宪章》第20条规定:"一切民族均拥有生存权。它们均享有无可非议和不可剥夺的自决权。它们应自由地决定其政治地位,并按照它们自由选择的政策谋求其经济和社会的发展。"该《宪章》在第21条中规定:"一切民族均可自由处置其天然财富和资源。此项权利之行使理应唯民族利益是从。在任何情况下均不得剥夺一个民族的此项权利。"但是由于该宪章属于区域性国际人权公约,它仅对非洲的缔约国具有法律拘束力。

四、结　语

与其他人权不同,在非殖民化运动中提出的人民自决权与反对殖民统治和异族的奴役、压迫密切相关。为了摆脱这种统治和压迫,人民自决权的实现往往是被统治和被压迫的人民获得独立并建立新国家。正是这种国际实践使人们自然地把自决权的实现与主权国家的领土完整问题联系在一起,从而引起大多数国家和国际组织对人民自决权保持一种十分谨慎的态度。这种现象可以在联合国和其他国际组织或机构的实践中略见一斑。例如,由《消除一切形式种族歧视公约》建立的消除种族歧视委员会于1996年第48届会议上通过的关于自决权的第21号"一般性意见"强调,"根据《友好关系宣言》[①],不得将委员会的任何行动理解为同意或鼓励完全或部分肢解或破坏独立主权国家的领土完整或政治团结,只要这些国家按照权利平等和人民自决的原则管理国家事务并有一个代表领土上全体人民的政府,而不分种族、信仰或肤色,委员会认为,国际法并未承认各民族单方面宣布脱离一个国家的一般权利"。

总之,人民自决权,这个在非殖民化运动中迅速形成的国际法原则和集体人权对国际法的发展和人权运动都曾产生很大影响,作为一项特殊的人权规定在

---

① 即1970年《国际法原则宣言》。

两个国际人权公约的共同第 1 条中是非殖民化运动的结果。对人民自决权的尊重、保护和实现是缔约国承担的义务。但是,这些义务应该如何履行以及如何既保障这项权利又不损害国家主权和领土完整,这是摆在我们面前的艰巨任务,值得认真对待并进行深入研究。

第三章 国家义务

第2条

一、每一缔约国家承担尽最大能力个别采取步骤或经由国际援助和合作,特别是经济和技术方面的援助和合作,采取步骤,以便用一切适当方法,尤其包括用立法方法,逐渐达到本公约中所承认的权利的充分实现。

二、本公约缔约各国承担保证,本公约所宣布的权利应予普遍行使,而不得有例如种族、肤色、性别、语言、宗教、政治或其他见解、国籍或社会出身、财产、出生或其他身份等任何区分。

三、发展中国家,在适当顾到人权及它们的民族经济的情况下,得决定它们对非本国国民的享受本公约中所承认的经济权利,给予什么程度的保证。

第4条

本公约缔约各国承认,在对各国依据本公约而规定的这些权利的享有方面,国家对此等权利只能加以限制同这些权利的性质不相违背而且只是为了促进民主社会中的总的福利的目的的法律所确定的限制。

第5条

一、本公约中任何部分不得解释为隐示任何国家、团体或个人有权利从事于任何旨在破坏本公约所承认的任何权利或自由或对它们加以较本公约所规定的范围更广的限制的活动或行为。

二、对于任何国家中依据法律、惯例、条例或习惯而被承认或存在的任何基本人权,不得借口本公约未予承认或只在较小范围上予以承认而予以限制或克减。

一、《经济、社会、文化权利国际公约》国家义务的解释及其发展

在《经济、社会、文化权利国际公约》于1976年生效后,对《公约》的国家义务一直没有详细的解释,直到1986年6月,一群国际法知名专家(其中四名与会者为经济、社会和文化权利委员会成员)在马斯特里赫特举行会议,研讨国家义务的性质、范围及经济、社会和文化权利委员会审议缔约国报告的问题。会议最终形成的成果是《关于执行经济、社会、文化权利国际公约的林堡原则》(以下简

称《林堡原则》)。当时经济、社会和文化权利委员会还未正式运作(联合国经济及社会理事会于1985年设立经济、社会和文化权利委员会(以下简称"委员会"),委员会在1987年开第一次会议)。《林堡原则》为新成立的委员会在解释国家义务及审议缔约国报告方面提供了十分重要的参考。1990年,委员会发表了第3号"一般性意见",它对国家义务的性质(《公约》第2条第1款)作出了解释。作为联合国监督缔约国执行《公约》的机构,委员会对《公约》的解释具有权威性,第3号"一般性意见"对解释国家义务的性质是一个十分重要的发展,其中确立的主要原则与《林堡原则》完全一致。在经济、社会和文化权利理论的另一个重要发展是《关于侵犯经济、社会、文化权利行为的马斯特里赫特准则》(以下简称《马斯特里赫特准则》),它是1997年在马斯特里赫特举行的另一次国际法专家会议编写的准则。《马斯特里赫特准则》不仅补充了《林堡原则》,而且还吸收了委员会成立后的有关理论发展以及1996年《欧洲社会宪章》修改的经验,进一步阐释了国家在保护经济、社会和文化权利方面的义务,特别界定了违反经济、社会和文化权利的含义。1998年,委员会通过第9号"一般性意见"(《公约》在国内的适用),进一步阐述国家在国内适用《公约》的义务及在国内实施《公约》时必须考虑的原则。

二、第2条第1款:国家义务的性质和实现方法

《公约》第2条至第5条是对有关国家义务的规定,其中最为重要的是第2条第1款。《公约》第2条第1款是规定国家义务的主要条文,它规定缔约国应依从什么原则及方法实现公约中的权利。以下将逐一阐释有关原则及方法。

(一)"采取步骤……用一切适当方法,尤其包括用立法方法"

根据《公约》第2条第1款,缔约国必须"采取步骤"实现《公约》权利。委员会第3号"一般性意见"认为"采取步骤"的义务要求缔约国在《公约》生效之后,必须在合理并较短时间之内采取有关步骤,因此"采取步骤"是立即的义务,而此类步骤应当周密具体,并以尽可能明确地履行《公约》义务为目标。虽然《公约》第2条第1款没有规定哪些是适当的方法,因此缔约国可以决定采取哪些其认为适当的权利保护方法,但该条款特别强调"包括用立法方法"。立法的优点是使各项权利及实现这些权利的措施能够通过国内法予以落实,从而使权利人寻求法律救济时有法可依。如果缔约国的现行立法与《公约》规定应承担的义务相违背,第2条第1款要求采取立法予以纠正。另外在健康、保护儿童和母亲、教育和《公约》第6至9条涉及的事务,立法是不可或缺的。然而,仅依靠法

律不足以确保个人普遍享受《公约》权利,缔约国还必须采取其他行政措施、经济政策、社会政策、教育推广等措施。至于缔约国是否已经采用了一切的"适当"方法,最后要由委员会根据缔约国的报告作出判断。

《马斯特里赫特准则》阐述的国家义务可以划分为行为义务和结果义务。行为义务要求采取适当有效的行动,从而使某项权利得到实现。"采取步骤"便属于行为义务,此外,就享受卫生保健的权利而言,行为义务可能涉及通过并执行一项降低产妇死亡率的行动计划。结果义务要求国家达到某些指标,以符合某项详细的实质性标准。[①] 由于经济、社会和文化权利主要通过国家采取步骤来逐步实现,因此行为义务和结果义务的分析对评估国家是否履行了《公约》义务非常有用。

(二)逐渐达到……权利的充分实现

《公约》第2条第1款规定缔约国"逐渐达到"而没有要求立刻实现《公约》权利,这是考虑到经济、社会和文化权利的实现需要国家采取积极措施及投入资源才可逐步提高公民的生活水准,而很多国家受到资源所限,在短时期内难以充分实现《公约》权利。虽然《公约》的规定是"逐渐达到",但这不代表缔约国可以以此为借口无限期推迟实现《公约》权利,缔约国必须尽可能迅速和有效地采取行动落实相关权利,并充分利用了所有可能的资源。逐步实现的义务包括不采取倒退措施的义务,如真的需要采取任何倒退措施都应该经过十分慎重的考虑,必须顾及到《公约》所载权利的完整性之下提出充分的理由,,并以充分利用了所有可能的资源为条件。

有一种看法认为《公民权利和政治权利国际公约》与《经济、社会、文化权利国际公约》在缔约国义务方面存在的差别是,前者要求立即实现而后者只要求逐步实现。事实上并非如此,要充分实现《公民权利和政治权利国际公约》中的权利一样需要缔约国投入资源,例如,要建立及维持一个独立公正的司法机关及廉洁的专业警察队伍便需要国家投入很多资源。而委员会要求《经济、社会、文化权利国际公约》中的一些权利应该立即执行,例如《公约》第2条第2款关于禁止歧视文权利国际的规定、缔约国不能主动侵犯经济、社会和文化权利及取消对这些权利的法律保护及其他保护的义务。第3号"一般性意见"认为,包括《公约》第3条、第7条第1款第1项、第8条、第10条第3款、第13条第2款第1项、第3款、第4款和第15条第3款在内的很多条款可以由许多国家法律体系的司法机构和其他机构加以立即适用。

[①] 《关于侵犯经济、社会、文化权利行为的马斯特里赫特准则》第7段。

(三) "尽最大能力"、"经国际援助和合作,特别是经济和技术方面的援助和合作"

缔约国必须"尽最大能力"实现《公约》权利。英文版《公约》中"尽最大能力"的表述是"to the maximum of its available resources",意思是尽其最大限度所能获取的资源。资源的理解不限于物质资源,还包括其他种类的资源,如人力、科技、资讯等资源。《公约》起草者认为资源的来源不单是缔约国会本身的资源,还包括国际上的资源,缔约国可通过"经国际援助和合作,特别是经济和技术方面的援助和合作"以协助其实现《公约》权利。《公约》第 11、15、22 和 23 条的特别规定强调了这种合作促进充分实现有关权利的重要作用。[①]

委员会在第 2 号关于国际技术援助措施(《公约》第 22 条)的"一般性意见"中强调,联合国机构应采取行动以促进对经济、社会和文化权利的普遍尊重。《公约》第 23 条指出,缔约各国同意为实现《公约》所承认的权利所要采取的国际行动,包括签订公约、提出建议、进行技术援助以及为磋商和研究的目的同有关政府共同召开区域会议和技术会议等方法。委员会强调,根据《联合国宪章》第 55 条和第 56 条、有关国际法原则以及《公约》本身的规定,通过国际合作促进发展从而实现经济、社会和文化权利是所有国家的一项义务。[②]

委员会强调,甚至在明显缺乏可得资源的情况下,缔约国仍有义务努力争取保证在这种条件下尽可能广泛地保障有关的权利。委员会强调,即便因经济调整、经济衰退或其他因素造成资源严重困难的情况下,缔约国也仍然必须保护社会中的弱势群体。根据《林堡原则》,缔约国不论经济发展水平如何,都有义务尊重每个人最低限度的生存权利。在判定是否已经为实现《公约》所确认的权利采取了充分措施时,应当注重公平、有效地利用和获取现有资源。

(四) 发展中国家对非本国国民经济权利的保障义务

基于人权的普遍性原则,国民和非本国国民同等享有《公约》的权利。但考虑到发展中国家的历史背景,第 2 条第 3 款规定了例外的情况,它容许发展中国家决定非本国国民享有经济权利的程度。《林堡原则》对此指出:"第 2 条第 3 款的目的是终止非本国国民组成的某些经济集团在殖民时期占有的支配地位。鉴于这一点,对第 2 条第 3 款中的例外规定应作狭义解释。"[③]狭义解释是指这条款只适用于发展中国家及经济权利,而发展中国家是那些获得独立并且符合

---

① 经济、社会和文化权利委员会有关缔约国的性质的第 3 号"一般性意见"(1990 年),第 13 段。
② 同上书,第 14 段。
③ 《林堡原则》第 43 段。

联合国有关发展中国家分类规定的国家。

三、国家对权利予以限制时所负有的义务

（一）第 4 条

一般来说，缔约国不可对《公约》的权利作出限制，只有在非常特殊的情况及条件下才可限制。第 4 条对此专门作出了规定。由于第 2 条第 1 款容许缔约国逐步实现《公约》的权利，因而已经考虑到资源能力的限制，因此第 4 条就不包括这种情况。根据起草《公约》时的有关讨论，加入第 4 条主要是考虑到两种情况：一种情况是对某权利无限制的解释会导致荒谬的结果，例如，强制智障儿童上一般学校就是如此；另一种情况是不同权利之间或某些权利与国家正当的利益发生冲突。[①] 最后，第 4 条规定作出限制的目的只可以是为了"促进……总的福利"，并且要符合以下条件："法律所确定的"、"民主社会中的"以及"同这些权利的性质不相违背"。

《林堡原则》对第 4 条作出了解释："总的福利"应理解为促进人民整体的福利[②]，缔约国不能随便将某个目的称为"总的福利"；必须存在清楚及客观的理由，并且能够经受国际监督机构的审查。例如，"经济发展"就显得太空泛，因此不能作为限制《公约》权利的理由。"法律所确定的"的要求是指任何对《公约》权利的限制必须通过符合《公约》规定的法律实行；有关法律必须明确，不能是任意、不合理或具有歧视性的，并且应规定充分的保障措施和有效的补救办法，以防止对经济、社会和文化权利进行非法或任意限制。"民主社会中的"要求是指实行限制的国家都有责任证明这些限制不会损害社会的民主运作。《林堡原则》对民主社会的定义是"一个承认并尊重《联合国宪章》和《世界人权宣言》阐明的人权的社会"。[③] "同这些权利的性质不相违背"的要求是指，对这些限制的解释或应用不得损害相关权利的本质。

（二）第 5 条

第 5 条第 1 款的目的有两方面：第一是补充对《公约》权利施加限制的规定，明确规定缔约国不可施加"较本公约所规定的范围更广的限制"，换句话说，即只可依据第 4 条施加限制，缔约国并没有作出超出第 4 条范围的限制的其他

---

① Alston, Philip and Gerard Quinn, The Nature and Scope of States Parties' Obligations under the International Covenant on Economic, Social and Cultural Rights, *Human Rights Quarterly* 9(1987), p.202.
② 《林堡原则》第 52 段。
③ 《林堡原则》，第 53—55 段。

一般权利、默示权利或剩余权利。第二是防止任何国家、团体或个人通过解释《公约》将其破坏《公约》权利的行为合理化,尤其是防止国家以实现某权利为理由侵犯其他权利。这部分跟《世界人权宣言》第 30 条规定的目的以及用语是一致的。

根据《林堡原则》,第 5 条第 2 款的目的"在于确保《公约》中的任何条款不被解释为损害已经生效或可能生效的国内法或任何双边和多边协定、公约或协议条款,根据这些条款,将向受保护者提供更为优惠的待遇。第 5 条第 2 款也不得解释为限制根据缔约国接受的国内和国际义务应在更大程度上予以保护的任何人权的行使"。①

四、国家义务的类型

(一) 尊重、保护和实现义务

在审议各缔约国实施《公约》的过程中,委员会逐渐采用将国家义务主要分为三种的分类,这三种义务为尊重、保护和实现的义务。② 1997 年发表的《马斯特里赫特准则》指明缔约国承担这三种义务。委员会在 1999 年发表第 12 号"一般性意见"——获得适足食物的权利(第 11 条),当中对缔约国规定了三个类型或层次的义务:尊重、保护和实现的义务。实现的义务则既包括便利的义务,又包括提供的义务。其后的一般性意见都采用这分类说明缔约国的有关义务。

1. 尊重义务

尊重的义务要求国家不要干涉公民享受经济、社会和文化权利。尊重的义务包含应尊重个人选择的自由及所拥有的资源的含义。个人有权自由采取其认为最适当的方法并自由运用其资源以满足其在经济、社会和文化权利方面的需要,政府不可实行、推出或容忍任何侵犯个人的相关自由(如选择工作的自由)和所拥有的资源的做法、政策或法律措施。这里的尊重个人所拥有的资源也包括尊重由个人所组成的集体所拥有的资源,例如,尊重原住民的土地权对维护原住民的生活十分重要。就其本质而言,与尊重义务相关的权利是可以立即实施的。例如,对于《公约》第 6 条规定有关选择工作的自由以及第 13 条第 3 款有关父母享有替子女选择学校的自由,国家只需不设置障碍便可实现。

2. 保护义务

保护的义务要求国家防止第三方侵犯此类权利。除了政府以外,社会上的

---

① 《林堡原则》第 58 段。
② Craven, Matthew, *The International Covenant on Economic, Social and Cultural Rights-A Perspective on its Development*, Clarendon Press, Oxford, 1995, p. 109.

个人及群体也可能利用其优势及资源侵犯其他人的权利,政府有责任防止这种侵犯行为,政府应透过立法规制私人部门侵犯个人的经济、社会和文化权利的行为,并设立机制解决私人间的有关纠纷。① 保护的义务可在《公约》内找到。例如,《公约》权利应是人人都享有的,因此,国家不可只规定公营部门必须保障其员工的工作安全,而不规范私人企业这样做;如果国家未能确保私人雇主遵守基本劳工标准,就可能构成对工作权或享受公正、合理工作条件权的侵犯。《公约》第10条第3款还清楚要求:"儿童和少年应予保护免受经济和社会的剥削。雇佣他们做对他们的道德或健康有害或对生命有危险的工作或做足以妨害他们正常发育的工作,依法应受惩罚。"

根据《马斯特里赫特准则》,"保护义务包括国家确保私营实体或个人(包括受其管辖的跨国公司)不会剥夺个人的经济、社会和文化权利的责任。对于因在管制此种非国家行为者的行为方面未能给予应有的重视而造成的经济、社会和文化权利遭受侵犯的情况,国家须承担责任。国家保护经济、社会和文化权利的义务,还延伸到它们对国际组织的参与以及它们在这些组织中的行为方式。各国极有必要利用其影响力,确保它们参加的组织(包括国际金融机构)所提出的方案和政策不会对这些权利构成侵害"。②

3. 实现义务

实现的义务要求国家采取恰当的立法、行政、预算、司法和其他措施,争取充分实现《公约》权利。因此,如果国家未能向有需要者提供基本的初级卫生保健,就可能构成一种侵权。未能履行这三类义务中的任何一类义务,即构成对此种权利的侵犯。此外,在关于获得适足食物权的第12号"一般性意见"和关于受教育权的第13号"一般性意见"中,委员会宣布:"实现的义务既包括'便利'的义务(obligation to facilitate),又包括'提供'的义务(obligation to provide)。""便利"涉及采取积极主动行动,使经济、社会和文化权利能够得到充分享受。"提供"意味着当个人或群体因自身不能控制的原因依靠自己现有的手段无法实现其权利时,缔约国应提供直接或间接的服务或物品。在关于健康权的第14号"一般性意见"中,委员会表示,实现义务包括"促进"的义务(obligation to promote),承认这种义务对于世界卫生组织和其他组织的工作至关重要。

(二) 最低核心义务

经济、社会和文化权利委员会在第3号"一般性意见"中指出,缔约国承担

---

① Craven, Matthew, *The International Covenant on Economic, Social and Cultural Rights-A Perspective on its Development*, Clarendon Press, Oxford, 1995, pp.112—113.

② 《关于侵犯经济、社会、文化权利行为的马斯特里赫特准则》第18和19段。

"最低限度的核心义务",缔约国应确保每项经济、社会和文化权利的享受达到基本的水平,如至少应确保免于饥饿、提供基础教育及保健。因此,如果在一缔约国内仍有较大数目的个人被剥夺了食物、基本初级保健、基本住房或最基本的教育形式,就可以初步断定该缔约国没有履行《公约》规定的义务。《马斯特里赫特准则》也重申了这项原则。它指出,缔约国如果未履行最低核心义务的理由是缺乏资源,那么它就必须表明已经尽了一切努力、利用了一切可用的资源履行最低核心义务。[1] 缔约国必须将最低限度的核心义务视为实现经济、社会和文化权利的第一步,而不是进程的终结。有关每项权利的最低限度核心义务,委员会通过其为每项权利所制定的"一般性意见"进行具体规定。

(三)定期提交报告的义务

根据《公约》第16条,缔约国承担提交报告的义务,报告关于其在遵行《公约》权利方面所采取的措施和所取得的进展。缔约国应定期向经济及社会理事会之下的经济、社会和文化权利委员会提交有关报告。《公约》在有关国家生效后的两年内,该国应提交有关履行《公约》的初次报告,此后必须每五年提交一份定期综合报告。

---

[1] 《关于侵犯经济、社会、文化权利行为的马斯特里赫特准则》第9段。

第四章 非歧视原则

第 2 条第 2 款
  本公约各缔约国承担保证,本公约所宣布的权利应予普遍行使,而不得有例如种族、肤色、性别、语言、宗教、政治或其他见解、国籍或社会出身、财产、出生或其他身份等任何区分。

第 3 条
  本公约各缔约国承担保证男子和妇女在本公约所载一切经济、社会及文化权利方面有平等的权利。

一、非歧视原则概念

(一) 歧视的界定

  歧视中的"歧",是指差异、不同,歧视即区别对待。歧视的原义可以是褒义的,也可以是中性的。但在现在社会,一般都是在贬义上使用"歧视"一词的。在此意义上,它是指基于一系列与人们的潜能或能力无关的因素而进行不公平对待。根据有关国际公约的规定,歧视可以被解释为:由于某些人具有的某些天生的特征、强烈的信仰或个人身份而予以不公平的待遇。导致歧视的理由一般都是个人很难予以改变并且被社会公认为可能会对个人人格尊严构成重大伤害的那些"因素"或"特征",如种族、民族、性别、年龄、宗教、出身或性倾向,等等。

  歧视无视人的努力,打击人的进取心,致使被歧视者感到侮辱和无能为力。对于整个社会而言,歧视的危害性也不容小觑。歧视会造成"对生产力、竞争力和整个经济具有不良影响;社会经济不平等加剧,社会合力和团结遭受侵蚀,政治稳定受到威胁"。①

(二) 歧视的分类

1. 种族歧视、性别歧视、宗教歧视等

  依据歧视原因的不同,歧视可以分为种族歧视、民族歧视、性别歧视、宗教歧

---
① 国际劳工组织:《工作中平等的时代》,2003 年。

视等歧视类型。由于歧视的原因非常多种多样,因此歧视的类型也是形形色色。如在中国,目前已经提起反歧视诉讼的领域包括性别歧视、身高歧视、容貌歧视、地域歧视、户籍歧视、乙肝歧视、就业年龄歧视,等等。

2. 直接歧视和间接歧视

依据歧视的外在表现方式,可以分为直接歧视(direct discrimination)与间接歧视(indirect discrimination),此种分类主要依据是有没有使用明确的文字或者其他外在形式加以表现。在美国、英国、加拿大、澳大利亚等国的反歧视法中,均有此种区分。直接歧视是指在法律禁止以性别、种族、宗教信仰等因素进行歧视的情况下,行为人仍然直接根据这些因素进行的歧视,而间接歧视则是指一项标准或要求表面上是中立的,对任何人都适用,然而它实施的结果却会对某些特定群体造成更多的伤害。①

这里,我们应当特别注意到一种"隔离"或"排斥"构成的歧视,此种歧视最早为人关注是在种族歧视领域,"隔离但平等"是种族隔离政策的一种表现形式,它试图通过为不同种族提供表面平等的设施或待遇,从而使实施空间隔离的做法合理化。美国南北战争之后,奴隶制被废除。"隔离但平等"于是成为南部各州的一种普遍现象。各州以"非裔美国人"和"欧裔美国人"之名将黑人和白人从空间上分割开来,避免产生接触。1896 年,美国最高法院在"普莱西诉弗格森案"中裁决这种做法符合美国宪法,于是这种行为正式取得合法地位。直至 1954 年,美国最高法院在"布朗诉托皮卡教育委员会案"(Brown v. Board of Education)中才推翻了"隔离但平等"原则,取消了在教育领域的种族隔离。

我国南方某省某下岗再就业培训中心硬性将受培训者按性别分开,给男性只开设计算机、经济管理、家用电器维修等课程,给女性只开设缝纫、美容美发、家政服务等课程,这种基于性别的区分实际上属于直接歧视,并且是一种因隔离而产生的歧视。

3. 善意歧视和恶意歧视

依据歧视动机的善恶,可以分为善意歧视和恶意歧视。很多歧视是恶意的,很多歧视的理由尽管表面上非常冠冕堂皇,但实质仍然是恶意的。还有些歧视在表现形式上非但没有恶意,许多时候出发点真的是善意的,或的确出于善良的本意而作出的,因而难于辨别。如规定女性退休年龄比男性早的理由是为了照顾女性;让女性更多地从事内勤、秘书等辅助工作的目的是发挥女性耐心、细致的特长;将更多的培训学习机会赋予男性的原因是便于女性更好地照顾孩子和家庭……在这些关心与照顾的背后,女性自身的能力、平等竞争的机会、选择的

---

① 王迁:《论"歧视"的法律概念——兼论"男领导不得配女秘书"的合法性》,载《法学》2003 年第 8 期。

自由就被轻而易举地剥夺了,因为并非所有的女性都甘于受到这些"照顾",并非接受这些照顾的结果都是使女性获益,因此尽管这种区别对待可能"温和而善意",但仍构成一种歧视。"男人更可能以家长的态度对待女人。另外,男人可能会说,女人实际上才是真正的主人,而男人只是她们忠实的仆人,或者换句话说,女人的生命受到的呵护远大于男人。这一虚假的骑士精神其实是女人经济上依附于男人的另一面。"①因此无论是出于善意还是恶意,只要人们认为这种区别对待不合理就构成歧视。动机善意与否只会影响歧视的情节,但不会影响歧视的性质。

二、反歧视原则的内容

(一)《公约》内容

在语义上,歧视与平等相对应。平等与非歧视实际上是一个问题的两个方面,平等就意味着排除歧视。平等是法律的一项基本价值,所有法律的实质性条款均以平等为原则,即要求不能有歧视性的规定。歧视的理由一般采取非穷尽性列举,随着时代发展和对歧视问题认识的进一步深化,这种理由存在逐步增加的趋势。

《公约》很多条款都规定了反歧视原则,其中最为重要的是第2条第2款的概括性规定。该条款确认,本公约缔约各国承担保证,本公约所宣布的权利应予以普遍行使,而不得有例如种族、肤色、性别、语言、宗教、政治或其他见解、国籍或社会出身、财产、出生或其他身份等任何区分。这条要求所有人在享有《公约》权利的过程中均不应受到歧视。

在实现平等的进程中采取的临时特别措施不属于歧视。由于性别歧视是所有歧视表现中最普遍、最严重、持续时间最长的类型之一,因此《公约》第3条以及第16号"一般性意见"特别强调了性别中的非歧视原则。

此外,还有很多《公约》条款特别提到了反歧视问题,这些条款都是对平等与非歧视原则的补充。例如,第7条第1款第1项规定:"公平的工资和同值工作同酬而没有任何歧视,特别是保证妇女享受不差于男子所享受的工作条件,并享受同工同酬。"第10条第3款规定:"应为一切儿童和少年采取特殊的保护和协助措施,不得因出身或其他条件而有任何歧视。"第13条有关受教育权的条款第2款也规定,各种教育应该"对一切人开放"或"对一切人平等开放"。

对于上述这些非歧视原则,缔约国所承担义务都是立即而非逐步实现的。

---

① 〔美〕保罗·布莱斯特等:《宪法决策的过程:案例与材料》,陆符嘉等译,中国政法大学出版社2002年版,第980页。

对于这一点,经济、社会和文化权利委员会在其第 3 号"一般性意见"中作了明确的规定。

(二) 第 16 号"一般性意见"

经济、社会和文化权利委员会在第 16 号"一般性意见"(2005 年)中专门对性别歧视问题作了阐述。它认为,非歧视原则是平等原则的必然延伸。"非歧视原则禁止基于个人或群体的特定地位或境况(如种族、肤色、性别、语言、宗教、政治和其他见解、民族或国籍、财产、出生或其他地位(如年龄、族裔、残疾状况、婚姻状况、难民状况或移民状况等)而向他/她或他们提供不同待遇。"第 16 号"一般性意见"特别关注男女性别平等的权利,为此特别详细阐述了男女平等权的内涵,它在这方面的内容主要如下:

1. 更为明确的性别歧视判断标准

它指出,对妇女的歧视是"基于性别而作的任何区别、排斥或限制,其影响或其目的均足以妨碍或否认妇女(不论已婚或未婚)在男女平等的基础上认识、享有或行使在政治、经济、社会、文化、公民或任何其他方面的人权和基本自由"。

这一规定明确了歧视的判断标准,一方面,歧视是基于性别因素所作的"任何区别、排斥或限制",它实际上涵盖了一切基于性别的不利对待,包括否定性对待和限制性对待;另一方面,它强调了女性在各方面的权利平等,包括政治、经济、社会、文化、公民或任何其他方面的权利平等。

2. 特别指出传统和习俗对女性的压迫

"妇女经常被剥夺平等享受人权的机会,尤其是通过传统和习俗对妇女规定低下的地位,或通过公开或隐蔽的方式进行歧视。由于性别与诸如种族、肤色、语言、宗教、政治和其他观点、民族或国籍、财产、出生或其他方面的地位(如年龄、族裔、残疾状况、婚姻状况、难民状况或移民状况等)因素交错在一起,妇女经常受到特别的歧视,处于特别不利的境况。"消除歧视可以说是男女平等享受经济、社会和文化权利的基础。

3. 指出歧视性性别观念的危害性

性别观念系指单纯地基于男女的身份特征而对男人与妇女的行为、态度、个性特征、身体和心智能力等方面确定的文化上的期盼和假设。依据性别对人在经济、社会和文化方面所扮演的角色作出的假设使男女无法在所有方面分担责任,而分担责任对于平等却是必要的。所有人均应享有如下权利:"行动自由,自立的、有完整能力的成人地位受到承认,充分参与经济、社会和政治发展,并且对其环境和状况作出决定",而"基于性别的假设和期盼一般在实际享受各项权利方面将妇女置于不利地位"。

4. 阐述不同层次的性别平等

第 16 号"一般性意见"指出,"必须全面地理解男女在平等的基础上享受人权的理念"。国际人权条约中对非歧视和平等待遇的保证所规定的是实际上的及法律上的两种平等。

平等有三个层次的含义,即形式平等、实质平等和保护性平等。形式平等是指法律或政策以中立的方式对待男子和妇女,对男女两性实施平等保护。实质平等延伸至法律、政策和惯例所产生的影响,并且保证这些法律、政策和惯例不是要维持、而是要改善某些群体所处的劣势地位。保护性平等则表现为对特殊群体的特别政策,例如暂时特别措施就是为了促进平等而采取的措施,因此不属于歧视。

男女的实质性平等不会仅仅由于颁布表面上对性别持中立态度的法律或政策而得以实现。缔约国在实施第 3 条中应当考虑到,这些法律、政策和惯例可能无法纠正,甚至会巩固男女的不平等,因为它们并没有考虑到现有的经济、社会和文化不平等,尤其是妇女经受到的不平等。根据第 3 条,缔约国必须在法律上,而且在法律面前贯彻人人平等的原则。立法机关在通过法律时必须保证这些法律能促进男女双方平等地享受经济、社会和文化权利,从而在法律上尊重平等原则。法律面前人人平等的原则必须受到行政机构、法院和法庭的尊重,尊重意味着这些权力机构必须对男子与妇女平等地适用法律。

5. 阐明"暂时特别措施"的意义

平等和非歧视原则本身并不足以保证真正的平等。有时还需要采取临时特别措施,以便使处于不利地位或受到排挤的个人或群体提升到与他人实际相同的地位。临时特别措施的目的是不仅要实现男女在法律上或形式的平等,而且还要实现实际上的或实质上的平等。

暂时特别措施已为国际公约所认可,如联合国 1979 年通过的《消除对妇女一切形式歧视公约》第 4 条第 1 款明确指出:"缔约各国为加速实现男女事实上的平等而采取的暂行特别措施,不得视为本公约所指的歧视,亦不得因此导致维持不平等或分别的标准;这些措施应在男女机会和待遇平等的目的达到之后,停止采用。"

一般说来,这种措施在形式上对某个弱势群体予以特惠,或者对另外某个群体的权利进行限制和剥夺,但这种行为在主观上基于社会公平之考虑,在效力上具有暂时性,在结果上达到了调整群体社会地位、促进实质平等的目的。

6. 将性别歧视分为直接歧视与间接歧视

性别歧视在学理上一般分为直接歧视和间接歧视,而《公约》第 16 号"一般性意见"中采纳了这一分类。

第一,直接歧视。基于性别的歧视可能的依据是由于女性的生理情况而对妇女作出不同待遇,如果直接公开地作出不同的待遇是并且纯粹是基于性别和男女的不同特性,而且无法作出客观的解释,那么就是直接歧视。例如,妇女由于怀孕而被拒绝雇用或者由于认为妇女不愿在工作上花费同男子一样多的时间,因而将妇女长期封锁在低层次的工作上。

第二,间接歧视。如果一项法律、政策或方案本身似乎并无歧视,但在实施时却具有歧视性影响,那么就发生了间接歧视的现象。例如,由于原先已经存在的不平等,妇女与男子相比在享受某一特定机会方面处于不利地位,如果实施性别上中立的法律就会维持现有的不平等,甚至使之更加恶化,从而形成间接歧视。

三、其他全球性及区域性国际公约的相关规定

除《经济、社会、文化权利国际公约》外,《联合国宪章》的序言、第1条第3款、第13条第2款、第55条第3款和第76条第3、4款,《世界人权宣言》第2条,《公民权利和政治权利国际公约》第2条、第26条以及《消除对妇女一切形式歧视公约》和《消除一切形式种族歧视公约》等全球性国际人权公约都规定了非歧视原则。此外,非歧视性原则在包括《欧洲人权公约》在内的几乎所有区域性国际人权公约中也得到了充分体现。

1945的《联合国宪章》确认了人权保护的一些原则。《宪章》序言明确"重申基本人权、人格尊严与价值,以及男女与大小各国平等权利之信念"。《联合国宪章》的第1条第3款规定:"促成国际合作,以解决国际间属于经济、社会、文化及人类福利性质之国际问题,且不分种族、性别、语言或宗教,增进并激励对于全体人类之人权及基本自由之尊重。"

1948年,联合国大会通过的《世界人权宣言》第一次在国际范围内较系统、全面地提出了人权和基本自由的具体内容,同时明确规定了平等和禁止歧视原则,并扩展了平等与禁止歧视的范围。《世界人权宣言》第2条规定:"人人有资格享受本宣言所载的一切权利和自由,不分种族、肤色、性别、语言、宗教、政治或其他见解、国籍或社会出身、财产、出生或其他身份等任何区别。"

《公民权利和政治权利国际公约》第2条第1款规定:"本公约每一缔约国承担尊重和保证在其领土内和受其管辖的一切个人享有本公约所承认的权利,不分种族、肤色、性别、语言、宗教、政治或其他见解、国籍或社会出身、财产、出生或其他身份等任何区别。"《公民权利和政治权利国际公约》第26条又规定:"所有的人在法律前平等,并有权受法律的平等保护,无所歧视。在这方面,法律应禁止任何歧视并保证所有的人得到平等的和有效的保护,以免受基于种族、肤色、性别、语言、政治或其他见解、国籍或社会出身、财产、出生或其他身

份等任何理由的歧视。"

1979年联合国通过的《消除对妇女一切形式歧视公约》是专门规定性别平等的重要公约。该公约首先将"对妇女的歧视"一词作了界定,即指"基于性别而作的任何区别、排斥或限制,其影响或其目的均是以妨碍或否认妇女不论已婚未婚在男女平等的基础上认识、享有或行使在政治、经济、社会、文化、公民或任何其他方面的人权和基本自由"。公约从第3条到第16条,特别强调了国家在消除对妇女的歧视方面应当履行的义务。

1969年生效的《消除一切形式种族歧视公约》是专门反对种族歧视的公约。它对种族歧视的界定是:"本公约称'种族歧视'者,谓基于种族、肤色、世系或民族或人种的任何区别、排斥、限制或优惠,其目的或效果为取消或损害政治、经济、社会、文化或公共生活任何其他方面人权及基本自由在平等地位上的承认、享受或行使。"它也规定,专为使若干须予以必要保护的种族或民族团体或个人获得充分进展而采取的特别措施以期确保此等团体或个人同等享受或行使人权及基本自由者,不得视为种族歧视,但此等措施的后果须不致在不同种族团体间保持个别行使的权利,且此等措施不得于所定目的达成后继续实行。

在区域性国际人权公约中,《欧洲人权公约》规定有一定的代表性。该公约第14条规定规定了非歧视原则:"人人对本公约所载的权利和自由的享受,应予保证,不得因性别、种族、肤色、语言、宗教、政治或其他见解、民族或社会出身、与少数群体的联系、财产、出生或其他身份而有所歧视。"

四、国际与国内案例

1. 贝尔诉克拉克·古德·巴克公司性别歧视案[①]

一位名叫贝尔的女雇员向法院声称,其间接的男性上司故意设置圈套迫使她辞去工作。这位上司命令贝尔做某些工作,然后反过来又指责她擅自行动,并对她大喊大叫,使她的工作不堪重负。尽管地方法院没有找到证据证明原告的上司想设法迫使她辞职,但上诉法院却确认有另外的证据证明该上司心存歧视。例如,该上司在作证时认为,男人工作比女人更有效率,他经常性地轻视原告,并对原告和处于同一职位的其他工作人员区别对待。上诉法院认为,原告的请求与性歧视有关。原告没有义务举证被告要求与她有性爱,要求以性爱关系作为回报或者其他具有性性质的口头或身体性行为,因为敌视性的工作环境在性质上可以与性关系无关,但与受害人的性别有关。美国联邦最高法院最后确认被告的行为构成性别歧视。

---

① Bell v. Crackin Good Bakers, Inc., 777 F.2d 1497, 1503 (11th Cir. 1985).

2. 克拉格诉博仁性别歧视案①

美国俄克拉荷马州的法律允许18至21岁的女青年购买含3.2%酒精的啤酒,但禁止同一年龄的男青年购买这样的啤酒。理由是:统计表明,这一年龄的男青年,酒后驾车肇事率高于女青年,其比例是2%比0.18%。本案原告是两个男青年,他们认为销售啤酒的立法违反了法律平等保护的要求。美国联邦地区法院认为,该州法系一种合理的分类。但美国联邦最高法院则认为,该州法违宪,并且推翻了联邦地区法院的判决。

3. 张先著诉芜湖人事局乙肝歧视案

2003年6月,原告张先著在芜湖市人事局报名参加安徽省公务员考试,报考职位为芜湖县委办公室经济管理专业。经过笔试和面试,综合成绩在报考该职位的三十名考生中名列第一,按规定进入体检程序。2003年9月17日,张先著在芜湖市人事局指定的铜陵市人民医院的体检报告显示,其乙肝两对半中的HBsAg、HBeAb、HBcAb均为阳性,主检医生依据《安徽省国家公务员录用体检实施细则(试行)》确定其体检不合格。张先著随后向芜湖市人事局提出复检要求,并递交书面报告。同年9月25日,芜湖市人事局经请示安徽省人事厅同意,组织包括张先著在内的十一名考生前往解放军第八六医院进行复检。复检结论仍为不合格。依照体检结果,芜湖市人事局依据成绩高低顺序,改由报考该职位的第二名考生进入招录程序,并以口头方式向张先著宣布,由于体检结论不合格不予录取。2003年10月18日,张先著在接到该通知后向安徽省人事厅递交行政复议申请书。2003年10月28日,安徽省人事厅作出"不予受理决定书"。同年11月10日,张先著以芜湖市人事局的行为剥夺其担任国家公务员的资格,侵犯其合法权利为由,向法院提起行政诉讼。请求依法判令被告的具体行政行为违法,撤销其不准许原告进入考核程序的具体行政行为,依法准许原告进入考核程序并被录用至相应的职位。法院一审判决确认,被告芜湖市人事局在2003年安徽省国家公务员招录过程中作出取消原告张先著进入考核程序资格的具体行政行为,主要证据不足。依照法律规定,该行政行为应予撤销,但鉴于招考工作已结束,故该行政行为不具可撤消内容。因此,原告要求被录用至相应职位的请求未获支持。4月19日,芜湖市人事局不服一审判决,向芜湖市中级人民法院提起上诉,芜湖中院二审作出裁定:驳回上诉,维持原判。

4. 蒋韬诉中国人民银行成都分行案身高歧视案

2001年,中国人民银行成都分行在成都某媒体刊登了招录行员广告,其中规定招录对象条件之一为"男性身高168公分,女性身高155公分以上"。四川大学98级法律系的学生蒋韬看了之后感觉自己"受到了歧视",于是向成都市

---

① Craig v. Boren, 429 U.S. 190 (1976).

武侯区人民法院提起行政诉讼。他声称,被告(中国人民银行成都分行)招考国家公务员限制身高这一具体行政行为违反了《宪法》第33条关于中华人民共和国公民在法律面前人人平等的规定,限制了他的报名资格,侵犯了其享有的依法担任国家机关公职的平等权和政治权利,应当承担相应的法律责任。他请求确认"含有身高歧视的"具体行政行为违法,停止发布该内容的广告等。但法院对此案裁定不予受理。

5. 秋子诉昂立投资咨询有限公司容貌歧视案

秋子因患有先天性脑积水,自出生起脑袋就比一般人大。2006年,秋子通过了昂立教育培训企业的面试,在公司位于郑州的华北大区教学部接受了为期15天的培训。同年12月,她与昂立公司签订了劳动合同,并进行了为期一个月的实习。12月21日,秋子接到公司通知,要求其根据外派合同到公司的加盟学校华东大区嘉善分校工作。就在秋子到学校报到的当天,秋子就发现"分校负责人的眼神异样",没过多久,相关部门负责人就电话通知她返回郑州。秋子26日返回郑州之后,公司以秋子相貌不佳为由,多番推诿,拒不履行劳动合同。秋子表示,上海昂立投资咨询有限公司以"相貌不佳"为由,多番推诿,拒不履行劳动合同,这种歧视对她造成了很大的伤害,因此诉诸劳动仲裁部门,要求昂立公司返还培训费260元,返还差旅费差价50元,并支付违约金10000元。最后双方达成和解协议:双方将维持劳动关系,秋子不再作为教师身份,而是投身昂立公司的公益事业;昂立公司同意秋子的前两条诉求,但不作经济补偿。昂立公司还发表了一份"反歧视声明",呼吁全社会都来关注和重视歧视现象造成的危害。

五、中国的法律与政策

我国的很多法律和政策都确认了非歧视原则。以性别歧视为例,目前我国已经形成了以《宪法》为基础,由《民法通则》、《刑法》、《妇女权益保障法》、《劳动法》、《就业促进法》等法律组成的保护妇女权利的法律体系。但我国反歧视立法也存在诸多不完善的地方,下面就以保障男女平等为例说明我国法律存在的诸多值得思考的问题。

1. 保护多于赋权、保护性措施多于暂时特别措施

"赋权"(empowerment)是指人们对自己和自己所属集体重新获得权力的过程。最早使用"赋权"一词的是为争取权利而斗争的美国黑人。黑人领袖主张将权力从白人统治的权力机构中转移以改进黑人的状况,后来"赋权"又被广泛运用于妇女运动,并成为妇女运动的政治目标。无论在国际领域还是在国内,"赋权"具体策略都包括,通过教育培训提高人们的觉悟,分析权力统治、不平等

和受压迫的原因,组织基层人士采取具体行动促进社会变革。"赋权"与"保护"在性质上存在很大的差异。我们可以以《劳动法》对妇女的保护为例说明问题。《劳动法》规定,"禁止妇女从事井下工作或夜间工作"。这属于对妇女的特殊保护,但这种保护同时也肯定了妇女的弱势地位,从而会对性别形成刻板印象;更为重要的是,这样的规定是"男性化"的,它假定妇女是不知道保护自己的群体,从而显示出妇女在法律面前的被动性。如果将类似法律改为:"妇女有权知道(或雇主有义务告知)特定工作中存在的侵害妇女身体健康、生育能力或胎儿健康的可能性,妇女有权拒绝从事此类工作。"这就变成了赋权性的规定,它既保障了妇女的自主决策权,并显示出妇女在法律面前的主动性。这样的法律就是加入了性别视角的法律。

我国现行有关性别平等及妇女权利保护的立法中,大多体现在对妇女的特殊保护,特别是基于妇女生理的特殊性而给予妇女的特殊待遇。其实,对妇女的特别保护并不等同于性别平等权的保护,保护性措施也不同于暂时特别措施。这是因为,有些保护性措施单纯或过分强调了妇女的生理特征,其结果并无益于促进两性平等,相反,有些保护措施事实上排斥了妇女的地位,限制了妇女的选择,加重了妇女的依赖性,拉开了男女两性之间的差距,并巩固了原有的性别偏见。例如,法律规定妇女不得从事井下作业,但如果妇女没有选择其他工作的可能,而井下作业又是高收入工作,那么该规定就会加重妇女在经济上的依赖性而无助于其增强独立性和平等性。在促进两性平等的法律中,真正能够发挥作用的是暂时特别措施。立法中应当更多地考虑赋予女性更多的机会和选择权,而不是以保护为名限制女性、减少妇女的选择机会。

2. 将妇女、儿童利益并列规定,弱化了妇女的独立地位

现行法律的表述以及有关机构的设置,常常将妇女和儿童并列考虑,实际上,这种做法弱化了妇女的独立地位,在观念上对歧视问题起到了推波助澜的作用。出现这样的问题,笔者认为,原因主要有如下几个方面:第一,在"传统"认识中,妇女和儿童皆被视为"弱者",因此属于法律的特殊保护对象;第二,传统观念认为"妇女"和"儿童"关系最为密切,妇女的主要职责就是照顾儿童;第三,关心妇女实际上是在间接地关心儿童,保护妇女是手段,保护儿童才是目的。从性别分析的角度看,上述三种考虑均有巩固传统性别观念,阻碍妇女发展之嫌。

首先,妇女需要保护的领域其实非常有限,主要限于与生育有关的事项,而更多的领域则与生育无关,而和社会观念、资源或利益有关。在这些领域,妇女不需要保护,需要的是平等的权利。不分情况单纯强调对妇女的保护,反而会弱化妇女的形象和地位,加深性别刻板印象。

其次,保护儿童不是妇女单方面的责任,而是男女两性共同的责任,是社会的责任。将"妇女"和"儿童"相提并论会固化原有不合理的社会分工和家庭分

工,不利于妇女的提高,也会阻碍家务劳动社会化的进程。

第三,保护妇女权利体现为手段而非目的,妇女的权利是处于从属地位的。当妇女与儿童被放在一个共同的命题之下时,妇女总是不可避免地处于从属的地位。例如,提高妇女的健康水平,最有说服力、最容易让人接受的目的是妇女的健康关系到子女的健康;提高妇女的文化水平,原因在于妇女是孩子第一位启蒙老师,妇女文化素质提高关系到整个民族的未来,所以说"教育一个男人,受教育的只是一个人;教育一个女人,受教育的是几代人";① 减轻妇女的贫困化,因为妇女经济地位的提高意味着孩子经济状况的改善;反对独身女性生育,因为单亲家庭环境不利于孩子的成长……"妇女受重视只是一个中间过程,孩子家庭才是目的。"② 违背或失去了这个目的,妇女便失去了受重视的理由。消除性别歧视立法,首先要让妇女以独立主体的身份表达自己的主张,考量法律"能给妇女带来什么",而不是"能从妇女身上得到什么"。

3. 现存法律条款仍含有歧视性内容

《劳动法》第60条规定:"女职工生育享受不少于九十天的产假。"这条旨在保护妇女权利的条文存在的问题是:其一,无视女职工的个人意愿,保护表现为强行限制;其二,条款本身包含着性别成见,它强调了女性作为照顾者的社会角色,强化了传统社会对于婴儿抚养的性别角色分工,这个角色分工支持如下一种观念,即女性(母亲)是家务劳动(抚养孩子、照顾家庭)的主要承担者,男性(父亲)则应当出去工作赚钱,养家糊口。这种规定很难说是对男性的歧视还是对女性的歧视,但可以肯定的是,它不利于促进性别平等。此外,我国关于男女退休年龄不同的规定,也是一种比较明显的性别歧视立法。在男女退休年龄问题上采取区别对待政策,到底是对女性的保护还是对女性的限制,表面上的保护条款是否以牺牲妇女更大的利益作为代价? 在制定保护妇女权利的法律条文时,必须对条文进行性别分析,谨慎选择,避免违背实现性别平等的初衷。

4. 法律规定过于笼统,宣言性质多于规范属性

我国法律对妇女权利的保护,原则多于措施,并且缺乏救济途径。《妇女权益保障法》修订后增加了法律责任部分,立法者力图使"弹性"法变成"刚性"法,这是一种进步,但更多涉及妇女权利的法律仍缺乏有效的法律救济方案。在这一点上,有关残疾人保护方面的法律与此有一定的相似性。例如,《残疾人保障法》对无障碍设施设置的规定就很笼统,在现实生活中也很难得到落实。

5. 强调权利保护而忽视平等保护

在我国,有关男女平等最重要的法律是《妇女权益保障法》,该法从保障妇

---

① 1993年《德里宣言》附件2(《女子教育、妇女权益与人口问题》)。
② Margaret A. Schuler (ed.), *From Basic Needs to Basic Rights—Women's Claim to Human Rights*, Copyright by the Institute for Women, Law and Development. (1995), p.151.

女权益的角度,试图推动两性平等的实现。在当今妇女地位普遍处于弱势的情况下,这种立法曾经起了一定的作用。然而,从实现两性平等的角度考察,该法存在的致命缺陷是,男性难以通过该部法律主张性别平等权。对妇女实施法律援助、对妇女问题进行研究、提高妇女在社会生活中各个领域的地位,并非是最终目标,最终的目标是性别平等,其中既包含女性的平等权,也包含男性的平等权。

第五章 工 作 权

第 6 条

一、本公约缔约各国承认工作权,包括人人应有机会凭其自由选择和接受的工作来谋生的权利,并将采取适当步骤来保障这一权利。

二、本公约缔约各国为充分实现这一权利而采取的步骤应包括技术的和职业的指导和训练,以及在保障个人基本政治和经济自由的条件下达到稳定的经济、社会和文化的发展和充分的生产就业的计划、政策和技术。

第 7 条

本公约缔约各国承认人人有权享受公正或良好的工作条件,特别要保证:

(甲)最低限度给予所有工人以下列报酬:

(1)公平的工资和同值工作同酬而没有任何歧视,特别是保证妇女享受不差于男子所享受的工作条件,并享受同工同酬;

(2)保证他们自己和他们的家庭得有符合本公约规定的过得去的生活;

(乙)安全和卫生的工作条件;

(丙)人人在其行业中适当的提级的同等机会,除资历和能力的考虑外,不受其他考虑的限制;

(丁)休息、闲暇和工作时间的合理限制,定期给薪休假以及公共假日报酬。

第 8 条

一、本公约缔约各国承担保证:

(甲)人人有权组织工会和参加他所选择的工会,以促进和保护他的经济和社会利益;这个权利只受有关工会的规章的限制。对这一权利的行使,不得加以除法律所规定及在民主社会中为了国家安全或公共秩序的利益或为保护他人的权利和自由所需要的限制以外的任何限制;

(乙)工会有权建立全国性的协会或联合会,有权组织或参加国际工会组织;

(丙)工会有权自由地进行工作,不受除法律所规定及在民主社会中为了国家安全或公共秩序的利益或为保护他人的权利和自由所需要的限制以外的任何限制;

（丁）有权罢工，但应按照各个国家的法律行使此项权利。

二、本条不应禁止对军队或警察或国家行政机关成员的行使这些权利，加以合法的限制。

三、本条并不授权参加一九四八条关于结社自由及保护组织权国际劳工公约的缔约国采取足以损害该公约中所规定的保证的立法措施，或在应用法律时损害这种保证。

一、工作权的概念和发展

（一）工作权的概念

经济、社会和文化权利委员会第 18 号"一般性意见"对《公约》规定的工作权作了如下精辟的概括：《公约》"第 6 条从总的方面阐述了工作的权利，并在第 7 条中通过承认人人有权享受公正和良好的工作条件，尤其是有权享有安全的工作条件，明确引申了工作权的个人内涵。第 8 条阐述了工作权的集体内涵，它阐明人人有权组织工会和参加所选择的工会，并有权使工会自由运作"。

《公约》本身对工作权的定义出现在第 6 条第 1 款："人人应有机会凭其自由选择和接受的工作来谋生的权利"。该定义内涵丰富，外延广泛。正如第 18 号"一般性意见"说明的，"《公约》以一种总的和并非穷尽的方式对工作权作出界定"。其含义包括：

（1）每个人享有自由决定权，即每个人享有接受或选择工作、不以任何方式被强迫作出或从事就业、不被不公平地剥夺就业机会的权利；此外还有加入一种保障每个工人就业的制度的权利。

（2）工作权既是每一个人的单独权利，也是一项集体权利。既具有个人内涵，也具有集体内涵。它包含所有形式的工作，无论是独立工作还是依赖性的领薪工作。

（3）工作必须是体面的、足以谋生的工作。这种工作尊重人的基本人权以及工人在工作安全和报酬条件方面的权利。它所提供的收入能够使工人养活自己和家庭。

第 18 号"一般性意见"强调工作权是实现其他人权的根本所在，并构成人的尊严的不可分割和固有的一部分。工作权还有助于个人及其家庭的生存，从能够自由选择和接受工作的角度出发，这一权利有助于个人的发展和获得所在社区的承认。

（二）其他国际人权文件对工作权的规定

国际劳工组织在1944年第26届国际劳工大会通过的《关于国际劳工组织的目标和宗旨的宣言》第3条即已明确提出了"充分就业"等与工作权异曲同工的理念和观点。《公约》工作权的确定与国际劳工组织通过的各项公约和建议书密不可分，该组织通过的公约和建议书是理解《公约》工作权的重要法律渊源，而其中的8个核心公约①和《国际劳工组织关于工作中基本原则和权利宣言及其后续措施》，更是理解《公约》工作权的重要依据。除了《公约》和国际劳工组织通过的各项劳工公约和建议书对工作权有明确规定和详细阐释外，其他许多重要国际人权文件对工作权也多有述及。

《公约》为工作权确定的"在保障个人基本政治和经济自由的条件下达到稳定的经济、社会和文化的发展"的目标和宗旨与《联合国宪章》第1条第3款所界定的联合国的宗旨和原则一致；《世界人权宣言》第23条第1款②的规定，更使工作权的精髓基本显现。

《公约》第6条作出的规定比其他国际人权文书更全面论述了工作权。但并不妨碍全球一级和区域一级公约国际文件在《公约》通过以后对工作权作进一步的确认和保护。例如，《公约》规定每个人有权自由决定接受或选择工作，这必然包含"不得以任何方式强迫就业"含义。但《公约》条文本身没有就"强迫劳动"作出直接规定，《公民权利和政治权利国际公约》第8条第3款第1项有关"任何人不应被要求从事强迫或强制劳动"的规定，发展了《公约》的"自由决定接受或选择工作"的理念。

《消除一切形式种族歧视国际公约》第5条规定缔约国有义务承诺禁止并消除一切形式种族歧视，保证人人有不分种族、肤色、民族或人种在法律上一律平等的权利，第5条第5款第1、2项规定了"工作、自由选择职业、享受公平优裕的工作条件、免于失业的保障、同工同酬、获得公平优裕报酬的权利"和"组织与参加工会的权利"。这些规定与《公约》关于工作权的规定构成互相呼应的关系。《消除对妇女一切形式歧视公约》第11条第1款第1项，《儿童权利公约》第32条，《保护所有移徙工人及其家庭成员权利国际公约》第11、25、26、40、52

---

① 这8个公约包括：第87号《结社自由和保护组织权利公约》（1948年）；第98号《组织和集体谈判权利公约》（1949年）；第29号《强迫劳动公约》（1930年）；第105号《废除强迫劳动公约》（1957年）；第100号《同工同酬公约》（1951年）；第111号《（就业和职业）歧视公约》（1958年）；第138号《最低就业年龄公约》（1973年）；第182号《最恶劣形式童工劳动公约》（1999年）。

② 《世界人权宣言》第23条规定：（一）人人有权工作、自由选择职业、享受公正和合适的工作条件并享受免于失业的保障。（二）人人有同工同酬的权利，不受任何歧视。（三）每一个工作的人，有权享受公正和合适的报酬，保证使他本人和家属有一个符合人的生活条件，必要时并辅以其他方式的社会保障。（四）人人有为维护其利益而组织和参加工会的权利。

和 54 条对工作权也作了与《公约》异曲同工但又各具特色和针对性的规定。

此外,包括 1961 年《欧洲社会宪章》(包括 1996 年修订后宪章)(第二部分第 1 条)、《非洲人权和民族权宪章》(第 15 条)和《美洲经济、社会和文化权利领域人权公约附加议定书》(第 6 条)等区域性国际人权公约也都确认了工作权。

二、工作权的要素

在说明《公约》工作权要素之前,须简要说明《公约》工作权各要素的规定与国际劳工组织各公约和国际劳工组织推动的"体面工作"(decent work)的关系。

国际劳工组织作为一个以促进社会公正为宗旨、以确认国际公认的劳工权益为重要工作内容的国际组织,多年来以公约和建议书的形式制定了各类国际劳工标准。如上所述,不仅其制定的涵盖结社自由、组织权利、集体谈判、废除强迫劳动、机会和待遇平等以及其他规范整个工作领域工作条件标准的 8 个核心公约,成为国际社会公认的基本劳工权益的最低标准,而且其制定的其他公约也成为理解工作权内涵的重要依据。

国际劳工组织自 20 世纪末开始推动体面工作议程。体面工作概念是国际劳工组织在 1999 年第 87 届国际劳工大会上提出的,意为男女应在自由、公平、安全和具备人格尊严的条件下,获得体面的、生产性的可持续工作机会。体面工作的核心是就业权和工作中的权利、社会保护和社会对话。国际劳工组织推动体面工作议程,旨在让各国各地区实现"体面工作议程"的 4 项战略目标:促进和实施国际劳工标准、工作中的基本原则和权利;为所有人创造更广泛的、体面的就业机会;为所有人提供广泛而有效的社会保护;加强三方性原则和社会对话。体面工作的核心内容包含体面的就业和体面的收入,以及必要的社会保护和社会对话。这些内容都与《公约》对工作权要素的规定完全吻合。

《公约》第 18 号"一般性意见"明确指出:"《公约》第 6 条规定的工作必须是体面的工作。这种工作尊重人的基本人权以及工人在工作安全和报酬条件方面的权利。它所提供的收入能够使工人按照《公约》第 7 条强调的那样,养活自己和家庭。这些基本权利还包括尊重工人在从事就业时的身体和心理健康。《公约》的第 6、第 7 和第 8 条是互为依存的。将工作定性为体面的工作预示它尊重工人的基本权利。"这充分说明,《公约》第 6、7 和 8 条的规定与国际劳工组织的体面工作议程存在不可分割的关系。

下面根据《公约》、第 18 号"一般性意见"以及国际劳工组织的相关公约和文件,对《公约》规定的工作权要素作一基本说明:

1. 就业权和平等的就业权

《公约》第 6 条第 1 款规定:"本公约缔约各国承认工作权,包括人人应有机会凭其自由选择和接受的工作来谋生的权利,并将采取适当步骤来保障这一权利。"最狭义的工作权就是该条款规定的就业权。公民的就业权是指有劳动能力的公民参加社会劳动和按劳动取得报酬的权利。"没有工作也就没有工作中的权利。"①就业权还是一切民主权利的基础。但应注意,就业权是指获得就业机会的权利,而不是每个人均能从国家或社会获得工作的权利。工作权不应当理解为一项获得就业的绝对的和无条件的权利。

《公约》规定的就业是指自由选择和接受的工作。但《公约》没有对"自由选择"和"接受"作出进一步规定。理解它们的特定含义,须与国际劳工组织确定的劳工标准联系起来。国际劳工组织第 29 号《强迫劳动公约》(1930 年)明确要求禁止所有形式的强迫或强制劳动,只允许服兵役、受到适当监督的服刑人员的劳动和紧急情况下的劳动(如战争、火灾、地震)等例外情况出现;而国际劳工组织第 105 号《废除强迫劳动公约》(1957 年)则进一步规定禁止将任何形式的强迫或强制劳动作为一种政治强制或政治教育手段,作为对发表政治或意识形态观点的惩罚,作为动员劳动力的手段,作为一种劳动纪律措施,或作为对参与罢工的惩罚或歧视的手段。

另外,自由选择还包括工人有从一个工作岗位转移到另一个工作岗位或者从一个地方转移到另一个地方的自由。②

从《公约》的规定看,平等就业权是指公民就业机会平等,不因与劳动素质和能力无关的个人身体特征和社会特征而受歧视。所谓个人身体特征,包括种族、肤色、性别、身体和精神障碍、健康状况(包括艾滋病毒/艾滋病)、性取向等;社会特征包括语言、宗教、政治或其他见解、民族或社会出身、财产、出生、政治、社会或其他地位等。基于劳动者个人身体或社会特征,在就业机会或劳动报酬上的差别(区别)待遇,超越岗位合理合法需要而对劳动者提出的特殊要求,是对《公约》平等就业权的严重违背,属于法律所禁止的歧视。

仅因性别不同就认定某个人能力和素质差于他人,早已经被证明缺乏基本的依据。《公约》和国际劳工组织各文件强调,确保男女在工作权方面的机会和待遇平等,保证男女工作同工同酬,是实现平等就业的最基本要求。因妇女生育而可能产生的不便,不能由妇女一方、一人独力承担,怀孕绝不能成为就业的障碍,而且也不应成为丧失岗位的理由。

须防止以年龄为理由在就业和职业待遇方面实行歧视,以使老年人也有一定的工作权;应当采取措施确保残疾人获得真正的自由选择和自主决定就业岗

---

① 国际劳工大会第 95 届会议 2006 年报告:《劳动世界的格局改变》,第 7 页,可登陆 http://www.ilo.org/public/chinese/standars/relm/ilc/index.htm。
② 《联合国人权报告手册》,1992 年,第 46 页。

位的权利,只有残疾人能够获得自由选择权利和保持恰当的就业,并在其专业领域中不断进步,才能促进他们融入或重新融入社会,仅在庇护工厂安排一个工作机会,反而会将残疾人与社会隔离;需要保护儿童免于各种有可能妨碍其发育或身心健康的工作方式,保护儿童和年轻人免遭任何形式的经济剥削或强迫劳动;应当使移徙劳动者及其家庭的就业机会与其他人相同。

须强调的是,国际劳工组织的八个核心公约中有四个属于劳动者就业权和平等就业权的规定。除了上面已经介绍的关于强迫劳动的两个公约外,第100号《同工同酬公约》(1951年,中国已参加)规定对男女工人同等价值的工作应给予同等报酬和同等津贴;第111号《(就业和职业)歧视公约》(1958年,05年8月28日参加)则规定会员国须制定一项国家政策,消除在获得就业机会、培训和工作条件方面,任何基于种族、肤色、性别、宗教、政治见解、民族血统或社会出身等原因的歧视,促进机会和待遇平等。

国际劳工组织有关就业权的另一个重要标准是1964年的第122号公约,即《就业政策公约》。该公约要求会员国"应宣布并实行一项积极政策,作为一项主要目标,旨在促进充分的、生产性的和自由选择的就业"。这项政策应以保证下列各项就业为目的:(1)为一切有能力工作并寻找工作的人提供工作;(2)此项工作应尽可能是生产性的;(3)有选择职业的自由,每个工人有资格享受最充分可能发挥其位能与才能的机会,获得最适合的工作,不分其种族、肤色、性别、宗教、政见、民族血统或社会出身。公约中规定就业政策应适当考虑经济发展的阶段和水平,以及就业目标同其他经济和社会目标之间的相互关系,并应实行适合国家条件和实际情况的保险政策。该公约还规定会员国应在经济和社会相互配合的范围内,决定采取与经常检查为达到上述目标所制定的措施;为实施这些措施应采取的必需步骤,包括适时制订计划(第2条)。

国际劳工组织推动的体面工作议程中的体面就业,除了重申自由的、公平的选择职业的机会外,还强调在具备人格尊严的条件下获得就业岗位的权利;并认为体面就业意味着每个人都得以通过工作向自己及其周围的人们确认自己的身份和价值,人们受雇于他们能够最充分地发挥其技能与成就、同时可以获得发展机会,并得以对共同福利作出最大贡献的职业。另外,体面就业还意味着人们不需要以屈辱的方式获得一个工作岗位;不必接受令他们觉得屈辱的工作。

就业权还包括不被不合理、不合法辞退的权利。对这一方面权利,国际劳工组织第158号《终止雇用公约》(1982)作了清楚的规定。《终止雇用公约》在第4条中对辞退的合法性作出了界定,特别要求提供关于辞退的说得过去的理由以及遇有不公正辞退的情况,有权诉诸法律或获得其他补救。

2. 获得公平与良好工作条件的权利

《公约》第7条通过承认人人有权享受公正和良好的工作条件,尤其是有权享有安全的工作条件,明确引申了工作权的个人内涵。

所谓"公平与良好的条件"包括四个方面:

第一,最低限度给予所有工人以下报酬:公平的工资和同值工作同酬而没有任何歧视,特别是保证妇女享受不差于男子所享受的工作条件,并享受同工同酬;保证他们自己和他们的家庭得有符合本公约规定的过得去的生活。

《公约》认为"最低限度报酬"包含两方面内容,一是公平无歧视的报酬;二是能够使人们有过得去的生活的报酬。所谓"公平的工资"是与工作的目的和价值密不可分。工作既然是人们的基本谋生手段,工作的报酬首先应当足以使人们及其家庭获得有保障的生活;工作也是社会财富创造的过程,工作报酬应当能够反映社会财富公平分配的过程,使人们能够公平分享经济发展和繁荣的成果;且只要提供了同值劳动和工作,就应当获得同样的报酬。

由于《公约》及第18号"一般性意见"均没有对"公平的工资"作出进一步的界定,我们可以将国际劳工组织的标准作为理解"公平的工资"的基础。国际劳工组织1970年通过的131号《确定最低工资公约》(Minimum Wage-Fixing Convention)规定的最低工资标准可以作为是否实现了"公平的工资"最起码的判断标准。根据《最低工资公约》,只有在工人及其家庭购买必需品的能力可以因最低工资得到保障且与其他社会阶层的相应生活标准对称时,有关工资才是"公平的工资";只有在最低工资与经济发展和生产率水平同步发展时,有关工资才是"公平的工资"。

国际劳工组织认为,工作但贫困是一个公正的社会不能接受的状态。各国政府应当通过最低工资和工资保障制度实现这一目标,且最低工资与满足一个工人及其家庭的基本生活需要的最低数额金钱之间必须有合理的关系,即不能仅在形式上建立最低工资制度,而且该制度还必须保证工人及其家庭有可以过得去的生活。

《公约》认为公平的工资应当是个人和家庭可以过上"过得去的生活的报酬",这一理念与国际劳工组织推动的体面工作议程一脉相承。国际劳工组织的"体面收入"概念使人们对"公平的工资"提出了更高的要求,"体面收入"[①]指稳定和合理的收入,不仅能够使个人和家庭摆脱饥饿与贫困,也应当足以让人们过上安全、有尊严、权利被尊重的生活;并因能够把握自我工作和生活而获得满足感。

《公约》还强调不能以性别为基础确定男女之间的工资水平,不能使支付给

---

① 广义的"体面的收入"指在工作过程中可以获得的所有回报,包括物质的和精神的回报,因此,除了工资性收入外,还包括闲暇时间、安全工作条件、发言和对话的机会等。《公约》将它们列在"收入"外的领域加以规定。

男子的薪金高于从事同样或同等工作的女性。《公约》这一规定与国际劳工组织1951年的第100号《同酬公约》密切相关，《同酬公约》呼吁对男女工人同等价值的工作给予同等报酬和同等津贴，不以性别为基础确定报酬标准。

理解《公约》这部分规定的关键是何谓"同样或同等工作"和何谓"同酬"。对于这一点，《同酬公约》并没有直接的具体说明，仅在第1条指出：应采取措施去促进在实际工作的基础上对各种职位作客观评价；评价的方法可由负责决定报酬率的当局决定；工人间报酬率的差异，如果是基于客观评价所确定的实际工作的差异，而与性别无关，则不应视为违反男女工人同工同酬的原则。

第二，安全和卫生的工作条件。

《公约》的规定表明，人们必须在可获得最低限度的职业健康和安全条件的情况下工作。工作过程中的安全和卫生条件也是国际劳工组织最早关注的事项之一。国际劳工组织的《劳动检查公约》(1947年(第81号))和《职业安全和卫生公约》(1981年(第155号公约))这两个公约对实现安全和卫生的工作条件作了框架性的规定。而具体的不同行业和岗位的安全和卫生条件标准则分散在多个国际劳工组织公约和建议书中。超过70个国际劳工组织公约和建议书与工作的安全和卫生条件有关，国家劳工组织还发展了30多个职业健康和安全准则。

根据国际劳工组织的体面工作议程，体面的工作必须是安全的工作，职业安全和卫生是工作尊严的重要组成部分，体面工作意味着安全的工作环境和远离危险和工伤事故的安全感，各国须通过建立职业安全和卫生制度实现这一目标。

国际劳工组织关于各行业和各岗位的安全和卫生标准条件的规定是判断人们是否"获得最低限度的职业健康和安全条件的情况下工作"的重要指标，但国际劳工组织对"安全和卫生的工作条件"的理解不仅如此。国际劳工组织的工作成果表明，对"安全与卫生的工作条件"的理解不仅已经突破产业安全而扩展到演变所有工作场所的安全与卫生；有关政策也已经从保护性救助性措施演变到危害的预防和评估；国际劳工组织更发展了"预防性国家安全与卫生文化"，认为应建立"使享有安全与健康的工作环境在所有级别受到尊重的文化，政府、雇主和工人可通过一种界定权利、责任和义务的制度积极地参与确保一种安全和健康的工作环境，而且预防原则被赋予了最高的优先权。建立并保持一种预防性安全与卫生文化要求利用所有可能的手段，以提高对危害和危险概念的普遍认识、知识和理解以及如何才能对它们加以预防或控制"。① "安全文化"以预防为关键，说明理解《公约》的"安全和卫生条件"时，应以是否有效预防为更高标准。

---

① 国际劳工大会第93届会议2005年报告四：《促进职业安全与卫生框架》。

《公约》提及的"安全",还包括人人应在具备人格尊严的条件下劳动,劳动过程中对个人尊严和隐私有足够的尊重和保护,使人们得以通过工作获得和加强个人尊严;"安全"还意味着一个可预见其将来发展状态的工作岗位,一个安全、稳定、可持续的工作机会,能够规划人生的工作机会。"安全"的岗位给劳动者及其家庭一个可以期待的未来,可以有效减少社会浮躁心态和短期行为,社会和谐更容易实现。当人们对将来的生活处境有一定预见能力时,人们生活的信心和安全感也会提高。没有人们对将来的基本把握权或基本把握能力,就没有社会的内在稳定,"安全"的工作岗位恰恰可以提升人们这种能力。

第三,人人在其行业中适当提升的同等机会,除资历和能力的考虑外,不受其他考虑的限制。

《公约》强调提升机会均等,不能使与资历和能力不相干的因素影响人们提升的可能性。这是对每个人工作价值给予一视同仁的承认的机制,也是《公约》平等就业权利的进一步体现。国际劳工组织第111号《就业和职业歧视公约》中也规定有"职业机会均等和待遇平等"的内容。

所谓"提升的同等机会",要求人们基于对工作的公正评价,排除成见地为每个人基于其工作表现而提供公平的、同等的提升和发展机会,而不因这个人属于或不属于某类人群而区别对待。某类人群在一定级别以上岗位中占的比例远低于一定级别以下的岗位,显然属于不正常的现象,说明在提升和发展机会的给予和满足上,出现了资历和能力以外的考虑。

第四,休息、闲暇和工作时间的合理限制,定期给薪休假以及公共假日报酬。

在工作时间和休息时间方面,国际劳工组织通过了不少公约,为免重复规定,《公约》也没有就这些问题作详细规定,而是以劳工组织的公约规定的标准为准。

国际劳工组织的第1号公约规定的就是工作时间问题,该公约的标题《工业工作时间每日限为8小时及每周限为48小时公约》就已清楚表明国际劳工组织对工作时间的立场,该公约还规定了确定可以允许延长工时的最大限度为不得超过1小时,并规定加班工资率不得少于正常工资率1.25倍。

国际劳工组织也提出了每周40小时工作制的标准,国际劳工组织希望各个国家按照不同产业部门的情况,促进采用逐步减少正常工作时间的原则,以达到40小时工作周的社会标准。至今为止,越来越多的国家执行周40小时甚至更少小时的工作制。

国际劳工组织规定的休息包括每周休息、带薪年假休息和节假日休息三大类,与《公约》的休息、定期给薪休假、公共假日相对应。关于每周休息,国际劳工组织1921年的第14号公约《工业中实行每周休息公约》规定,凡公营或私营的工业或其任何分部所在地的全体职工均应于每七日的期间内享有连续至少

24 小时的休息时间。关于带薪年假,1936 年的第 52 号《工资照付年假公约》则规定连续服务满一年后,有享受工资照付年假的权利,此项假期至少应有 6 个工作日;未满 16 岁的人,包括学徒在内,连续服务满一年后,有享受工资照付年假的权利,此项假期至少应有 10 个工作日;工人在假期内应领取本人经常的报酬,包括实物报酬的现金价值,以及集体协议所规定的报酬。国际劳工组织 1970 年第 132 号《给薪休假公约(修订)》关于年假的规定是"连续服务一年时间,其年假不应少于三个工作周"。关于节假日,国际劳工组织未制定标准,只规定公共节假日与惯例节假日不应包括在工资照付的年假中。

3. 参加工会和罢工的权利

《公约》第 8 条阐述了工作权的集体内涵,它阐明人人有权组织工会和参加所选择的工会,并有权使工会自由运作。第 8 条规定的权利也属于"工作中的权利"(the right at work)。参加工会和罢工的权利属于工作权中的辅助性权利,是实现工作权的重要保障。

《公约》对上述与个人工作权有关的集体性、辅助性权利作了三方面的规定:

第一,《公约》通过第 8 条第 1 款第 1 项规定:组织和参加其选择的工会的权利,以促进和保护他的经济和社会利益;除了国家安全或公共秩序利益需要或为保护他人的权利和自由所需要的限制和工会规章限制外,不得加以其他限制。① 按照"他所选择"的条件,人人有权不被强迫参加某一工会。

《公约》的这一规定,除了强调组织和参加工会的自由,还特别强调人们组织和参加工会应"以促进和保护他的经济和社会利益"为目的。罢工是劳动者和劳动者组织提升经济和社会地位、促进他们的经济和社会利益增长的有效手段。实际上,它是解决劳动争议的最显著和最富争议性的集体行动,通常还是工人及其组织实现诉求的最后手段。罢工活动的举行,应当与罢工组织者内部成员的经济和社会利益有直接相关性,目的是为成员争取与就业和劳动相关的更好的经济和社会利益。

第二,工会的结盟权和自主权。工会有权建立全国性的协会或联合会,有权组织或参加国际工会组织;工会有权自由地进行工作,不受除法律所规定及在民主社会中为了国家安全或公共秩序的利益或为保护他人的权利和自由所需要的限制以外的任何限制。根据《公约》的规定,限制必须是:(1) 通过法律而不是法律以外或其他不符合宪法的手段所规定的;(2) 为达到为数十分有限的目的

---

① 根据 2001 年 2 月 28 日的全国人民代表大会常务委员会《关于批准〈经济、社会、文化权利国际公约〉的决定》,中华人民共和国政府对《经济、社会、文化权利国际公约》第八条第一款(甲)项,将依据《中华人民共和国宪法》、《中华人民共和国工会法》和《中华人民共和国劳动法》等法律的有关规定办理。

所必需的。这些目的是:保护国家安全;维护公共程序;保护他人的权利和自由。这里理解的关键是:必须证明有关限制是"必需的"。

国际劳工组织的八个核心公约中有两个规定了结社和参加工会的自由权。第87号《结社自由和保护组织权利公约》赋予所有工人和雇主无须经事先批准、建立和参加其自己选择的组织的权利,并制定了一系列规定,包括要确保这些组织在不受公共当局干涉的情况下自由行使其职能。第98号《组织和集体谈判权利公约》则规定会员国应为防止发生排斥工会的歧视,防止工人组织和雇主组织之间相互干涉提供保护,并对促进集体谈判作出了规定。

第三,有权罢工,但应按照各个国家的法律行使此项权利。

劳动者集体与用人单位有利害冲突而又不能通过协商或其他和平手段加以解决时,用人单位的全部或大部分劳动者同时停止工作,迫使用人单位让步以解决冲突,这种集体行动被称为罢工。工业社会发展数百年来,弱势的劳动者正是通过集体合同和罢工等手段争取利益和提升福利水平,以公平分享社会经济发展的结果。罢工是进行经济斗争的最激烈手段,也是不得已的终极手段。可以说,罢工作为集体性的工作权,也具有天然性。罢工权源自结社权,而没有结社自由,罢工权就是一句空话。

正如国际劳工组织有关文件所说明的,如果经济和社会压力足够强大,即使国家法律或司法禁令禁止罢工,也仍然不能避免罢工的产生,因为罢工与其他权益维护和争取方法对比,通常具有更显著、更易扩散的效果。① 但因国际劳工组织将罢工权视作《结社自由和保护组织权利公约》(87号公约)保护的结社权的固有组成部分,因此它并没有就罢工权规定专门的公约或建议书。

《公约》规定的是经济、社会和文化权利,因此,《公约》的"罢工",是指劳动者为了经济和社会目的采取的集体行动。正如国际劳工组织理事会在《结社自由——结社自由委员会的决定和原则摘要》第四(修订)版说明的那样:"单纯政治性的罢工和谈判开始之前很长时间就蓄意决定的罢工不属于结社自由原则的范围",罢工是劳动者、工会为争取"职业和经济利益","改善工作条件和或职业性的集体要求",为"寻求解决经济和社会政策以及企业面临的与工人直接相关的问题"的基本手段之一,"委员会多次申明,全国性罢工如果是为了经济和社会目标,不是谋求单纯的在政治目的,就是合法的"。②

《公约》在承认罢工权的前提下要求罢工"应按照各个国家的法律行使此项权利",这一规定应被理解为各个国家应为罢工权的实现作出适当的制度和程

---

① 参见国际劳工组织的《劳动立法指南》第五章第一部分第二段,具体内容可以登陆 http://www.ilo.org/public/english/dialogue/ifpdial/llg/index.htm。

② 国际劳工组织理事会:《结社自由——结社自由委员会的决定和原则摘要》(第4版),第86页。

序意义上的安排,以使罢工活动能够有序进行;这一规定不能被理解为容许各个国家对罢工权作出剥夺性的规定,但可以被理解为各个国家有权对某些罢工行动作出限制或者禁止性的规定,但应当对这种限制和禁止给予补偿性保障。

三、第18号"一般性意见"对第6条工作权的解释

经济、社会和文化权利委员会第18号"一般性意见"认为,如同所有人权一样,《公约》给缔约国规定了三种类型或三种层次的义务,即尊重义务、保护义务和实现义务。"工作权"的尊重义务要求缔约国避免直接或间接妨碍享有这种权利;保护义务要求缔约国采取措施,防止第三方妨碍享有工作权;实现义务包含提供、方便和促进这种权利的义务。这三层次义务意味着:缔约国应当采取恰当的立法、行政、预算、司法和其他措施,确保全面实现工作权。如其他权利一样,缔约国必须承担最低核心义务以保证实现《经济、社会、文化权利国际公约》第6、7、8条规定的工作权。

按照第18号"一般性意见",缔约国对《公约》第6条下所负有的国家义务包括:

1. 尊重义务

应在国家层面禁止强迫或强加劳动;应避免拒绝和限制所有人(尤其是弱势和遭边缘化的个人和群体)平等获得体面的工作。缔约国有义务尊重妇女和年轻人获得体面工作的权利,应采取措施,减少歧视并促进机会平等;缔约国应按照《公约》第10条规定的对童工的义务,采取有效的措施,尤其是立法措施,禁止16岁以下的童工,此外,缔约国必须禁止对儿童的各种形式的经济剥削和强迫劳动。缔约国必须采取有效措施,确保禁止童工的规定得到充分遵守。

2. 保护义务

缔约国有责任通过立法或采取其他措施,确保平等获得工作和培训,确保私有化措施不损害工人的权利;所有扩大劳务市场灵活性的具体措施绝不能使工作稳定性减少,或降低对工人的社会保护;保护工作权的义务包括缔约国有责任禁止非国家角色的强迫或强制劳动。

3. 实现义务

缔约国应当制定促进就业自由的立法或采取其他措施保证就业自由和平等,并为解决容易遭受任何形式的歧视或在其他方面处于特别不利地位的群体的特殊问题而设计和实施有效的制度。包括通过在当地、区域、国家和国际各级建立数据网络,寻求、获得和传播关于取得就业途径的权利和机会,以保证工作权的可获得性。缔约国应采取积极措施,使个人并帮助个人享有工作权,并实施技术和职业教育计划,促进获得就业。应实施教育和信息传播计划,使公众提高

对工作权的认识。当个人或群体不可能或由于无法控制的原因依靠他们所拥有的手段实现工作权的时候,缔约国有义务采取有效措施,增加用于减少失业率(尤其是减少妇女、弱势和遭排斥群体的失业率)的财政资源。有义务采取恰当措施,在国家和当地一级建立就业服务机构(公共或私营);实现工作权的义务包括缔约国执行对付失业问题的计划。

应注意的是,实现工作权是逐步的,并要花一定的时间,这一事实不应解释为取消缔约国义务中有意义的内涵。工作权意味着缔约国具有"尽可能迅速和有效"地全面实现工作权的具体和持续不断的义务。如同《公约》中所有其他权利,缔约国原则上不应采取倒退措施。如果采取任何故意的倒退步骤,缔约国有举证的责任,证明它们是在考虑了所有替代措施之后采取的,而且在最大限度充分利用了缔约国所拥有的资源条件下,权衡《公约》规定的所有权利之后采取的。

经济、社会和文化权利委员会第18号"一般性意见"还进一步明确了缔约国根据第6条所负有的"核心义务",包含确保无歧视和平等保护就业的义务。这些核心义务至少包括下列要求:(1)保证获得就业的权利,尤其是保障弱势和遭边缘化的个人和群体获得就业的权利,使他们能够过一种有尊严的生活;(2)避免采取可能会导致私营和公共部门对弱势和遭排斥的个人和群体造成歧视和不平等待遇的措施;(3)根据全体工人关注的问题,通过并执行一项旨在解决这类问题的国家就业战略和行动计划,这种就业战略和行动计划应当特别关注弱势和遭排斥的个人和群体。

《公约》第18号"一般性意见"书还列举了被认定为缔约国违反《公约》第6条规定的行为,具体包括:

1. 违反尊重义务的行为

它包括与《公约》第6条规定的标准相抵触的法律、政策和行动。具体而言,任何基于种族、肤色、性别、语言、年龄、宗教、政治或其他见解、民族或社会出身、财产、出生,在进入劳务市场或获得就业途径和权利方面所进行的歧视,或以妨碍平等享有或行使经济、社会和文化权利为目的而实施的其他情况,均构成对《公约》的违反。

2. 违反保护义务的行为

它是指缔约国未能采取一切必要措施保障其管辖内的个人的工作权不受第三方的损害。不作为也可能构成对该义务的违反,例如,未能对个人、群体或公司的活动作出约束,从而防止他们侵犯其他人的工作权;或未能保护工人免遭非法解雇。

3. 违反实现义务的行为

它是指缔约国未能采取一切必要步骤保证工作权的实现,包括未能采用或执行旨在确保所有人工作权的国家就业政策;支出不足或滥用公共基金造成个人或群体,尤其是弱势和遭排斥群体不能享受工作权;未能在国家一级监督实现工作权(例如,未能制定工作权的指标和基准);未能执行技术和职业培训方案。

四、国际与国内案例

(一) 芬兰带薪雇员联盟、芬兰健康和社会保健服务联合会诉芬兰 [1]

1998年前,芬兰的医疗部门一直都将与辐射有关的职业视为《欧洲社会宪章》第2条第4段所规定的危险和不利健康的职业,因此也都给予有关的工作人员额外的带薪假期。芬兰1967年第175号法律确认了这种权利,但1997年通过的第490号法律撤销了上述法律。此后,额外带薪假期在有关的劳动集体协议中得到了确认,但该协议已经于2000年1月15日失效。这就使得相当一部分从事辐射有关工作的人不再享受额外的带薪假期(或减少工作时间的待遇)。芬兰带薪雇员联盟(STTK ry)、芬兰健康和社会保健服务联合会(Tehy ry)两个组织于是向欧洲社会权利委员会提出申诉,认为芬兰政府违反了《欧洲社会宪章》第2条第4款的规定。芬兰政府认为,给予这些工作人员额外的带薪假期对于防止由辐射造成的损害并没有什么帮助;芬兰的法律已经规定了符合安全要求的辐射标准,并且目前没有证据表明芬兰的工人受到了超过此标准的辐射,因此在芬兰,没有证据表明与辐射有关的职业是属于申诉者所说的"危险和不利健康的职业"。

欧洲社会权利委员会认为,主要的问题是确定芬兰医疗部门中与辐射有关的工作是否属于是"危险和不利健康的职业"。欧洲社会权利委员会首先引用其在缔约国报告程序中得出过的一些结论。那些结论认为,在一般情况下,电离辐射对于工人和其他人的健康构成了危险。委员会认为,它曾一再指出,尽管消除所有工作中的危险因素是一个最终的目标,但是,在这个目标达成之前,根据《欧洲社会宪章》第2条第4款的规定减少工作时间或者给予额外的带薪假期仍然是实现对工人保护的有效手段,因为这既可以减少辐射,也可以确保工人有时间恢复健康。委员会引用国际辐射保护委员会的话说,现在我们必须假定即便是小剂量的辐射也可能产生危害身体健康的效果;它又引用辐射和核安全局1999年辐射年度报告中的数据说,尽管芬兰医疗部门中绝大部分与辐射有关的职业环境符合国际标准和芬兰国内法,但仍然有一小部分工人受到了较大剂量的辐射。委员会认为,根据现有的证据,委员会没有理由推翻以前的判例法所确立的结论。最后委员会认定,芬兰医疗部门中与辐射有关的职业构成了《欧洲社会宪章》第2条第4款所说的"危险和不利健康的职业",因此芬兰的实际状

---

[1] STTK ry and Tehy ry v. Finland, ECSR, Complaint No. 10/2000.

况是与《欧洲社会宪章》第 2 条第 4 款不相符的。

本书认为,享受公正和良好的工作条件是《经济、社会、文化权利国际公约》所确认的工作权的一个重要内容。《公约》既要求缔约国确保个人能够享受"安全和卫生的工作条件",同时也要求缔约国能够确保个人"休息、闲暇和工作时间的合理限制,定期给薪休假"的权利。然而,对于从事某些必然带有一定危险或者不利健康的职业的工人应该享有什么样的特殊待遇,《公约》本身并没有明确规定。《欧洲社会宪章》第 2 条第 4 款对于这种特殊劳动者的权利保障提出了进一步的明确要求。它要求缔约国"为从事所规定的危险和不利健康的职业的工人提供额外的带薪假期或者减少工作时间"。

在本案中,关键问题是申诉者提出的芬兰医疗部门中与辐射有关的职业是否构成《欧洲社会宪章》第 2 条第 4 款所说的"危险和不利健康的职业",如果是,那么芬兰政府未给从事这个职业的工人额外带薪休假的待遇就是违反宪章的。芬兰政府对此予以否认,其理由在于,它已经为消除医疗部门与辐射有关的职业中的辐射危害作出了巨大努力。它不仅制定了严格的基本安全标准,而且它使绝大部分医疗部门有关工人接受辐射的水平符合甚至大大低于国际标准和芬兰国内标准。芬兰政府据此认为,芬兰医疗部门中与辐射有关的职业不再是属于"危险和不利健康的职业",因此申诉者所说的情况不适用《欧洲社会宪章》第 2 条第 4 款。欧洲社会权利委员会在保护工人的健康和休息权方面采取了更为严格的态度。他引用自己的先例以及有关国际组织的观点,认为个人所受的辐射剂量即便符合目前的国际标准和芬兰国内标准,也并不能否认电离辐射对于工人和其他人的健康构成了危险。在完全消除电离辐射的危险之前,政府还是有责任确保受这种职业危险危害的个人带薪休假的权利。

欧洲社会委员会从保护个人工作权的角度出发严格强调政府在确保个人权利方面不可推卸的责任的做法是完全正确的。在保护包括工作权在内的经济、社会和文化权利方面,国家还必须贯彻不得随意倒退的原则,也就是说,对于已经给予个人的权利保障,国家不得随意采取倒退性的措施,降低保障水平或者取消这种保障,除非政府能够提出强有力的理由。但在欧洲社会权利委员会看来,芬兰政府所提出的理由显然没有达到强有力的程度,因为尽管在减少辐射这种职业危害方面,芬兰政府已经取得了很大的进展,但并没有达到消除这种职业危害的地步,因此,它取消原来给予个人的带薪休假权利构成了对《欧洲社会宪章》第 2 条第 4 款的违反。

(二) 陈龙诉昌硕科技(上海)有限公司乙肝歧视案

2006 年 7 月,陈龙(化名)毕业于江苏省某大学信息技术系,毕业前的 2005 年 12 月 6 日,他在校园招聘会上应聘华硕电脑股份有限公司旗下独资子公司昌硕科技（上海）有限公司。经层层筛选，顺利通过初试、复试，并于次日收到昌硕公司发来的录取通知书，同意正式录取其到公司任职，并就陈龙毕业后到公司正式报到后的税前薪资作出了约定，同时还提及要求陈龙至当地市级医院进行体检。陈龙体检结果显示乙肝表面抗原阳性，其他指标均正常。随后，陈龙将体检结果等邮寄给昌硕公司。然而 2005 年 12 月 28 日，昌硕公司向陈龙发出了"解约证明"，注明因为陈龙是乙肝病毒携带者与其解除协议。2007 年 2 月 27 日，陈龙委托律师将昌硕公司起诉到了南汇区人民法院，请求法院确认昌硕公司以陈龙是乙肝携带者为由不予聘用行为违法，侵犯他平等就业权；并判令公司赔偿陈龙误工损失 1.28 万元并公开道歉。一审法院判决认为，昌硕公司将乙肝表面抗原状况列为正式劳动合同签订前的预约生效条件，在当时并没有违反法律的禁止性规定，更何况陈龙在毕业生就业协议书上已经签字承诺接受昌硕公司的这一条件。因此陈龙体检没通过，公司提出解约并无不妥。该案经上海市第一中级法院调解于 2008 年 4 月 8 日结案，陈龙获得了满意的补偿。①

案件显示，一审法院将公民在没有协商和充分表达权的情况下签署的某些条款推断为公民放弃享受平等就业权，并认为该种放弃可以得到支持，进而不支持陈龙的诉求。这说明一审法院将平等就业权视为可放弃的权利，这是对工作权的严重误解。

中国近年来付出极大的努力解决社会上普遍存在的针对乙肝表面抗原携带者的歧视。2007 年 5 月 18 日，中国的劳动和社会保障部、卫生部两个政府部门联合发布《关于维护乙肝表面抗原携带者就业权利的意见》，该文件明确规定"除国家法律、行政法规和卫生部规定禁止从事的易使乙肝扩散的工作外，用人单位不得以劳动者携带乙肝表面抗原为理由拒绝招用或者辞退乙肝表面抗原携带者"；2008 年 1 月 1 日生效的《就业促进法》也首次在立法中明确规定"用人单位招用人员，不得以是传染病病原携带者为由拒绝录用"。可以预测，与陈龙具有相同遭遇的人的平等就业权将获得越来越多的法律保障。

五、中国的法律与政策

中国是一个人口大国，这一特性决定了公民工作权的实现与否关乎整个国家的稳定和发展。中国政府也承认，在世界上人口最多的国家解决就业问题，是一项极为艰巨的任务。中国长期以来从政治、经济和法律等层面致力于工作权的保障和实现，也是一个无可置疑的事实。但受各种历史和制度等因素的影响，

---

① 《上海乙肝歧视第一案宣判被拒录者获赔 5000 元》，2007 年 10 月 30 日中国新闻网，具体内容请登陆 http://www.chinanews.com.cn/jk/kong/news/2007/10-30/1062842.shtml。

中国的工作权保障状况也确实面临很多挑战。①

"工作权"的国家尊重义务要求缔约国避免直接或间接妨碍享有这种权利；保护义务要求缔约国采取措施，防止第三方妨碍享有工作权；实现义务包含提供、方便和促进这种权利的义务。缔约国应当采取恰当的立法、行政、预算、司法和其他措施，确保全面实现工作权。中国《宪法》、法律和各项政策为履行上述缔约国义务提供了良好的制度框架。

1. 尊重义务的履行

中国《宪法》规定的"中华人民共和国公民有劳动的权利和义务"；"中华人民共和国劳动者有休息的权利"；"国家保护妇女的权利和利益，实行男女同工同酬"等内容，体现了中国对工作权的基本尊重态度。

早在中国正式加入《公约》前的1994年，《劳动法》通过对劳动者各项权利的列举及对国家义务和责任的明确要求，对劳动者工作权作了原则而全面的规定。2008年1月1日生效的《劳动合同法》作为一部以建构完善的劳动合同制度为目标的法律，通过对劳动者获得无固定期限劳动合同机会的扩展性的规定，使得劳动者更有可能获得稳定的、安全的、不被随意解除和终止的工作岗位。从这些法律可以看出，中国基本履行了对工作权的尊重义务。

需要说明的是，中国政府已经签署和批准了国际劳工组织八个核心公约中的四个②，但中国政府认为两个反对强迫劳动的公约和两个结社和集体谈判的公约与中国的实际情况尚有距离，因此目前未进入"批准"的议事日程。目前仍然实行的劳动教养制度，使得中国在履行禁止国家角色的强迫或强制劳动的方法受到一定质疑，但中国在履行禁止非国家角色的强迫或强制劳动方面，作出了明显的努力。《劳动法》和《劳动合同法》均明确规定，用人单位以暴力、威胁或者非法限制人身自由的手段强迫劳动的，劳动者可以即时解除劳动合同。而

---

① 经济、社会和文化权利委员会于2005年4月25日—5月13日对中国提交的首次履约报告进行了审议，并提出了针对中国报告的"结论性意见"。该意见对中国工作权的执行情况提出了下列问题：(1)委员会关切地注意到缔约国的高失业率，尤其是农村地区的高失业率。(2)委员会关切的是，近年来出现的大量富余人员大部分是女性。(3)委员会深表关切的是，根据劳动教养，在未经起诉、审判或者审查的情况下，将强制劳动作为一种改造措施。(4)委员会对于缔约国的儿童从事采矿业之类的危险职业并通常处于低于劳动安全标准的危险状况深表关切。委员会也认为，在校儿童的勤工俭学构成剥削性的儿童劳动，违反了《公约》第6条和第7条以及中国已经加入的关于童工的国际劳工组织第182号公约的规定。(5)对于未能严格执行缔约国现有劳动立法并因此导致普遍性的恶劣工作条件，包括工时过长、休息不足以及危险的工作环境，委员会深表关切。委员会切地注意到，该问题对于外来劳工尤其突出。委员会也对缔约国频繁发生的严重生产事故感到震惊，特别是采矿业中的严重生产事故。(6)委员会关切的是，低工资水平(尤其是在农村地区和西部地区)不足以让劳动者及其家人维持适当的生活水平。委员会注意到，该情况因为普遍存在的拖欠工资问题而进一步恶化，尤其是在建筑行业。(7)委员会对于缔约国关于组织和参加独立工会组织的权利的禁止性规定感到遗憾。

② 至2008年止，中国加入的四个国际劳工组织公约是：第100号《同工同酬公约》(1951年)、第111号《(就业和职业)歧视公约》(1958年)、第138号《最低就业年龄公约》(1973年)和第182号《最恶劣形式童工劳动公约》(1999年)。

《刑法》更是明确将强迫劳动确定为刑事犯罪。①

《工会法》规定,"在中国境内的企业、事业单位、机关中以工资收入为主要生活来源的体力劳动者和脑力劳动者,不分民族、种族、性别、职业、宗教信仰、教育程度,都有依法参加和组织工会的权利";"任何组织和个人不得阻挠和限制"。上述规定说明中国法律承认或者授予劳动者参加和组织工会权。但诸如"全国建立统一的中华全国总工会";"基层工会、地方各级总工会、全国或者地方产业工会组织的建立,必须报上一级工会批准"这些规定表明中国采取的是单一工会制度,即劳动者能够依法参加和组织的工会,仅指中华全国总工会及其下属的各级工会。这一体制与《公约》的要求尚有一段距离。正因如此,中国加入《公约》时,对《公约》第8条第1款第1项作出了"将依照《中华人民共和国宪法》、《中华人民共和国工会法》和《中华人民共和国劳动法》等法律的有关规定办理"的声明②,实际上对《公约》"组织和参加其选择的工会的权利"作了保留。中国至今没有参加国际劳工组织的第87号《结社自由和保护组织权利公约》(1948年)和第98号《组织和集体谈判权利公约》(1949年)也进一步说明中国在这方面的立场与《公约》的要求尚有一段距离。

应特别强调的是,中国加入《公约》时,对《公约》关于罢工的条款并没有作出保留,中国法律也没有禁止罢工的规定。相反,中国《公务员法》有公务员不得组织和参加罢工的规定,这从反面说明在法律没有特别规定的情况下,其他劳动者组织和参加罢工,并不会遭遇法律的禁止性规定。目前也没有通过法律正式承认罢工权并规范罢工活动的立法规划。由此可见,中国官方目前对罢工权仍然持比较慎重的态度。③

2. 保护义务的履行

中国法律明确规定禁止就业歧视。但规定得过于笼统,公民受到就业歧视

---

① 《中华人民共和国刑法》第244条规定了强迫职工劳动罪:在用人单位违反劳动管理法规,以限制人身自由方法强迫职工劳动,情节严重的,对直接责任人员,处三年以下有期徒刑或者拘役,并处或者单处罚金。

② 2001年2月28日的全国人民代表大会常务委员会《关于批准〈经济、社会、文化权利国际公约〉的决定》。

③ 中国政府2003年提交的关于《经济、社会、文化权利国际公约》执行情况的首次报告第80段对官方态度作了清楚的阐释:除了为保证国家安全和社会稳定,中国法律明确规定警察、国家机关工作人员不得罢工外,中国现行法律没有涉及此类问题。在中国发展社会主义市场经济过程中,随着劳动关系日趋复杂化,个别地方也会出现停工、怠工事件。《工会法》第27条规定:"企业、事业单位发生停工、怠工事件,工会应当代表职工同企业、事业单位或者有关方面协商,反映职工的意见和要求并提出解决意见。对于职工的合理要求,企业、事业单位应当予以解决。工会协助企业、事业单位做好工作,尽快恢复生产、工作秩序。"根据这一规定,当个别地方发生停工、怠工事件时,工会组织都积极向有关方面反映职工的合理要求,并注意做好职工的工作,从而使此类事件得到妥善及时的解决。中国工会不赞成以罢工手段解决劳动关系中的矛盾,而提倡通过劳动关系双方的协商沟通和按照正常的劳动关系来处理劳动关系方面的矛盾和问题。实践证明,通过平等协商、签订集体合同等渠道或劳动争议处理的有关程序,能够解决绝大部分的劳动争议和矛盾,而且只有建立起和谐稳定的劳动关系,才最符合职工群众的利益。

很难得到法律救济。2008年1月1日生效的《就业促进法》开始尝试解决这个问题。该法扩大了法律禁止的歧视的范围①，它不仅禁止基于社会出身（户口与户籍的不同）的歧视，而且还禁止在实践中普遍存在的对乙肝等病毒携带者的歧视。此外，《就业促进法》还首次对公民平等就业权的法律保护和救济作出了明确的规定。该法第62条规定："实施就业歧视的，劳动者可以向人民法院提起诉讼"，这一规定使平等就业权的保护正式进入司法救济层面，是中国保护公民平等就业机会的重要举措。当然，这一规定在实践过程中也出现了一些问题。例如，因"劳动者"与"公民"的范围并不一致，"实施就业歧视"的个人和单位经常以原告还不是与其建立劳动关系的"劳动者"而否定原告的起诉资格。

劳动争议处理制度是工作权实现的重要救济途径。中国在计划经济条件下以行政手段解决劳动争议，司法手段基本缺失。自1978年后，除了行政手段外，仲裁和司法手段逐渐恢复并开始发挥越来越重要的作用。1987年，中国恢复劳动争议仲裁制度，1993年的《企业劳动争议处理条例》和1994年《劳动法》相继颁布实施，确立了以协商、调解、仲裁、诉讼为主要环节的劳动争议处理制度。2008年5月1日生效的《劳动争议调解仲裁法》确定的劳动争议调解和仲裁的范围、程序、机构、人员和处理机制等内容，力图解决存在多时的处理劳动争议耗时长、力量不足、仲裁时效过短等问题，其目的就是为劳动者提供高效、公正的法律救济途径。可以说，该部法律将对保护《公约》的工作权具有重要意义。

3. 实现义务的履行

中国一直致力于实现公民就业权的工作。《宪法》规定的"国家通过各种途径，创造劳动就业条件，加强劳动保护，改善劳动条件，并在发展生产的基础上，提高劳动报酬和福利待遇"和《就业促进法》对政府在促进就业方面的责任性规定，这些规定都与《公约》规定的缔约国实现义务相一致。

从中国2008年《政府工作报告》有关就业问题的内容可清楚看到中国政府在解决就业、履行工作权实现义务的努力。该报告称，2008年的前五年，中央财政安排就业补助资金累计已达666亿元；平均每年城镇新增就业1000多万人、农村劳动力转移就业800万人；在劳动力总量增加较多、就业压力很大的情况下，保持了就业形势的基本稳定。在该《政府工作报告》中，中国政府更清楚阐明了其不断发展的就业政策，称将"坚持实行积极的就业政策，落实以创业带动就业的方针，加强就业和创业培训，鼓励自谋职业和自主创业，支持创办小型企业。加快建设城乡统一规范的人力资源市场，完善公共就业服务体系，促进形成

---

① 1995年的《劳动法》规定，"劳动者就业，不因民族、种族、性别、宗教信仰不同而受歧视"；《就业促进法》则进一步，"劳动者就业，不因民族、种族、性别、宗教信仰等不同而受歧视"，这里的"等"字表明法律禁止的歧视不仅包括"民族、种族、性别、宗教信仰"这些因素，还包括其他因素。

城乡劳动者平等就业制度"。

六、本 章 小 结

  工作权位列《公约》提及的各项权利的第一位,因为工作权的核心价值是《公约》第 6 条的"谋生的权利",而"谋生的权利"则是获得适足生活水准权的基础。"对许多人来说,无论是在正式部门还是在非正式部门就业,工作代表了赖以谋生、生存和生活的主要收入来源。工作权对于享受粮食、衣物、住房等某些谋生和生活权利至关紧要。此外,一个人的工作状况很容易影响到与健康和教育有关的其他权利的享受。"[①]另外,工作权既然是一项受国际人权公约和国内法律保障的经济、社会权利,因此对于公民或劳动者争取工作权的各项活动,也不应作过多的政治化理解。总之,缔约国应对工作权给予充分的尊重,避免直接或间接妨碍公民享有这种权利;缔约国应当采取措施,防止第三方妨碍公民享有工作权,以有效保护工作权;此外,缔约国还必须采取足够的措施促进公民工作权的实现。

---

  ① 经济、社会和文化权利委员会第 16 号"一般性意见"。

第六章　社会保障权

第 9 条
　　本公约缔约国承认人人有权享受社会保障,包括社会保险。

一、社会保障权概况

(一) 社会保障权的历史

　　欧洲是社会保障的发源地,于 17 世纪便颁布了和社会救济有关的法律。1601 年,英国颁布《伊丽沙白济贫法》(Elizabeth Poor Laws),要求由政府出面承担原由教会负责的赈济贫民工作,解决严重的失业及贫穷问题,以平息社会不安。该法律成为日后社会保障的雏形,更奠定以立法推行社会保障的基础。19 世纪工业革命对社会带来了种种严重的社会问题,如失业、工伤及贫富不均。欧洲各国政府意识到有必要通过立法强制实施对劳动者的社会保险。社会保障也由早期的济贫逐渐发展为保障人的生存权。

　　最早以立法形式建立社会保障制度的国家是德国。1873 年,德国爆发严重的工潮。为了社会稳定,首相俾斯麦于 1883 年颁发了世界上第一部《疾病保险法》,其后在 1884 年及 1889 年,连续颁发了《工伤保险法》及《养老、残疾、死亡保险法》。[①] 此三部保险法,成为现代社会保险法的典范,为日后许多国家建立社会保障系统提供了法制基础。1935 年,美国颁布了《社会保障法》,开始在美国全面推行社会保障。1942 年英国社会学家贝弗里奇(William Beveridge)受英国政府委任提出《社会保险及相关服务》报告(Social Insurance and Allied Service)[②],建议英国政府向国民提供所谓由摇篮到坟墓的全面统一的社会保障。1948 年,英国开始全面推行包括医疗服务在内的全面社会保障政策,这也标志着"福利国家"(Welfare State)的年代正式开始。随后,欧洲各国也纷纷效仿英国的做法。1948 年至 20 世纪 70 年代是福利国家的全盛时期。但到了 20 世纪 80 年代,福利国家开始备受争议,在全球化的影响之下,各国政府纷纷以增强竞争作为借口,削减社会福利开支。

---

①　邓大松:《社会保险比较论》,中国金融出版社 1992 年版,第 1 页。
②　Berveridge, W. *Social Insurance and Allied Services*, HMSO CMND 6404, November 1942.

(二) 社会保障权的概念

每一个人都要有一种最底限度的安全感,都需要确保自己和家人的基本需求(如衣、食、住、行)都能得到满足。但由于自然灾害或由于年老、疾病、残疾、分娩、工伤、失业等原因,某些人可能会失去谋生的能力,从而使个人及其家庭陷入困境。不仅如此,这些因素绝大部分都不是个人或家人所能控制的,因此需要由国家动用社会资源来共同承担这些社会风险,使遭到不幸的人不会频临绝境。"保障是指国家和社会对社会成员因生、老、病、死、伤而丧失劳动能力或因自然灾害而面临生活困难时,提供相应的物质帮助,保障每个公民的基本生活、维持劳动力再生产的一种制度。社会保险是社会保障的核心部分。社会保险只限于劳动者,而社会保障包括全体社会成员。"[①]

国际劳工组织于 1919 年成立时就确认社会保障权是劳动者最基本的人权,它主要体现对劳动者生存权的保障,是享受其他人权的前提。[②] 国际劳工组织于 1952 年通过公约第 102 号《社会保障最低标准公约》为社会保障确立了国际标准。该公约规定了九种项目,即(1)医疗保障;(2)疾病;(3)失业;(4)老年;(5)工伤;(6)家庭;(7)生育;(8)残疾;(9)遗属。国际劳工组织要求每一国家在签署公约时必须至少实施三种社会保障(但至少应包括失业、工伤、老年、残疾和遗属中的一项),并于日后逐渐扩大保障项目。

《公约》第 9 条虽然没有对社会保障权的内容作详尽细的描述,但经济、社会和文化权利委员会一直都要求缔约国确认国际劳工组织的《社会保障最低标准公约》。经济、社会和文化权利委员会于 2007 年 11 月 23 通过的第 19 号"一般性意见"对《经济、社会、文化权利国际公约》第 9 条规定的社会保障权概念进行了进一步的解释。它指出,社会保障权包括在没有歧视的情况下获得和保留现金或实物福利的权利,保护人们免受(1)因为疾病、残疾、分娩、工伤、失业者、年老或家庭成员死亡而丧失工资收入;(2)无钱求医;(3)无力养家,尤其是赡养儿童与成年家属。第 19 号"一般性意见"更强调社会保障权利包括现有的社会保障覆盖范围(无论是公有的还是私营的)不受任意和无理限制以及在遭受社会风险和突发情况时享有充分保护的权利;强调缔约国为提供社会保障的措施,都必须确保所有人享有最低限度的人权。这些措施包括:(1)缴费性计划或诸如第 9 条明确提到的社会保险等基于保险的计划;(2)非缴费性计划,例如,对遭受到突发性风险及灾害的人提供的福利,或针对处于困境的人提供的社会援助计划,以及其他可接受的包括私营的和社会的自助或互助计划。

---

① 林燕玲:《国际劳工标准》,中国工人出版社 2002 年版,第 230 页。
② 同上书,第 232 页。

二、社会保障权的内容

经济、社会和文化权利委员会通过第 19 号"一般性意见"从以下几个方面界定社会保障权的含义:

(一) 社会保障权的要素

1. 可提供性(Availability)

"一般性意见"认为,要实施社会保障权就必须具有而且执行一个社会保障制度,其内容可以是单一的计划或由多个计划组成,以确保降低社会风险。社会保障制度应通过立法及成立公共机构来执行及监管。社会保障所包括的风险项目,基本上应包含国际劳工组织《社会保障最低标准公约》所列出的九项。

2. 适足性(Adequacy)

"一般性意见"认为,社会保障的给付利益不论是货币(即社会保障津贴)或实物,都应达到适足的水平,即能符合《公约》第 10、11 和 12 条所规定的适足生活水准权及获得医疗照顾的权利。利益支付应是平等的,应符合《公约》第 2 条第 2 款所规定的非歧视原则。若公民要缴付社会保障金,供款的金额应是合理的,而且和受益的水平有合理的联系。

3. 可获取性(Accessibility)

(1) 覆盖范围:所有人都应获得社会保障,尤其是弱势及被边缘化的群体,《公约》第 2 条禁止基于任何理由的歧视政策。为了达到人人都得到保障,必须提供以非缴费为基础的保障。

(2) 资格:社会保障受益人的资格规定应是合理和公开的,如要取消资格,必要通过合理的程序,更要根据国内法来执行。

(3) 可负担性(Affordability):如果一项社会保障计划需要缴费,缴费的金额必要预先设定,同缴费金额有关的收费,不论是直接或间接的开支都应是公民能负担得起的,更不得损害《公约》其他权利的实现。

(4) 参与及信息(Participation and Information):受益者应能参与社会保障的管理。社会保障应该根据国家法律建立,并且保证个人和组织有权以明确和透明的方式寻找、接受和传播有关社会保障权的信息。

(5) 实际利用(Physical Access):社会保障机构应及时支付保障金,并广设办事处,使公民就近能得到服务。应特别照顾残疾人士、民工以及住在偏远地区或在战乱地区的群体,使他们都能获得保障。

（二）缔约国的义务

1. 国家义务的性质

由于社会保障权实现需要国家投入社会资源，因此《公约》容许缔约国逐渐实现这一项权利。但有一些义务却是即时的义务，例如，国家应保证人人有享受社会保障的平等权，不会因种族、性别等方面的原因而受到歧视。

第19号"一般性意见"亦强调社会保障权的不可倒退原则。国家如要削减社会保障，就必须证明这些倒退的政策是经过审慎的考虑，在充分运用全部资源之后，另无他法才采取的。经济、社会和文化权利委员会将审视缔约国提出的理由是否：（1）合理；（2）考虑过种种可行的替代办法；（3）受影响的人能真正参与政策；（4）政策是否有歧视的成份；（5）政策是否会对实现社会保障权有严重及长远的后果，并使受影响的人不能获得最低限度的水平；（6）是否在国家层面对有关政策进行了审查。

2. 国家义务的层次

第19号"一般性意见"也缔约国对社会保障权应负的国家义务分为尊重、保护及实现义务三个层次。

（1）尊重的义务

尊重的义务体现为不得侵犯社会保障权，包括应防止采用任何措施或行动去妨碍国民获得社会保障。例如，无理并故意干预一些团体通过自助方式或传统风俗提供社会保障。

（2）保护的义务

保护的义务要求缔约国防止第三者，包括个人、团体、企业或中介机构侵犯别人的社会保障权。国家可以采取立法或其他行政手段去保护公民的权利。例如，禁止规定不合理的资格或条款，防止个人应得之津贴被有权力者剥夺等。国家还有责任对社会保障机构定期进行监察，并通过立法强制雇主支付法律规定的社会保险金。

（3）实现的义务

实现的义务可再分为促进义务、推广义务及提供义务：①促进的义务要求国家采取积极的手段去帮助个人享受社会保障权。为此，首先要通过有关法律，建立一个有助于实现权利的国家社会保障策略及行动计划，以保证人人都能应付社会风险及不时之需。②推广的义务要求通过教育及宣传，使人人都能获得有关权利的信息。③提供的义务指国家要负责向那些没有能力、处于不能控制的环境或不能受到现存其他社会保障制度保障的人提供社会保障。国家应设立非缴费性的可维持生计的收入保障机制或社会救助制度，从而帮助那些没有能力缴费的人。应特别关注他们遭遇危困的情况，如天灾、战乱或欠收的时候能得到及时的救济。在资源有限的情况下,政府亦应提供成本较低即时性计划,为未能享受社会保障的弱势社群提供支持,但长远的目标仍是应把他们纳入主流的社保计划。

3. 核心义务

缔约国承担能确保所有人的社会保障权都能得到最低限度保障的核心义务。具体包括:

(1) 确保社会保障计划向所有个人和家庭提供最低限度的必要福利,包括必要的医疗、基本的住房、用水和环境卫生、食品和基本教育。如果缔约国存在资源限制,无法为所有的风险和突发情况提供最低保障,经济、社会和文化权利委员会建议缔约国在经过广泛协商之后,选择一组核心的社会风险和突发的情况作为防范的对象;

(2) 确保人人(特别是处于不利地位和被边缘化的个人和群体)在没有歧视的基础上参加社会保障制度或计划;

(3) 尊重现有的社会保障计划并保护这些计划,使其免受不合理的干预;

(4) 制定和实施国家社会保障战略和行动计划;

(5) 采取有针对性的措施以便实施社会保障计划,特别是关于保护处于不利地位的和被边缘化的个人和社会群体的计划;

(6) 监察社会保障权实现的情况。

4. 国际义务

各国应尊重外国公民享受社会保障的权利;不应在国外干预、阻挠及采取任何行动妨碍别国公民获取社会保障权;缔约国还应禁止自己的国民进行这些违反社会保障权的行为。

国际的实现义务还包括通过提供资源、技术协助或国际救援协助发展中国家。缔约国亦有义务在签署多边或双边贸易协议等国际协议时强调为移民工人等群体建立社会保障机制。

在执行国际或地区性公约时,缔约国要留意条约的内容可能妨碍国内人民的社会保障权,国际的贸易协议不能妨碍他国帮助其国民实现社会保障权。缔约国作为国际组织(如世界银行、国际货币基金组织等)的成员,不能在提供国际协助(如经济改革计划)时干预别国人民的社会保障权。

5. 国家战略和行动计划

《公约》明确规定缔约国有义务采取一切必要的措施,以确保所有人都能尽快享有社会保障的权利,适当的措施包括立法、战略和政策。缔约国应审视现存的法律,以便确保它们符合社会保障权所引起的义务,如果它们和《公约》的规定冲突,则应予以废除,修订和修改。应定期监察社会保障制度,以便确保其持续性。

缔约国制定战略和行动计划时应根据具体情况拟订,考虑性别平等及处于不利地位和被边缘化社群的权利。它们应建立在人权法和原则的基础上,它们应包括在社会保障权的所有方面,同时更应订出目标、基准及指标,如何获得人力和财力资源的机制,并酌情利用联合国专门机构的技术援助和合作。

制定战略和行动计划时应尊重非歧视,性别平等及人民参与的原则。

6. 违反《公约》的行为

侵犯社会保障权的行为包括:故意制定不符合核心义务的倒退政策;正式废除或终止为继续享有社会保障权所必需的法律;积极支持第三方制定不符合社会保障权的措施;在申请社会援助福利时歧视处于不利地位和被边缘化的个人;大肆否定妇女和特定个人或群体的权利。

国家没有采取充分和适当的行动以实现社会保障权也构成违反《公约》的行为;包括没有采取适当的措施以充分实现所有人的社会保障权;没有实施旨在实现社会保障权利的有关法律或政策;没有确保国家养老金计划经营的持续性;没有改革或废除明显同社会保障权相冲突的法律;没有对可能侵犯社会保障权的个人或团体的活动进行监管;没有履行缔约国所负有的及时消除实现社会保障权障碍的义务;缔约国在同其他国家、国际组织或跨国公司签订双边或多边协议时,没有考虑到它根据《公约》应承担的义务。

三、社会保障权在其他国际公约和人权文件中的体现

(一) 国际劳工组织的公约和建议书

社会保障是国际劳工组织关注的重点问题之一,到 2000 年年底已有 31 项国际劳工组织公约专门涉及社会保障问题,占全部公约的 18%。另外有 16 项建议书也涉及社会保障权。国际劳工组织于 1952 年通过的《1952 年社会保障(最低标准)公约》,综合了以前几个公约的内容,并将家庭津贴纳入社会保障权的范围。① 其他设计社会保障公约及建议书包括:《社会保护公约》(第 103 号)、《生育保护建议书》(第 95 号)、《社会保障平等公约》(第 118 号)、《工伤赔偿公约》(第 121 号)、《工伤赔偿建议书》(第 122 号)、《老年、残疾、遗属津贴公约》(第 128 号)、《老年、残疾、遗属建议书》(第 131 号)、《医疗照顾和疾病津贴公约》(第 130 号)、《医疗照顾和疾病建议书》(第 134 号)、《维护社会保障公约》(第 167 号)、《维护社会保障建议书》(第 157 号)和《老年工人建议书》(第 162 号)。

---

① 刘旭:《国际劳工标准概述》,中国劳动社会保障出版 2003 年版,第 57 页。

（二）联合国其他公约

联合国其他公约也特别规定了社会保障权，包括：

（1）《世界人权宣言》第 25 条规定："人人有权享受为维持他本人和家属的健康和福利所需的生活水准，包括食物、衣着、住房、医疗和必要的社会服务；在遭到失业、疾病、残废、守寡、衰老或在其他不能控制的情况下丧失谋生能力时，有权享受保障。"

（2）《消除一切形式种族歧视国际公约》第 5 条规定："保证人人有不分种族、肤色或民族在法律上一律平等，尤得享经济、社会和文化权利，享受公共卫生、医药照顾、社会保障和社会服务的权利。"

（3）《儿童权利公约》第 26 条第 1 款规定："缔约国应确认每个儿童有权受益于社会保障，包括社会保险，并应根据其国内法律采取必要措施充分实现这权利。"

（4）《保障所有移民工作者及其家庭成员权利之国际公约》第 27 条规定："移民工作者及其家庭成员应享有在就业国给予其国民相同的待遇。若法律不允许对移民工作者及其家庭成员给付利益，有关国家应审视偿还有关人士已经缴纳的供款，应按其国民在相同的情况下所获得的待遇为准。"

（三）区域性国际公约

《欧洲社会宪章》第 12 条声明，所有工人及其家属都有权享受社会保障；第 13 条则进一步规定，任何人事若没有适足资源，就有权获得社会救助。

四、中国的政策与案例

（一）取得的成就

在 1978 年改革开放前，中国长期实行与计划经济体制相统一的社会保障政策，最大限度地向人民提供各种社会保障。20 世纪 80 年代中期以来，伴随着社会主义市场经济体制的建立和完善，中国对计划经济时期的社会保障制度进行了一系列改革，逐步建立起与市场经济体制相适应、由中央政府和地方政府分级负责的社会保障体系基本框架。[①] 中国的社会保障体系包括社会保险、社会救助、社会福利和优抚安置、住房保障等内容。

1. 社会保险

1951 年中央政务院颁布了《劳动保险条例》，这是新中国成立后的第一部社

---

① 中国国务院新闻办公室：《中国的社会保障状况和政策》（白皮书），2004 年 9 月 7 日。

会保险法规。自20世纪80年代初开始,中国政府加大了社会保险法制建设的步伐。社会保险改革主要体现在养老、医疗、失业保险等方面。在社会保险立法上,进入90年代以后中国政府开始了社会保险模式的转变,即将国家统筹模式改为了由劳动者、用人单位共同参与的投保赞助模式,这是社会保险法律制度领域一项很大的改革措施。

1994年颁布的《中华人民共和国劳动法》把社会保险和福利作为专章。1991年,国务院发布了《关于企业职工养老保险制度改革的决定》(国发[1997]26号),建立了基本养老保险、企业补充养老保险、职工个人储蓄性养老保险相结合的养老保险制度。1995年,国务院颁布了《关于深化企业职工养老保险制度改革的通知》(国发[1995]6号)。1997年,中国政府颁布《关于建立统一的企业职工基本养老保险制度的决定》(国发[1997]26号),开始在全国建立统一的城镇企业职工基本养老保险制度,这标志着社会保障制度改革进入了法制一体化的实质性阶段。除全国人大至今尚未制定综合性的《社会保险法》或《养老保险法》外,各省、自治区、直辖市几乎都出台了实施养老保险的地方法规或规章。

中国于1986年建立失业保险制度。1999年,中国政府颁布《失业保险条例》,从而把失业保险制度建设推进到了一个新的发展阶段。

在工伤保险方面,1996年,中国劳动和社会保障部出台了《企业职工工伤保险试行办法》(劳部发[1996]266号),在部分地区建立工伤保险制度。同年,中国政府有关部门制定《职工工伤和职业病致残程度鉴定标准》(GB/T 16180-2006),为鉴定工伤和职业病致残程度提供了依据。2003年,中国国务院又颁布了《工伤保险条例》,从而将工伤保险进一步纳入到了法制化的轨道。

在医疗保险方面,1998年,国务院颁布了《关于建立城镇职工基本医疗保险制度的决定》(国发[1998]44号),开始在全国建立城镇职工基本医疗保险制度。

此外,自1988年以来,中国部分地区开始企业生育保险制度改革探索。1994年,在总结各地经验的基础上,中国政府有关部门制定了《企业职工生育保险试行办法》(劳部发[1994]504号)。

2. 社会救助

社会救助改革主要体现为城乡社会救助制度的建立。1993年,中国政府开始对城市社会救济制度进行改革。1997年,国务院下发《关于在全国建立城市居民最低生活保障制度的通知》(国发[1997]29号),在全国县级以上城市建立了城市最低生活保障制度,这是中国社会救济制度的重大进展。1999年国务院颁布《城市居民最低生活保障条例》,标志着这项工作进入了规范化、法制化的轨道。20世纪50年代,中国开始建立"五保"供养制度,1994年国务院又颁发了《农村五保供养工作条例》,这是社会救济立法中的第一个全国性正式法规。

2003年《民政部办公厅关于进一步做好农村特困户救济工作的通知》(民办发[2003]6号)又建立了农村特困户基本生活救助制度;2007年7月11日国务院发布《关于在全国建立农村最低生活保障制度的通知》(国发[2007]19号),决定在全国普遍建立农村最低生活保障制度,并取代农村特困户基本生活救助制度,该制度将符合条件的农村贫困人口全部纳入保障范围,从而持久、有效地解决了全国农村贫困人口的温饱问题。

除了以最低生活保障为核心的社会救助外,中国政府还建立了各种专项救助制度,包括法律援助与司法救助、医疗救助、教育救助、住房救助、就业救助等。

中国医疗救助制度的主要依据是《关于建立城市医疗救助制度试点工作的意见》(国办发[2005]10号)和《民政部、卫生部、财政部关于实施农村医疗救助的意见》(民发[2003]158号)。中国教育救助并没有一个全国性的规定,教育救助是作为最低生活保障制度的补充内容而出现在最低生活保障的相应规定中。

就业救助是为了安置国有企业改革过程中出现的失业、下岗人员而产生的制度,目前并没有系统的规定,有关规定分散在劳动和社会保障部以及其他部门促进就业的规章和规范性文件中,主要有《劳动力市场管理规定》(2000年12月8日劳动和社会保障部发布实施)、《国家税务总局关于下岗职工从事社区居民服务业享受有关税收优惠政策问题的通知》(国税发[1999]43号)、《财政部、国家税务总局关于下岗失业人员再就业有关税收政策问题的通知》(财税[2002]208号)。

1982年5月国务院发布了《城市流浪乞讨人员收容遣送办法》,这一时期的收容带有强制的性质。该办法于2003年5月被废除。2003年6月国务院发布了《城市生活无着的流浪乞讨人员救助管理办法》,从而将原来强制性的收容转变为一种自愿、无偿的政府救助行为。

关于灾民救助,中国古已有之。1991年8月,《民政部关于救灾物资接收、分发、使用、管理的规定》对救灾物资的发放作了分类规定。1997年12月,全国人大常委会通过了《防震减灾法》;1998年,民政部办公厅下发了《关于救灾体制改革试点工作的指导意见》(厅办函[1998]50号);2006年1月10日,国务院颁布实施《国家自然灾害救助应急预案》。这些都是灾民救助的法律依据。

3. 社会福利

社会福利的改革主要体现在从传统的国家包揽社会福利事业向社会福利社会办转变,发挥社会力量和市场力量的作用,采取发展慈善事业和发行福利彩票等措施,扩大社会福利事业的资金来源,设立社区生活服务网点,开展便民服务,改善居民的文化、教育、体育、保健等设施,提高居民的生活质量。在社会福利立法上,1990年全国人民代表大会通过了《中华人民共和国残疾人保障法》(2008

年修订);1992年通过了《中华人民共和国妇女权益保障法》(2005年修订),这是中国第一部综合性保障妇女权益的基本法律;1994年通过了《中华人民共和国母婴保健法》,这部基本法标志着我国在妇女儿童权益保障方面立法的成熟和完善;1996年通过了《老年人权益保障法》,它标志着我国已经基本上完成了特殊权益保障方面的立法进程,形成了特殊人群权益保障的完整体系。

4. 优抚安置

在社会优抚立法上,1987年国务院颁布了《退伍义务兵安置条例》,1988年国务院颁布了综合性的《军人抚恤优待条例》。在此基础上形成了以国家保障为主、社会优待帮助为辅的社会优抚运行机制,建立了涉及优抚对象各个方面的社会保障体系,从根本上完善了我国的社会优抚法律制度。

中国政府从国情出发,坚持以人为本,高度重视并积极致力于社会保障体系的建立和完善。根据《宪法》有关国家建立健全同经济发展水平相适应的社会保障制度的规定,中国政府把发展经济作为改善民生和实现社会保障的基本前提。经过二十多年的发展,中国社会保障制度建设取得了一定的成就,确立了政府保障的基本理念,建立了社会保障体系的基本框架,保障了贫困人口的基本生活。

中国二十多年的社会保障制度改革成效显著。"其中最主要的就是适应从高度集中的计划经济到市场经济体制转型的需要,中国社会保障制度实现了由'国家单位制'向'国家社会制'的转变,完善了社会保障项目与内容,扩大了社会保障覆盖面,使养老、医疗、工伤、失业、生育等项目成为社会保障制度的核心并逐渐扩大到城镇各类所有制企业职工,实现了个人账户与社会统筹相结合、做到社会保障资金来源多元化、社会保障管理社会化,逐步实行了惠及城乡弱势群体的最低生活保障制度以及社会救助制度,重视农民工等其他阶层社会保障制度的建立,积极开展新型农村合作医疗制度的试点与推广,加快社会保障制度的立法工作等。"[①]

(二) 存在的问题与改进建议

与中国经济发展水平和经济体制改革进程相关,社会保障制度还存在一些需要完善的地方。

1. 健全社会保障立法

现有社会保障立法具有两个缺陷:一方面,全国人大立法少,法规、规章多,法制建设层次低,基本上还是靠行政法规、决定、文件、命令等方式规范相应的社

---

① 高和荣:《中国需要自己的社会保障理论》,请登录 http://www.sociology.cass.cn/shxw/xstl/xstl36/t20070827_13216.htm。

会保障工作;另一方面,缺乏整体规划,体系残缺不全,缺少强制性、权威性和连续性。为了规范社会保障制度,应完善相关立法。关于如何制定这一领域的法律,有两个具体设想:其一是制定一部名为《社会保障法》的法律,对社会保障作出全面、系统的规定;其二是单独制定社会保障各领域的单行法。具体采取哪一个设想,我们认为第二个方案比较可行。社会保障包括社会保险、社会福利、社会救助、优抚保障等不同层次,不同的社会保障制度之间具有相互补充的作用,共同规定在一个法律文件中虽然有利于制度之间的协调,但我国目前社会保障各领域发展不平衡,共同规定在一个立法中时机不成熟。

2. 平衡社会保障内部制度之间的关系

社会保险、社会救助、社会福利和优抚安置在不同层次上发挥作用,共同构成一个完整的社会保障体系。我国当前的社会保障制度过于依靠社会保险这种形式来发挥作用,明显具有"大保险、小救济"的特征,而社会保险在社会保障总支出中所占比重过大,无疑会挤占其他社会保障形式的空间,不利于发挥社会保障的整体功能。

3. 完善社会保障监管机制

主管社会保险的劳动和社会保障部门,主管社会救助、社会福利、优抚安置的民政部门是主要的两类社会保障管理机关,其他机关在各自职责范围内参与社会保障工作。这种管理体制是一种多部门交叉分管、条块分割的分散管理体制,缺乏宏观协调和综合平衡。现行社会保障主管机构及经办机构尚未分开,社会保障管理部门集主管职能与经办职能于一身。社会保障由于缺乏统一的法律规定,关于监督主体、监督程序、监督措施、法律责任等的规定几乎是一片空白。即使现行的单行法律规范中有一些关于监督的规定,也是零乱、分散的,不能形成强有力的监督体系。侵占、挪用社会保障专项资金的现象屡见报端,例如,轰动一时的上海社保局腐败案就是如此。我们认为,社会保障的主管机构、经办机构、资金运营机构应分开,形成分工负责的社会保障管理体制。社会保障资金的收支情况应当每年向人大作预决算报告,审计、监察部门要定期进行监督检查;同时增强社会保障制度的公开性和透明度,向保障对象和社会公众公开相关政策、法律法规,以及保障范围、程序、标准、负责人名单等,接受群众和社会的监督。

(三)与社会保障权相关的典型案例

1. 56名企业退休人员诉深圳市社保局案

1995年,深圳市一批退休老人发现,他们的退休金与从企业、机关退休的人出现了很大的差额。对照发现,机关人员退休金包括8大项,而企业退休金只有6大项,缺了"特区津贴"和"保留津贴"两项。另外,每年四个月的生活补贴全部取消了,而机关退休人员的生活补贴却实际打入了奖金中。老人们于1998年10月向深圳市社会保险管理局递交了《提请落实政策补发、续发企业退休金的申请书》,他们的根据是两个文件:一是深府[1985]200号文规定,"近期要办理离退休的,套用机关同类人员标准享受同等待遇,退休金由社会统筹发放,并随机关同类人员调整"。二是深府办[1991]168号文规定,企业离退休人员"按照离退休时担任的职务,对应行政机关的工资薪级发离退休费",1993年后,机关事业单位人员增加了特区津贴,但他们没有增加这种津贴。由于深圳市社保局没有答复,老人们向深圳市福田区法院提起行政诉讼。法院判令被告在判决生效后六个月内对原告的请求作出行政处理决定。根据该判决,被告于2000年4月11日作出了《关于对陈有球等人〈提请落实政策补发、续发企业退休金的申请书〉的答复》,称:"根据深圳市政府1992年发布并于同年8月1日实施的《深圳市社会保险暂行规定》(深府[1992]128号)第30条规定:'职工在养老期间领取退休金和支取养老生活费的标准,由社会保险管理机构根据本市职工生活费用价格指数及社会生活水平提高的实际情况进行调整,而不是随机关事业单位工资制度调整养老金'。"因此拒绝了陈有球等人的请求。

于是原告陈有球等56人以社保局克扣、拖欠万名企业退休人员巨额退休金为由,向法院提起了诉讼。深圳市社保局在答辩状中称,1992年5月1日发布的《深圳市社会保险暂行规定》才真正明确了企业职工养老期间离退休金的调整原则。也就是说,从1992年5月1日起,企业退休人员的退休金与机关事业单位已经脱钩。而事业单位人员增加特区津贴是从1993年开始的,因此企业退休人员不能享受这一待遇。深圳市中院一审驳回了原告的诉讼请求。① 原告不服上诉至广东省高级人民法院。二审法院认为,深圳市社保局套用机关、事业单位标准调整企业职工退休金的做法不符合国务院发布的[1991]33号文,这种做法极不严肃,但根据信赖保护原则,已调整发给上诉人的退休金不应再追回。根据国务院发布的[1991]33号文和《深圳市社会保险暂行规定》,特区津贴等工资待遇不属于企业职工退休金的调整范围。深圳市社保局的答复行为合法,原审维持判决并无不妥,判决驳回上诉、维持原判。②

2. 吴粉女诉上海市长宁区市政工程管理所恢复退休金待遇案③

原告吴粉女原为被告长宁区市政工程管理所的职工,于1982年3月退休,退休后在被告长宁区市政工程管理所领取退休金。1989年10月,原告因犯诈骗罪被上海市闸北区人民法院判处有期徒刑7年。1991年8月,被告对原告作

---

① 《广东省深圳市中级人民法院行政判决书》(2000)深中法行初字第65—92、94—119、121号。
② 《广东省高级人民法院行政判决书》(2001)粤高法行终字第172—226号。
③ 新劳动合同法资料网——劳动合同法案例,http://www.laodonghetong.org/1122a.html,2008年7月5日发布。

出除名处理,并停发了退休金及其他钱物。1996年10月15日,原告刑满释放,到被告处领取退休金,遭到被告拒付。为此,原告吴粉女起诉至上海市长宁区人民法院。长宁区人民法院认为:《中华人民共和国宪法》第44条明确规定,国家依照法律规定实行企业事业组织的职工和国家机关工作人员的退休制度。退休人员的生活受到国家和社会的保障。退休金待遇是公民享有的一项重要的社会经济权利,它对于退休人员安居生活是一项重要的保障。被告因原告在退休期间犯罪而对其作出除名处理,显属不当;在原告刑满释放后又拒绝给予退休金待遇,亦缺乏充足的根据和理由。现原告要求被告给付退休金待遇,依法应予支持。一审判决后,被告提起了上诉,上海市第一中级人民法院维持了一审判决。

本案争议的焦点之一是退休后犯罪的刑满释放人员是否应享有退休金待遇问题。《上海市老年人保护条例》第9条第1款规定:"离休干部的离休工资、退休职工的退休费、有关补贴费,以及农村集体经济组织拨付给老年人的养老补助金,有关单位必须按时给付,不得拖延、克扣或者移作他用。"其目的是保障退休职工安居生活,同时是公民所享有的一项重要的社会经济权利。《关于贯彻执行〈国务院关于工人退休、退职的暂行办法〉的若干具体问题的处理意见》(以下简称《意见》)规定:"退休、退职人员因为违犯法纪被判处徒刑的时候,在服刑期间应该停止享受各项退休、退职待遇,并且收回其退休、退职证件。服刑期满恢复政治权利后的生活待遇,由原发给养老金的单位酌情处理。"劳动人事部《关于被判处有期徒刑缓刑的退休人员的退休待遇问题的答复》规定:"为了不影响宣告有期徒刑缓刑的退休职工的生活,我们意见退休职工在宣告缓刑考验期内,没有被剥夺政治权利的,可以继续享有原退休待遇。"由此可见,《意见》明确了退休人员因犯罪被判处徒刑,在服刑期间应停止享受各项退休、退职待遇,并未剥夺刑满释放后退休人员享有退休金待遇的权利。

获得社会保障是公民的一项基本权利,也是公民维持生存的重要手段。抽象意义上看,只要符合"公民"身份,就有权获得社会保障,不因民族、种族、性别的差别而不同。正如《公约》第2条规定的:"本公约缔约各国承担保证,本公约所宣布的权利应予普遍行使,而不得有例如种族、肤色、性别、语言、宗教、政治或其他见解、国籍或社会出身、财产、出生或其他身份等任何区分。"具体意义上看,社会保障权还因其具体内容的不同而有不同条件的要求。对于一些特殊对象,例如违法犯罪行为人,不能因其违法犯罪行为而取消其社会保障待遇,否则是与社会保障权的性质相悖的。《公约》第9条规定"人人"有权享受社会保障,即意味着社会保障权的广泛性、平等性和无条件性。第4条进一步强调了对国家对公民的经济、社会和文化权利进行限制的原则,"本公约缔约各国承认,在对各国依据本公约而规定的这些权利的享有方面,国家对此等权利只能加以限制同这些权利的性质不相违背而且只是为了促进民主社会中的总的福利的目的的法律所确定的限制。"中国现有的法律文件和司法实践承认罪犯的社会保障权,是与《公约》第 4 条以及第 9 条的具体规定相契合的。

五、本章小结

总之,社会保障是确保个人及其家庭在遭遇种种变故、丧失谋生能力时,仍能获得最基本的生活保障。虽然在发展初期,社会保障是一种济贫的慈善事情,但在工业革命以后,各国政府都意识到,它是维持社会秩序和社会安全不能缺少的稳定器。从国际劳工组织把社会保障确认为工人的基本权利开始,社会保障的发展进入了一个人权的纪元。《经济、社会、文化权利国际公约》进一步确认了社会保障的人权性质。而国际劳工组织则通过《社会保障最低标准公约》等众多公约和建议书进一步规范了社会保障权的内容。

近年很多国家的政府出于对"福利国家"政策的怀疑,进行了很多社会保障改革。在这个过程中,出现了很多实际的倒退现象,社会保障经费受到大幅削减,危机日渐浮现。此外,全球化使国际贸易不断增长,跨国企业日益扩张,对各地的社会造成深远的影响。例如,在资金及工作岗位在全球自由流动、工会势力日渐萎缩以及失业率飚升之际,各国政府往往以增强竞争力为藉口,削减社会保障开支,从而给其国民的生活造成了双重的压力。经济、社会和文化权利委员会非常关注这种社会趋势,所以一再重申社会保障权的重要性,并敦促各缔约国重视其核心义务及国际义务,不仅要保障自己的国民,而且还要在制定及签署国际贸易协议时,尊重其他国家人民的社会保障权。

第七章 家庭、母亲和儿童受保护的权利

第10条

本公约缔约各国承认：

一、对作为社会的自然和基本的单元的家庭，特别是对于它的建立和当它负责照顾和教育未独立的儿童时，应给以尽可能广泛的保护和协助。缔婚必须经男女双方自由同意。

二、对母亲，在产前和产后的合理期间，应给以特别保护。在此期间，对有工作的母亲应给以给薪休假或有适当社会保障福利金的休假。

三、应为一切儿童和少年采取特殊的保护和协助措施，不得因出身或其他条件而有任何歧视。儿童和少年应予保护免受经济和社会的剥削。雇佣他们做对他们的道德或健康有害或对生命有危险的工作或做足以妨害他们正常发育的工作，依法应受惩罚。各国亦应规定限定的年龄，凡雇用这个年龄以下的童工，应予禁止和依法应受惩罚。

一、概　　述

《经济、社会、文化权利国际公约》对家庭的保护和协助、缔婚过程中的男女平等、母亲的保护和社会保障、儿童的保护特别是禁止对儿童的剥削也作了规定。这些规定强调了家庭对于实现人权的重要意义，着重规定了母亲和儿童这两种特殊主体的权利。它既对《公约》在第2条中规定的非歧视原则、特别是第3条男女平等原则进行了重申，又突出了家庭、作为母亲的妇女和儿童在经济、社会和文化权利领域的特殊需求。然而，因为《公约》规定的概括性特征，对相关规定的理解和实施，还必须根据人权的整体性原则，结合《公约》的国际实施监督机构经济、社会和文化权利委员会通过的"一般性意见"和其他国际人权公约进行理解和推动。

二、家庭权利

人既是自然人，也是社会人，如同马克思所说的，是社会关系的总和。而家庭则是每个人面对的最直接的社会，它是社会结构中较为稳定的基本单位，个人

的生存、发展和归宿都与家庭密不可分。

国际法承认家庭既是社会的基本单位,也是儿童成长及福利的自然环境。① 《经济、社会、文化权利国际公约》第10条第1款规定:"对作为社会的自然和基本的单元的家庭,特别是对于它的建立和当它负责照顾和教育未独立的儿童时,应给以尽可能广泛的保护和协助。缔婚必须经男女双方自由同意。"《世界人权宣言》第12条规定:"任何人的私生活、家庭、住宅和通信不得任意干涉,他的荣誉和名誉不得加以攻击。人人有权享受法律保护,以免受这种干涉或攻击。"第16条第3款更明确规定:"家庭是天然的和基本的社会单元,并应受社会和国家的保护。"第25条第1款规定:"人人有权享有为维持他本人和家属的健康和福利所需的生活水准……。"《公民权利与政治权利国际公约》第23条第1款规定:"家庭是天然的和基本的社会单元,并应受社会和国家的保护。"《儿童权利公约》第5条规定:"缔约国应尊重父母或于适用时尊重当地习俗认定的大家庭或社会成员、法定监护人或其他对儿童负有法律责任的人以下的责任、权利和义务,以符合儿童不同阶段接受能力的方式适当指导和指引儿童行使本公约所确认的权利。"

虽然国际人权公约高度重视家庭,并称之为社会组织的基本单位,但"家庭"在国际法上是一个仍然处于发展中的概念。② 国际法上没有哪个条约对家庭专门作出定义,不仅没有一个"家庭权利公约",在起草《儿童权利公约》过程中曾提出的"父母权利公约"也同样不存在。但随着国际人权法的发展,家庭的概念会越来越精确化。

在世界上存在几种不同的家庭概念:单亲家庭、核心家庭、一夫多妻或者一妻多夫的家庭以及扩大家庭(简称大家庭)。每一种家庭在抚养儿童方面具有不同的意义。扩大家庭形成一个所有家庭成员分担抚育儿童责任的独立单位。扩大家庭不仅垂直方向的扩展,包括祖父母、父母和晚辈,同时也是水平方向的扩展,包括直系子女、外甥等。亲属间的关系和作用在不同的家庭类型中,在不同的地区是不同的。

在非洲社会,照顾儿童常常是一种集体行为,其中繁忙的父母依赖所在的集体,他们经常从社区获得支持。因为非洲社会中这种责任分担形式的存在,有些地方在语辞上对"父亲"和"叔叔"不加区分。在加纳的阿肯色人中,不存在与

---

① Volio, Legal Personality, Privacy and the Family, in Henkin (ed.), *The International Bill of Rights: The International Covenant on Civil and Political Rights*, 1981, p. 185.

② Geraldine Van Bueren, *The International Law on the Rights of the Child*, Martinus Nijhoff Publishers, 1998, p. 68.

"阿姨"相对应的词汇;对他们来说,所有"阿姨"都是"母亲",只是年龄不同而已。① 这些表示亲属关系的词汇反映调整家庭成员关系的行为模式。在大家庭里,父母以外的个人对儿童也可能是很重要的,因为他们参与儿童的发展过程。抚育儿童被视为一种集体行为这一点对国际儿童权利法意义重大,因为,在一些文化地方习惯中,大家庭的成员具有对儿童承担责任的合法基础。比如,在加拿大一些印第安人的部落中,对儿童的责任由部落中的年长者承担。非洲以及其他地区的大家庭结构对国际儿童权利法的另一个影响就是,权利与义务紧密相连。一个成员的权利正是另一名亲属的义务。《儿童权利公约》第5条规定,"缔约国应尊重父母或于适用时尊重当地习俗认定的大家庭或社会成员、法定监护人或其他对儿童负有法律责任的人以下的责任、权利和义务"。

核心家庭相对来说是一种晚近的社会结构,与工业化社会的发展相适应。在工业社会,家庭成员独立工作,为了工作人们会离开家庭所在的地方,其结果是,家庭成员对儿童的责任被消减,而国家的干预开始具有正当性。② 一个极端的情形是,在《儿童权利公约》起草过程中,新西兰提议职业的儿童抚育比父母抚育对儿童更加有利。③

当然,这并不是说,在欧洲和北美的家庭都是核心家庭,而亚洲、非洲和南美洲的家庭都是大家庭。在多数社会中,不同类型的家庭都不同程度地存在。即使是在转向核心家庭的社会中,大家庭的价值也开始被承认。因为即使在核心家庭占统治地位的社会中,大家庭成员也是一种国家可以利用的资源,尤其是在因种种原因,儿童得不到父母照顾的时候。在传统上依靠亲属关系但相关体制已经瓦解的社会,就有了国家进行干预的空间。为了有更广泛的适用,国际法必须应对这些不同的家庭结构。④

在国际人权法中,就有三个相互重叠的概念:家庭、家庭生活和家庭环境。"家庭"的概念出现在大多数的国际文件中,包括《公民权利和政治权利国际公约》、《经济、社会、文化权利国际公约》;"家庭生活"出现在《欧洲人权公约》当中;而最新的"家庭环境"的提法则规定在《儿童权利公约》和《非洲儿童权利和福利宪章》当中。

联合国人权事务委员会认为,根据《公民权利和政治权利国际公约》第17条的要求,对家庭的概念必须进行广义的解释,使其包括所有有关缔约国社会中

---

① Gobbah, African Values and the Human Rights Debate: An African Perspective, 9 *Human Rights Quarterly* (1987), 309, 320.

② 参见前苏联的一种观点, Harvin, Child Protection Legislation as an Instrument of Soviet Child Care. Policy and Practice. 3 *Int Jo Law & Fam* 58 (1989).

③ UN Doc E/CN. 4/1324(1980).

④ UN Doc CCPR/C/21/Add.6.

所理解的家庭。① 人权事务委员会承认没有一个简单的普遍适用、有约束力的关于家庭的定义,它并不寻求产生一个适用于任何时间、任何文化的普遍性的家庭定义,而是请各国在其报告中说明在他们的社会中家庭的含义。应当指出的是,文化传统却可能并不符合儿童的最大利益。所以,关于家庭定义的灵活性,应当有一定的限制,比如不能违反非歧视的原则,应当不违背国际人权法。

在区域性国际人权公约中也存在试图界定家庭含义的努力,使其适合特定的地理区域。《美洲人权公约》的第 17 条和第 19 条规定了家庭权利和儿童权利,它们并没有将家庭等同于父母,并称:"所有儿童有权享有家庭以及一个家庭机构的稳定的权利。"与之相对应,《欧洲人权公约》并不寻求对家庭本身的保护,而只是在其第 8 条中规定保护对"家庭生活"的尊重。在解释第 8 条的过程中,欧洲人权委员会的结论是,对家庭生活权的保护与事实上的家庭生活有关,而不限于法律上的家庭生活。② 与这种解释相一致,欧洲人权法院在判决中认为,家庭生活包括"至少是近亲属间的联系,比如祖父母和孙子女之间的联系,因为这类亲属可以在家庭生活中起到相当重要的作用"。③ 在欧洲人权委员会和人权法院定义"家庭生活"过程中,一种正出现的趋势是,考察与儿童相关的家庭成员的实质性作用,而并不局限于其家庭角色。欧洲人权委员会指出,"'家庭生活'存在与否在实质上是一个事实问题,取决于亲密的人际关系在事实上是否真正存在"。④ 这种解释与儿童的最大利益原则是一致的,因为它允许儿童保持与在其生活中发挥重要作用的亲属保持联系,同时它也给父母以外的家庭成员以合法的基础,实现他们的家庭生活权利,并可以针对国家。

在《儿童权利公约》的制定过程中,各国讨论了"父母、法定监护人或者其他法律上负有责任上的人"的提法是否足以涵盖所有相关的家庭成员。⑤ 其结论是,多数国家认为相关提法已经足够。但在对公约草案进行二读过程中,人们也认识到这个定义是有局限的,不能反映社会现实,并可能会严重影响公约潜在的影响。修改后的《公约》第 5 条对大家庭和社会的潜力给予了关注。可是,公约中有很多内容是建立在父母权利和责任的基础之上的,比如,关于父母或法定监护人的第 14 条和第 18 条。公约在多数条款中提到的是"父母、法定监护人或者其他负有法律责任的人"。但是,《儿童权利公约》规定必须将它们作为一个整体来认识,其他公约则规定应与第 5 条放在一起来考虑。这样,各国应该同等尊重相关的地方习俗和责任,大家庭或社会的权利和义务。这并不减损父母作用

---

① UN Doc A/36/40,134—143.
② 参见 The Marckx case, Judgement of the 15 June, 1979, Series A No. 31, 21.
③ Application No. 12451/86.
④ Application No. 2991/66.
⑤ UN Doc E/CN. 4/1989/WG.1. CRP.1./Add.1.

的首要性,同时也符合儿童最大利益原则。

这与《非洲儿童权利与福利宪章》的思路是一致的。该《宪章》第 20 条规定,父母或者"其他对儿童负有责任的人"应该对儿童的抚育和发展负首要的责任。可见,普遍和区域性的人权法都逐渐地与不同文化对家庭的解读达成协调。

1924 年和 1959 年两个《儿童权利宣言》都没有提及与儿童有关的家庭义务。它们只是承认父母的责任,而忽视了大家庭的存在。在起草 1959 年宣言的过程中,秘鲁曾提出"父母"就被视为更大范围的家庭的一部分,建议将其改为"家庭环境"以强调儿童在超越狭窄父母概念的家庭环境中的成长权利。[①] 可惜,秘鲁的建议没有被接受。

三、婚 姻 自 由

婚姻是家庭的起点和基础,婚姻关系构成最初的家庭关系,由此又会产生父母子女等其他家庭成员之间的关系。因此,虽然婚姻自由是个人的人身自由,《经济、社会、文化权利国际公约》将其与家庭权利规定在同一条款当中。它规定:"缔婚必须经男女双方自由同意。"

1948 年的《世界人权宣言》第 16 条规定:"1. 成年男女,不受种族、国籍或宗教的任何限制有权婚嫁和成立家庭。他们在婚姻方面,在结婚期间和在解除婚约时,应有平等的权利。2. 只有经男女双方的自由和完全的同意,才能缔婚。3. 家庭是天然的和基本的社会单元,并应受社会和国家的保护。"

在起草该宣言之初,对缔婚和成立家庭的内容并未予以重视,有关的措辞仅是:"根据国家的法律,每个人都有缔婚权。"在人权委员会提交给第三委员会的最终建议中,"成年"和"在婚姻方面"的概念是建议的组成部分,且"只有经男女双方的完全同意"才能缔婚。在起草过程中,严重的分歧来自文化的差异。穆斯林国家反对使用"成年"这个概念,许多西方国家则批评"在婚姻方面"的提法含糊不清。墨西哥提出加入一条,即男女有权婚嫁和成立家庭,"不受种族、国籍或宗教的限制"。该提议遭到大部分穆斯林国家的反对(但埃及投了赞成票,沙特阿拉伯弃权)。黎巴嫩则提议在第 2 款中"完全的同意"之前加上"自由的和"几个字。前苏联则一直设法使家庭应"受到社会和国家"的保护加到第 3 款的最后。[②]

《公民权利和政治权利国际公约》在第 17 条和第 23 条中提到了婚嫁和家

---

① UN Doc A/C. 3/L. 734,并见 1959 年《儿童权利宣言》第 6 条。
② 见〔瑞典〕格德门德尔·阿尔弗雷德松、〔挪威〕阿斯布佐恩·艾德编:《〈世界人权宣言〉:努力实现的共同标准》,中国人权研究会翻译,四川人民出版社 2000 年版,第 331—332 页。

庭。第 17 条直接源于《世界人权宣言》第 12 条,而第 23 条则基本上是模仿该宣言的第 16 条。除了这些以外,其他有些国际公约也规定了缔婚方面的内容。

1962 年 11 月 17 日,联合国大会通过第 1763A(XVII)号决议,通过《关于婚姻的同意、结婚最低年龄及婚姻登记的公约》,该公约明确将《世界人权宣言》第 16 条作为其源泉。同时,它也是《经济、社会、文化权利国际公约》等有关规定的细化。该公约重申了男女双方完全和自由的同意原则,并规定除特殊情形外,"此项同意应由当事人依法律规定,经适当之通告,在主管婚姻当局及证人前,亲自表示之"(第 1 条)。

而在禁止歧视方面,联合国大会 1965 年 12 月 21 日通过的《消除一切形式种族歧视国际公约》第 5 条规定,"(缔约国承诺……在享受)缔结婚姻及选择配偶的权利(方面禁止歧视)"。第 16 条还规定,"缔约各国应采取一切适当措施,消除在有关婚姻和家庭关系的一切事务上对妇女的歧视"。

此外,1956 年 9 月 7 日的《废止奴隶制、奴隶贩卖及类似奴隶制的制度与习俗补充公约》第 1 条规定:"本公约缔约国遇有下列制度与习俗仍然存在之情形……均应采取一切实际而必要之立法及其他措施,逐渐并尽速达成完全之废止或废弃:女子之父母、监护人、家属或任何其他人或团体受金钱或实物之报酬,将女子许配或出嫁,而女子本人无权拒绝。"

在区域性国际法文件方面,1981 年 6 月 27 日非洲统一组织通过的《非洲人权和民族权宪章》根本没有提到婚嫁权。1969 年 11 月 22 日美洲间人权特别大会通过的《美洲人权公约》则直接受到《世界人权宣言》和两个国际人权公约的影响;其中第 17 条第 2 款对婚嫁权加上了适龄男女"如果符合国内法所要求的条件"的要求。1950 年 11 月 4 日欧洲理事会通过的《欧洲人权公约》第 12 条规定了同样的限制:"适龄男女有婚嫁权和成立家庭权,并根据国内法行使这项权利。"这条没有关于配偶双方完全同意的规定。其第 7 议定书于 1984 年 11 月 22 日通过,第 5 条包括了关于配偶双方平等的规定。1990 年 8 月 5 日,伊斯兰会议组织通过的《伊斯兰人权宣言》宣告:"家庭是社会的根基,婚姻是家庭组成的基础。男子和女子有婚嫁权,任何来自种族、肤色或国籍的限制都不能阻止他(她)们享有这项权利。"但很显然,这一条没有禁止基于宗教原因的歧视。

四、母亲的权利

母亲是家庭的重要角色,对母亲的保护是与家庭有关的重要权利。当然,它又可以归于妇女权利的范畴。考察国际人权法的发展历程,不论是经济、社会和文化权利,还是作为人权的妇女权利,其承认都经历了一个长期的历程。20 世纪 90 年代,它们得到了较为广泛的承认,这在很大程度上得益于《消除对妇女一切形式歧视公约》的条约机构——消除对妇女一切形式歧视委员会和《经济、社会、文化权利国际公约》的条约机构——经济、社会和文化权利委员会富有创造性的持续努力。众多的非政府组织参与了大量的工作,并在近年来将上述两委员会的注意力引向了对于妇女经济和社会权利的特定侵犯的关切。[①]

《经济、社会、文化权利国际公约》在第10条第2款规定,"对母亲,在产前和产后的合理期间,应给以特别保护。在此期间,对有工作的母亲应给以给薪休假或有适当社会保障福利金的休假"。

实际上,国际劳工组织对于女性工作者的国际法律保护在人权保护的早期就出现了。1919年该组织成立不久即通过了最早的规则。这些保护规则首先就是对于母亲的保护,由此,妇女在夜班、重体力劳动和矿井工作等领域得到了保护。几十年以来,这一类规则主要是为了保护女性工作者,而所有相关的文件都把妇女当作母亲或者是将来的母亲。国际劳工组织用了六十年的时间才在1981年关于工作者家庭责任的第156号公约和第165号建议中正式承认男性工作者可以是父亲。[②]

作为母亲的妇女应当获得特别的保护,但应当注意的是,不能将妇女权利等同于母亲的权利,否则不仅是以偏概全,而且可能是性别歧视。在我国曾经出现过保护女童就是保护"未来的母亲"的口号,这个口号不仅没有尊重儿童的独立地位和童年的独立价值和需求,也落入了人权法所反对的将妇女的社会角色刻板化的窠臼。

《世界人权宣言》第25条第2款规定:"母亲和儿童有权享受特别照顾和协助。一切儿童,无论婚生或非婚生,都应享受同样的社会保护。"

联合国大会1979年12月18日通过的《清除对妇女一切形式歧视公约》"念及妇女对家庭的福利和社会的发展所作出的巨大贡献至今没有充分受到公认,又念及母性的社会意义以及父母在家庭中和在养育子女方面所起的作用,并理解到妇女不应因生育而受到歧视,因为养育子女是男女和整个社会的共同责任"等,作出了许多保护妇女的具体规定。其第2条第5款规定:"应采取一切适当措施,消除任何个人、组织或企业对妇女的歧视。"第4条第2款规定:"缔约各国为保护母性而采取的特别措施,包括本公约所列各项措施,不得视为歧视。"第5条第2款规定:"保证家庭教育应包括正确了解母性的社会功能和确认教养子女是父母的共同责任,当然在任何情况下都应首先考虑子女的利益。"

该公约第11条第2款有可视为《经济、社会、文化权利国际公约》第10条第

---

① Lucie Lamarche, Women's Economic, Social and Cultural Rights: Recent Progress in International Law, in *Speaking About Rights*, Canadian Human Rights Foundation Newsletter, Vol. XV, No. 3/2000, p. 1.

② Katarina Tomaševski, Women, in *Economic Social and Cultural Rights: A Textbook*, ed. by Asbjorn Eide, Catarina Krause and Allan Rosas, Matinus Nijhoff Pub., 1995, p. 274.

2款的细化的规定:"缔约各国为使妇女不致因结婚或生育而受歧视,又为保障其有效的工作权起见,应采取适当措施:1.禁止以怀孕或产假为理由予以解雇,以及以婚姻状况为理由予以解雇的歧视,违反规定者予以制裁;2.实施带薪产假或具有同等社会福利的产假,而不丧失原有工作、年资或社会津贴;3.鼓励提供必要的辅助性社会服务,特别是通过促进建立和发展托儿设施系统,使父母得以兼顾家庭义务和工作责任并参与公共事务;4.对于怀孕期间从事确实有害于健康的工种的妇女,给予特别保护。"第12条则从保健角度作了规定,其第2款特别规定:"缔约各国应保证为妇女提供有关怀孕、分娩和产后期间的适当服务,必要时予以免费,并保证在怀孕和哺乳期间得到充分营养。"所有这些规定,作为一个整体提示我们,在保护母亲的权利方面所涉及的受保护权,包括不受歧视的权利、社会保障权、健康权、工作权、食物权等权利。

五、儿童权利

(一)国际法上的儿童权利

抚育儿童是家庭的一项重要功能。儿童权利也是与家庭有关的权利,虽然其对应的义务主体及其蕴含的丰富内容远远超出了家庭的范畴。《经济、社会、文化权利国际公约》第10条第3款规定:"应为一切儿童和少年采取特殊的保护和协助措施,不得因出身或其他条件而有任何歧视。儿童和少年应予保护免受经济和社会剥削。雇佣他们做对他们的道德或健康有害或对生命有危险的工作或做足以妨害他们正常发育的工作,依法应受惩罚。各国亦应规定限定的年龄,凡雇佣这个年龄以下的童工,应予禁止和依法应受惩罚。"《公约》第13条关于受教育权,尤其是其中有关初等教育应属义务性质并一律免费的规定,第12条规定的健康权,尤其是有关各国政府应该采取措施以降低婴儿死亡率并使儿童得到健康的发育的规定,都是《经济、社会、文化权利国际公约》中与儿童权利密切相关的条款。

如前所述,1948年的《世界人权宣言》第25条即宣称,母亲及儿童应受特别照顾和协助;所有儿童,无论婚生与非婚生,均应享受同等社会保护。1956年《废止奴隶制之制度与习俗补充公约》第1条规定,将儿童交给他人以供剥削其劳动的制度或习俗,不论是否取得报酬,均应尽速完全废止或废弃。

在专门涉及儿童权利保护的国际文件中,1959年的《儿童权利宣言》专门列举了十项原则,包括所有儿童不受歧视地享有宣言列举的一切权利、儿童应受特别保护、儿童有健康成长和发展权、儿童在一切情况下应优先受到保护和救济,以及儿童不得受忽视、虐待和剥削,不应成为买卖对象,在达到适当年龄前不应受雇佣等。

1966年《公民与政治权利国际公约》第24条专用一个条文规定儿童的公民与政治权利:"1. 每一儿童应有权享受家庭、社会和国家为其未成年地位给予的必要保护措施,不因种族、肤色、性别、语言、宗教、国籍或社会出身、财产或出生而受任何歧视。2. 每一儿童出生后应立即加以登记,并应有一个名字。3. 每一儿童有权取得一个国籍。"

值得注意的是,《经济、社会、文化权利国际公约》第10条第3款的规定是对所有"儿童和少年"(children and young persons)予以保护。《消除对妇女一切形式歧视公约》第16条第2款有关剥夺"童婚"的任何法律效果的规定的基础是将儿童定义为达到"适婚年龄"以前的人。根据目前的国际法,适婚年龄最低是15岁。1989年《儿童权利公约》第1条规定的儿童定义就是:"每一位低于18岁的人",这代表了一个相当晚近的将童年延至成年年龄的做法(这不能直接适用于《公民权利和政治权利国际公约》第24条当中)。

1989年11月20日联合国大会通过的《儿童权利公约》是1979年国际儿童年所发起的订约努力的最后成果,是儿童权利保护的一座里程碑。目前已有193个国家批准或加入了该公约,是迄今参加国最为广泛的人权公约。公约在已有国际人权法成果的基础上,进行了全面、系统的发展。

要解释《经济、社会、文化权利国际公约》第10条第3款中"应为一切儿童和少年采取特殊的保护和协助措施,不得因出身或其他条件而有任何歧视"的规定,就不能不提《儿童权利公约》中规定的最大利益原则和非歧视原则。

《儿童权利公约》有四项体现了公约主旨、最重要的基本原则,它们构成了公约解释和实施的基础。这四项原则主要载于第2、3、6、12条,分别是非歧视原则;儿童的最大利益原则;生命、存活和发展权原则及尊重儿童意见原则。其中非歧视原则和儿童的最大利益原则最受人关注。

关于非歧视原则,该公约第2条规定:"1. 缔约国应尊重本公约所载列的权利,并确保其管辖范围内每一儿童均享受此种权利,不因儿童或其父母或法定监护人的种族、肤色、性别、语言、宗教、政治或其他见解、民族、族裔或社会出身、财产、伤残、出生或其他身份而有任何差别。2. 缔约国应采取一切适当措施确保儿童得到保护,不受基于儿童父母、法定监护人或家庭成员的身份、活动、所表达的观点或信仰而加诸的一切形式的歧视或惩罚。"这一规定的基本信息是机会均等;女孩和男孩应享有同样的机会;难民儿童、外国血统的儿童、土著或少数群体的儿童享有同其他所有儿童一样的权利;残疾儿童应获得同样机会,享受适足的生活水平。

关于儿童的最大利益原则。该公约第3条第1款规定:"关于儿童的一切行动,不论是由公私社会福利机构、法院、行政当局或立法机构执行,均应以儿童的最大利益为一种首要考虑。"国家有关部门在作出涉及儿童的决定时,均应以儿童的最大利益为首要考虑。这一原则是公约的一项根本信息,也是最重要的信息。最简单地说,这意味着儿童权利的主流化以及给予儿童保护特殊和优先地位。但其落实是一个重大的挑战。今天,我们在理解《经济、社会、文化权利国际公约》第10条第3款时,就要结合《儿童权利公约》,特别是儿童的最大利益原则来考虑。

(二) 儿童经济和社会剥削问题的国际立法

前已引述,《经济、社会、文化权利国际公约》的第10条第3款还提到儿童遭受经济和社会剥削及童工问题。

在《儿童权利公约》中,各种形式的剥削分别为第32至36条五个条款所禁止。第32条解决的是经济剥削问题和保护儿童免于从事"可能妨碍或影响儿童教育或有害儿童健康或身体、心理、精神、道德或社会发展的工作"。该条款还要求缔约国对于受雇的最低年龄、工作时间和雇佣条件作出规定,并监督这些标准的执行,规定对相关违法行为的制裁。

事实上,该公约第32条允许依据工作的不同性质划分最低年龄标准,轻体力工作是年龄较小的儿童可以接受的。关键在于儿童的健康和接受教育的可能性不应该受到损害。这也是与国际劳工组织的相关公约一致的一种做法。国际劳工组织第138号公约明显受到了起草中的《儿童权利公约》第32条内容的启发。国际劳工组织召开1998—1999年国际劳工大会期间讨论童工众多剥削形式的一项新条约时,不断提到《儿童权利公约》第32条的内容。据说在讨论中人们认为国际劳工组织新的公约应该被视为是对《儿童权利公约》第32条内容的某些方面更详细的阐述。国际劳工组织的这个新的第182号公约的全称是《禁止并立即采取行动以消除儿童劳动的最恶劣形式的公约》。

《儿童权利公约》对于另外两种类型的剥削同样进行了有效抵制。一种是在麻醉品和毒品生产和贩运方面的儿童剥削问题。该公约要求采取必要措施保护儿童不使用麻醉药品和精神药物,还要采取预防性行动防止儿童被利用从事生产和贩运此类药物(《儿童权利公约》第33条)。另一种是对儿童的性剥削。据统计,全球每年有100万儿童被迫从事卖淫活动,其中多数是女童,其平均年龄也越来越小。儿童应该得到保护以免受一切形式的性剥削和性侵犯。应采取国家、双边和多边措施防止儿童卖淫和儿童色情,避免诱拐、买卖或贩运儿童,保护儿童免遭"有损儿童福利的任何方面"的一切其他形式的剥削之害(《儿童权利公约》第34至36条)。2000年5月25日第54届联合国大会通过了《关于贩卖儿童、儿童卖淫和儿童色情的儿童权利公约任择议定书》,并向所有《儿童权利公约》缔约国及签署国开放签署。该议定书已于2002年1月正式生效,中国也是该议定书的缔约国。

六、缔约国义务和国际案例

（一）缔约国义务

缔约国根据《经济、社会、文化权利国际公约》承担的在国内实现相关人权的义务包括尊重、保护和实现《公约》规定的各项权利。具体到家庭、母亲和儿童受保护的权利来说，首先，国家应该承认其管辖下的所有家庭享有获得保护和协助的权利，男女有缔婚的自由，作为母亲的妇女享有社会保障的权利，儿童享有获得保护和协助等权利；其次，国家要保障政府或者其他社会行为主体不能非法干预、妨碍和侵犯这些权利；最后，国家还要采取包括加大财政投入等措施积极地促进相关权利的实现。

我们同样可以用关于经济、社会和文化权利领域的"4-A"分析模式（4As Scheme）来理解，即缔约国有义务使相关权利的实现具有可提供性（Availability）、可获取性（Accessability）、可接受性（Acceptability）和可调适性（adaptability）。还需要特别强调的是社会性别的视角和人权的视角下非歧视原则的适用。国家对家庭特别是母亲和儿童的协助、照顾和保障应该是可提供、可获取、可接受并且是根据具体情况可调适的，对家庭中的女性包括女童应该给予特别的关照，防止和杜绝任何歧视。

（二）国际案例

因为《经济、社会、文化权利国际公约》没有规定个人申诉机制，所以迄今为止《公约》本身的案例并没有出现，但因为人权的整体性，其他公约同样会涉及家庭，而且也会涉及与经济、社会和文化权利相关的问题。

1. 亨德里克斯诉荷兰案（*Wim Hendriks Sr. v. Netherlands*）[1]

1985年12月30日，居住在联邦德国的荷兰公民威姆·亨德里克斯代表自己和现在与孩子母亲一起居住在荷兰的儿子小威姆·亨德里克斯提交来文，声称他们根据《公民权利和政治权利国际公约》第23条第4款享有的权利受到了侵犯。他主张的事实是：他与前妻离婚后，荷兰法院将监护权判给作为母亲的前妻，却没有规定来文者作为父亲的探视权利。由于前妻的持续反对，并认为探视会造成孩子的紧张和困惑、对孩子不利，来文者进行探视的要求被拒绝。来文者认为，仅仅以母亲的单方面反对就将监护权完全给予母亲而没有确保父亲与孩

---

[1] ICCPR Communication No. 201/1985.

子接触的权利,荷兰的立法和行为没有充分保障该第23条第1款和第4款要求的在解除婚姻时缔婚双方权利和责任的平等以及对儿童的保护,侵犯了他作为父亲的权利,也侵犯了他儿子的权利。

1988年7月27日,人权事务委员会通过意见认为,该公约确立了三项具有同等重要性的规则,即家庭应该受到保护,应该采取步骤确保婚姻解除时配偶的权利平等和应该规定对儿童的必要保护。委员会指出,第23条第1款中的"家庭"一词并不仅仅指在婚姻存续期间存在的家居生活。家庭的概念必须包括父母与子女的关系。尽管离婚在法律上结束了一桩婚姻,但不能解除联结父亲或母亲与孩子的关系;这一联结关系并不取决于父母之婚姻的延续。给予子女利益的优先考虑看来符合这一规则。一般而言,缔约国的法院有权判断每个案件的具体情况。但是,委员会认为有必要的是,法律应该确立某些标准,规定除了某些例外情况以外,子女和父母之间的个人的、直接的和经常的联系应予维持。委员会认为,父母某一方的单方面反对不能被认为是例外情况。在本案中,委员会注意到荷兰的各级法院承认了子女与其父母双方进行长久联系的权利,以及非监护父亲或母亲的探视权利,但认为由于所涉儿童的利益,在本案中这些权利不能得到行使,尽管并没有发现来文者一方有任何不当行为。因此,委员会认为,不能得出荷兰违反了第23条的结论,但是,提请荷兰注意补充其立法的必要。

该案表明,父母离异之后不享有监护权的一方对子女的探视行为应被认为是受"社会和国家保护"的"家庭"关系的一部分。从儿童权利的角度考虑也将得出同样的结论。其次,将对第23条第1款的上述理解与该条第4款包含的缔婚双方在解除婚姻时权利义务平等的规定结合来看,离婚时倘若一方获得对子女的监护权,则另一方应享有合理的探视权,这一权利不得被无理或非法剥夺或限制。至于剥夺或限制的标准和条件,应由国家法律规定,并由法院在具体案件中判定这些标准是否得到满足、条件是否具备。再次,在有关婚姻解除时保障探视权利的问题上,一个重要的考虑因素是儿童的利益。探视权利也可能与儿童权利发生冲突,因此需要加以平衡。当相关主体之间的权利和利益发生冲突时,一方面需要以儿童的最大利益为优先,另一方面也不能忽视其他各方的基本权利。

(二) 乔斯林等人诉新西兰案(*Juliet Joslin et al. v. New Zealand*)[①]

1998年11月30日,新西兰公民朱丽叶·乔斯林等向人权事务委员会提交来文,声称她们是新西兰违反《公民权利和政治权利国际公约》第23条第1、2款等条款的受害者。乔斯林女士和罗恩女士自1988年1月起开始建立同性恋

---

① ICCPR Communication No. 902/1999.

关系,她们将财产放在一起、共同居住、彼此有性关系、一起承担了各自与前夫生下的孩子。1995年,她们根据新西兰《婚姻法》向地方登记办公室申请婚姻证书,但申请遭到了拒绝。来文者主张,新西兰的《婚姻法》构成对同性婚姻的歧视。她们提出,《公民权利和政治权利国际公约公约》第23条第2款中"男女(men and women)缔婚的权利"不仅指男人可以与女人结婚,更是指作为一个群体的男人和作为一个群体的妇女可以结婚。

新西兰政府则不承认该公约要求缔约国赋予同性恋者结婚的权利,认为这一权利需要对公约的相关规定作出重新定义。它认为,对本公约和《世界人权宣言》、《欧洲人权公约》以及新西兰法律中规定的"婚姻"的一个根本的理解是,它是男女之间的关系。新西兰最重要的主张是,该公约第23条第2款清楚地表明,婚姻可以被正确地定义为异性伴侣之间的关系。它注意到,起草这一条款的准备文件表明,它直接源于《世界人权宣言》第16条,其中只是清楚地规定了"男女"结婚的权利。第23条第2款的草案中曾屡次提到"丈夫和妻子",在正式条文中同样清楚地用到了"男女缔婚和成立家庭的权利"。欧洲人权法院的一些判决也一再地没有将相关规定解释适用到同性恋者身上。[①]

2002年7月17日,人权事务委员会通过了对来文的最后意见,认为第23条是该公约中唯一使用"男女"这一措辞而不是"每一个人"、"人人"和"所有人"的措辞来定义一项权利的规定。使用"男女"的用语而不是更宽泛的用语,一直被一致地认为是在表示,缔约国由第23条第2款产生的条约义务是承认婚姻只是有缔婚意愿的一男一女之间的结合。根据第23条第2款规定的结婚权的范围,委员会不能认定缔约国仅仅拒绝允许同性恋伴侣结婚就侵犯了来文者在第23条第1、2款或其他条款之下的权利。

《经济、社会、文化权利国际公约》第10条同样使用了"男女双方自由同意"的措辞,其背后的逻辑与上述公约是一样的。本案成为讨论同性恋者法律权利的过程中经常引用的一个案例。首先,根据现行的国际人权标准,国家没有义务承认和保障同性恋者结婚和建立家庭的权利,但这决不意味着同性恋者的性取向不应该得到承认和尊重。尽管因为社会、历史、宗教和文化等多方面的原因,各国对同性恋者的态度和做法差别极大,但人权发展的一个新趋势是逐渐正视同性恋者在社会中的存在以及他们的正当要求,尤其是反对基于性倾向而对他们进行歧视。根据目前的国际人权标准,同性恋者至少享有不因他们的性取向而受到歧视的权利。其次,本案中人权事务委员会是根据公约本身进行的一种

---

① 例如参见以下案件:Rees v. United Kingdom, 17 October 1986, Series A No. 106, p.19, para. 49; Cossey v. United Kingdom, 27 September 1990, Series A No. 184, p.17, para. 43; Sheffield and Horsham v. United Kingdom, 30 July 1998, Series A No. 8, p.2030, para. 66.

"成文法"解释,尽管它解决了相关的争议,但对本案涉及的问题还存在和思考与探究的必要。人权的概念和相应的法律规则都是既完整而又开放的动态体系,它们的内涵和范畴都"与时俱进",处在动态发展之中。因此,有关同性恋者的婚姻权利,也不是静止不变的。目前有少数几个国家出台了有关允许同性伴侣登记结婚的法律。其中有两种规制模式,一种是将同性伴侣关系纳入传统的"普通法"婚姻或"同居"法中,比如匈牙利;一种是在"民事婚姻"之外另辟一个与之平行的"同性伴侣注册法",比如荷兰。不论采取哪种规制模式,同性恋者所获得的权利和益处还是有限度的,还不能与异性婚姻相比——这些权益大部分是经济方面的,尚不包括诸如收养无血缘子女的权利,但这至少表明同性婚姻在法律和制度上是可能的。

七、中国的政策与案例

在我国法律中,《宪法》第 49 条规定婚姻、家庭、母亲和儿童受国家的保护;《民法通则》第 104 条规定婚姻、家庭、老人、母亲和儿童受法律保护;《婚姻法》是我国婚姻家庭关系的基本准则;《刑法》第 260 条规定虐待家庭成员,情节恶劣的,处二年以下有期徒刑、拘役或者管制;《老年人权益保障法》第 2 章规定了家庭赡养与扶养;《未成年人保护法》第 2 章规定了未成年人享有的家庭方面的权利;《妇女权益保障法》第 7 章规定婚姻家庭权益。此外,《继承法》、《收养法》、《母婴保健法》、《人口与计划生育法》等对与家庭有关的权利都做了相应的规定。

一个能够体现相关人权法价值取向的典型案例是姚昆云与姚鹏程子女姓名权案。① 原告姚鹏程与被告姚昆云原为夫妻,育有一子姚悦达,二人于 1995 年经法院判决离婚,儿子由被告抚养,原告每月支付抚养费。1999 年 9 月时原告到靖国小学探视入学的儿子时,发现学校名单中没有其名字,经多方调查才获知被告已私自将其姓氏改为马姓,故原告于 2001 年 5 月诉至云南省昆明市五华区人民法院,诉请法院责令被告恢复儿子的原姓氏,保护其探视权不受侵害。被告不同意原告的诉讼请求,理由是将儿子姓氏改为马姓是经原告同意的,现原告复婚的提议被拒绝后,居然不顾事实说不知道儿子已改姓;原告的请求已过二年的时效;更重要的是独生子的姓名已经使用了六年,孩子自己、家庭亲友、学校老师、同学及都已接受了孩子的姓名,社会档案、保险也都使用现在的姓名,如满足原告出尔反尔的无理要求,则孩子将再一次面临人生重大变故。

---

① 云南省昆明市中级人民法院(2001)昆民终字第 1514 号。相关的学术分析,见山东师范大学网站:http://www.mlb.sdnu.edu.cn/jpkc/jichu/ReadNews.asp? NewsID=229,但对本案的分析结论,笔者却不能苟同。

昆明市五华区人民法院认为,子女可以随父姓,可以随母姓。被告将双方所生男孩姚悦达的姓氏改为不以父姓,也不以母姓,此行为违反法律的规定,对于被告认为原告早已知道并同意孩子改姓的观点,从原告提供的孩子医疗证和为孩子在银行的存款单证实,原告不知孩子的姓氏改为"马"姓,本院对被告的这一观点不予支持。对于原告认为被告侵害自己对孩子的探视权,要求行使对孩子的探视权请求,因未提供证据予以证实被告侵害原告的探视权,故对原告的这一请求不予支持。昆明市五华区人民法院根据《婚姻法》第22条和《民事诉讼法》第107条第1款之规定作出判决,姚昆云在本判决生效之日起5日内,将孩子的姓氏由"马"姓改为父姓或母姓,并驳回姚鹏程的其他诉讼请求。

被告不服判决,上诉至昆明市中级人民法院。昆明市中级人民法院经审理认为,根据《最高人民法院关于人民法院审理离婚案件处理子女抚养问题的若干具体意见》第19条的规定:"父或母一方擅自将子女姓氏改为继母或继父姓氏而引起纠纷的,应责令恢复原姓氏。"故一审原告要求被告将其子的姓氏恢复为原姓氏的请求,有事实和法律依据,二审法院予以支持。对于一审被告提出本案已过诉讼时效的主张,因诉讼时效期间是从知道或者应当知道权利被侵害时起计算,一审被告无确凿证据证实一审原告在6年前就已知道权利被侵害的事实,因此,一审原告于2001年5月起诉并未超过诉讼时效。法院根据《民事诉讼法》第153条第1款第1项之规定判决维持原判。

我们注意到,本案中法院并未征求未成年人的姚悦达本人的意见。他的姓名权在本案中更像是其父母的权利。法院所适用的法律和司法解释也没有在维护作为姓名权主体的未成年人的最大利益方面提供足够的支持。

不过,也有法院判决在尊重儿童的意见方面作出了表率。比如,2007年北京市昌平区人民法院的一个判决就认定,孩子是否改姓要听孩子的,父亲也不能"越俎代庖"。[①]

在此案中,王先生于1993年3月登记结婚,其妻子于1994年1月6日产下一子。2002年4月,法院判决王先生与前妻离婚,孩子判归前妻抚养。后来,王先生发现前妻将孩子的姓名改变,孩子已不再姓自己的姓了。

王先生认为孩子的姓名是双方在离婚前共同约定的,前妻未与自己协商就擅自变更孩子的姓名,这种行为已经侵犯了自己的监护权,请求法院判决把孩子的姓名恢复到原来的名字。王先生的前妻则认为,根据《婚姻法》有关规定,子女可以随父姓,也可以随母姓。变更姓名是孩子自己的权利,不是父母任何一方的权利,孩子有权利决定自己的名字。变更孩子的姓名不会损害父母任何一方的利益。而且孩子使用这个姓名已经一年多了,孩子的学籍、档案都用现在的名

---

① 引自中国法院网,http://www.chinacourt.org/html/article/200709/19/265509.shtml。

字,老师和同学也都已熟悉这个名字,如果再变更将对孩子不利。

　　法院认为,姓名权是每一位公民的身份权。公民有使用、变更自己姓名以及保护自己的姓名不受侵犯的权利。王先生的孩子有变更自己姓名的权利。且王先生未提供自己的孩子不同意将其姓名变更的相关证据。王先生认为被告未经自己的同意变更孩子的姓名侵犯了其监护权,理由不足,故判决驳回王先生的诉讼请求。法院的推理发生了变化,这是一个新的发展动向。

　　值得注意的是,2006年12月29日,全国人大常委会通过的新修订的《未成年人保护法》在第3条中首次明确规定要给予未成年人"特殊、优先保护",这是对儿童最大利益原则的直接体现。

　　可以说,中国法律对家庭、母亲和儿童的保护与《经济、社会、文化权利国际公约》的规定是基本一致的。只是不论《公约》还是国内法的规定都面临这样的挑战,即如何让相关的原则性规定具体化并具有可操作性。在实践层面上,我们面临的挑战是:首先,《公约》作为国际人权条约不能在国内直接适用,尤其是不能在司法判决中作为判案的依据予以引用;其次,国内法的相关规定还远非完善,比如,对于属于社会弱势群体的家庭、妇女和儿童的保护还有诸多不足;第三,即使是国内法本身也面临操作性不强,"刚性"不足的问题。因此,完善国内立法,加强法律实施、特别是司法救济是关键的问题所在。

八、本章小结

　　家庭是一个重要的社会单元和人权结合点,重视家庭,保护与家庭有关的各种人权,对于个人、家庭、社会和国家,均有非常重要的意义。

　　《经济、社会、文化权利国际公约》第10条的重要性在于它在国际法中承认和肯定了家庭作为社会的自然和基本单元,规定了对于家庭的保护和协助。它强调作为基本人权的男女双方自由同意才能缔结婚姻从而建立家庭的权利,还特别强调母亲和儿童的权利。这是对与家庭有关的权利的例举,并不排斥更多的与家庭有关的权利主体,以及更多的与家庭有关的权利保护。

　　第10条是一个综合性的条款,它涉及妇女权利和儿童权利这两个内容广泛、在国际人权法中非常重要的领域。从联合国提出的"妇女的权利是人权"、"社会性别主流化"、"儿童权利是人权"等口号就可以看出这两个主题的重要地位。当然,第10条仅是对相关领域的重要问题做了简要或者重点的论述,这种论述远非系统和全面,因此还需要结合其他国际人权公约的规定进行理解。

第八章 适足生活水准权之食物权

第 11 条

一、本公约缔约各国承认人人有权为他自己和家庭获得相当的生活水准,包括足够的食物、衣着和住房,并能不断改进生活条件。各缔约国将采取适当的步骤保证实现这一权利,并承认为此而实行基于自愿同意的国际合作的重要性。

二、本公约缔约各国既确认人人享有免于饥饿的基本权利,应为下列目的,个别采取必要的措施或经由国际合作采取必要的措施,包括具体的计划在内:

(甲)用充分利用科技知识、传播营养原则的知识、和发展或改革土地制度以使天然资源得到最有效的开发和利用等方法,改进粮食的生产、保存及分配方法;

(乙)在顾及粮食入口国家和粮食出口国家的问题的情况下,保证世界粮食供应会按照需要,公平分配。

一、食物权的历史发展

人们普遍认为,首次提出人人生来就享有食物权的是美国第 32 任总统富兰克林·罗斯福。1941 年,罗斯福在其著名的"四大自由"讲话中,提出了言论自由、信仰自由、免于匮乏的自由和免于恐惧的自由。在第二次世界大战后,许多国家接受了四大自由的观点。联合国大会于 1948 年通过的《世界人权宣言》也接受了这种观点。"四大自由"在《公民权利和政治权利公约》和《经济、社会、文化权利国际公约》中得到了充分体现,其中,包括食物权在内的免于匮乏的自由主要由《经济、社会、文化权利国际公约》予以落实。

1974 年 11 月 16 日世界粮食会议通过的《世界消灭饥饿和营养不良宣言》对于免受饥饿与营养不良之害的权利做了重申:"男女老幼人人都有不挨饿和不受营养不良之害的不可剥夺的权利,借以充分发展他们的身心能力。"

1996 年 11 月 13 日,世界粮食首脑会议在罗马召开。这是历史上第一次关于粮食问题的世界首脑会议,共有来自 170 多个国家的国家元首、政府首脑或他们的代表参加。会议正式通过了《世界粮食安全罗马宣言》和《世界粮食首脑会议行动计划》。《世界粮食安全罗马宣言》表达了各国政府对世界粮食安全的关注和解决粮食问题的决心,重申"人人拥有按照食物权获得安全和富有营养食物的权利,以及人人拥有免于饥饿的基本权利"。《世界粮食首脑会议行动计划》主要是与会各国为实现世界粮食安全所作出的承诺。行动计划还制定了具体的近期目标:在2015年之前,将营养不良的人数减少一半,并进行一次中期回顾,以确定到2015年能否实现这一目标。

世界粮食首脑会议促成了《经济、社会、文化权利国际公约》第12号"一般性意见"的制定。在1996年世界粮食首脑会议期间,成员国要求更好地界定《公约》第11条中与食物有关的权利,并特别要求经济、社会和文化权利委员会在监测《公约》第11条规定的具体措施的执行时尤需重视首脑会议《行动计划》。针对上述要求,经济、社会和文化权利委员会研究了人权委员会和防止歧视及保护少数小组委员会关于获得适足食物权利作为一项人权的有关报告和文件;在1997年第七届会议期间就这一问题进行了一天的一般性讨论,考虑到了国际非政府组织编写的《获得适足食物的人权的国际行为准则草案》;参加了关于获得适足食物的权利作为一项人权的两次专家磋商:一次由联合国人权事务高级专员办事处于1997年12月在日内瓦召集举行,另一次由人权署和联合国粮食及农业组织于1998年11月在罗马联合举行,并注意到了两次磋商的最后报告。1999年4月,委员会出席了由联合国行政协调委员会营养问题小组委员会日内瓦第二十六届会议组织,人权署主办的"用人权方式处理食物和营养政策与方案所涉的实质和政治问题"研讨会。在此基础上,委员会编写了第12号"一般性意见",对食物权进行了进一步的阐释和说明。委员会重申:获得适足食物的权利与人的固有尊严有着不可分割的联系,对"国际人权宪章"所载的其他人权的实现来说必不可少。这项权利与社会公正也是不可分割的,它要求在国家和国际两个层次实行恰当的经济、环境及社会政策,以期消除贫困,实现所有人的各项人权。

2002年6月,《世界粮食首脑会议:五年之后的宣言》重申了进一步尊重所有人权和基本自由的重要性,并请"粮农组织理事会建立一个政府间工作组,制定一套支持成员国努力在国家粮食安全范围内逐步落实食物权的《自愿准则》"。政府间工作组于2002年11月建立。在政府间工作组及其主席团的成员与利益相关方和民间社会的代表之间经过两年大量具有建设性的谈判后,粮农组织理事会于2004年11月通过了《支持在国家粮食安全范围内逐步实现食物权的自愿准则》,提出实现食物权的19项准则。《自愿准则》是各国政府解释经济、社会和文化权利并建议为落实这些权利而采取行动的首次尝试。这些详细准则为政府履行其义务提供了具体帮助。它标志着国际社会首次就该权利的全部含义达成了一致意见。

2005年12月16日,联合国大会第64次全体会议通过了关于食物权的大会决议。决议重申饥饿是对人类尊严的损害和侵犯,因此需要在国家、区域和国际范围内采取紧急措施消除饥饿;又重申根据食物权和人人免受饥饿的基本权利,每个人都有权得到安全和营养的食物,以充分发展和维持其体能和智能。

"尽管国际社会经常重申充分尊重食物权的重要性,但《公约》第 11 条规定的标准与世界许多地区的普遍状况之间依然存在相当大的差距。世界各地有超过 8.4 亿人(其中多数在发展中国家)处于长期饥饿状态,有数百万人由于自然灾害、某些地区的内乱和战争的增多以及食物被当作政治武器等原因而正在遭受饥荒。经济、社会和文化权利委员会注意到,尽管饥饿和营养不良问题往往在发展中国家极为突出,但与食物权和免于饥饿的权利有关的营养不良、营养不足问题以及其他问题在一些经济最发达的国家也存在。从根本上说,饥饿问题和营养不良问题的根源,并不在于食物缺乏,而在于世界多数人口主要由于贫困而无法得到食物。"①

二、食物权的内容

(一) 食物权的含义和基本要求

"The right to adequate food"的中文说法有"获得食物权"、"取得足够的食物的权利"、"充足食物权"、"适足食物权"等,在联合国官方文本中的中文用语亦有不同。② 本章使用简称"食物权"。

食物权不应作狭义或限制性解释,不应等同于起码的热量、蛋白质和其他某些营养物。食物权须逐步加以落实。但是,根据《公约》第 11 条第 2 款的规定,国家负有核心义务,须采取必要行动减缓饥饿状况,甚至在发生自然灾害或其他灾害时也应这样做。取得适足食物这项人权对各项权利的享受至关重要。这项权利适用于每个人。因此,第 11 条第 1 款中"他自己和家庭"一语,并不意味着对这项权利在个人或女性为一家之主的家庭的适用上有任何限制。

委员会认为,食物权的核心内容是:"食物在数量和质量上都足以满足个人的饮食需要,无有害物质,并在某一文化中可以接受;此类食物可以可持续、不妨碍其他人权的享受的方式获取。"概括起来就是食物的提供和与获取的适足性和持久性。

---

① 经济、社会和文化权利委员会第 12 号"一般性意见"第 5 段。本章在介绍食物权的内容和《公约》的要求时在多处引用和解释第 12 号"一般性意见",一般表述为"委员会认为",为避免文赘,不再注释。

② 中文亦是联合国的正式语言,因此,我们不能说译法有所不同。应当说在联合国的正式文件中中文与英文表述上有不一致的情况。

1. 食物的提供与获取的适足性

适足性的含义是指食物在数量和质量上都足以满足个人的饮食需要,无有害物质,并在某一文化中可以接受。适足性概念就取得食物的权利而言尤为重要,原因是这一概念包含了确定某些可获取的食物或饮食在某种情况下是否可视为恰当时所必须考虑到的一些因素。食物的提供和获取的适足性包括:

(1) 饮食需要

与满足生理需求的营养物相比,"饮食需要"具有更广泛的内容。包含了身心发展和体力运动等所需要的各方面饮食需要。饮食需要是指整个食物含有身心发育、发展和维持以及身体活动所需的各种营养物,这些营养物与人的整个生命期各阶段的生理需要相一致,并能满足男女和不同职业的需要。为了满足饮食需要,第一,有必要采取措施维持、适应或加强食物多样性;第二,推行恰当的消费和喂养方式,包括母乳喂养;第三,确保食物的提供和获取至少不对食物结构和食物摄取产生不利影响。

(2) 无有害物质

无有害物质要求对食物质量安全作出规定,并要求政府和私营部门都采取保护措施,防止食品在食物链各阶段因掺假和因环境卫生问题或处置不当而受到污染。这种保护措施还必须能够设法认别、避免或消除自然生成的毒素。

无有害物质的要求需要政府采取积极的管理措施,包括制定食物标准,加强对食物生产、流通与销售领域的监管,开展科学研究和宣传,以及在卫生和环境保护领域的相关工作等多方面的内容。

(3) 文化上或消费者的可接受性

文化上或消费者的可接受性是指需要尽可能考虑到食品和食品消费附带的非基于食品的价值,并考虑到消费者对可获取的食品特性的关切。也就是说,食物要能够为某一特定文化所接受,例如,人们不得被迫食用违背其宗教信仰和民族生活习惯的食物。在公共场所(如学校、幼儿园等处)提供食物时,应当使消费者有选择的机会,以避免使消费者食用因文化、宗教或民族生活习惯等原因而不可接受的食品。

2. 食物的提供与获取的持久性

持久性是指"此类食物可以可持续、不妨碍其他人权享受的方式获取"。持久性概念与适足的食物或粮食安全概念有着内在的联系,指的是今世后代都能取得食物。"适足性"的确切含义在很大程度上是由总的社会、文化、气候、生态条件及其他条件决定的,而"持久性"则涵盖长期提供和获取的概念。它包含以下要求:

(1) 可提供性

可提供性是指直接依靠生产性土地或其他自然资源获取食物的可能性,或是指运转良好的分配、加工及销售系统根据需求将食物从生产地点运至所需要的地点的可能性。因此,可提供性意味着一个社会能够持续地提供食物供给的情形,意味着稳定和持久的供应。这要求国家和政府应当保障粮食生产和提供的总量,并为某一地区的人们能够持续不断地获取食物提供条件。

(2) 可获取性

获取食物是人生存的最低限度的要求,是其他一切权利行使的基础。可获取性涵盖经济上的可获取性和实际可获取性。

经济上的可获取性要求首先可以满足人之获取食物这种需求,并且不应该影响其他需求的满足。委员会认为,"经济上的可获取性是指个人或家庭与获取食物、取得适足饮食有关的开支水平应以其他基本需求的实现或满足不受影响或损害为限。经济上的可获取性适用于人们据以获取食物的任何获取方式或资格,是衡量此种获取或资格对获得适足食物权利的享受的恰当程度的标准。对于社会中易受伤害群体,如无土地者和人口中其他极为贫困者,可能还需要实施某些社会计划,以便对其给予特殊照顾"。

实际可获取性是指人人(包括身体易受伤害者,如婴儿、青少年、老年人、残疾人、身患不治之症者以及患有久治不愈病症者等)都必须能够取得食物。遭受自然灾害者、灾害多发区居民以及其他处于特别不利地位的群体,应受到特别重视,他们有时需在食物的获取方面受到优先照顾。

人人生来就享有食物权,食物权是一种与生俱来的权利。但这并非意味着一个人可以坐享其成,获得免费食物。人民有责任为实现其自身的食物权而从事他们力所能及的工作。已加入《经济、社会、文化权利国际公约》的国家政府应当确保生活在其边界内的所有人拥有这样做的手段。

(二) 缔约国义务

1. 缔约国的基本义务

《支持在国家粮食安全范围内逐步实现食物权的自愿准则》提出了粮食安全①的概念:"只有当所有人在任何时候都能够在物质上和经济上获得足够、安全和富有营养的粮食来满足其积极和健康生活的膳食需要及食物喜好时,才实现了粮食安全。粮食安全的四个支柱是可供量、供应稳定、获得和利用。逐步实

---

① 联合国粮农组织早期提出"Food Security"概念之后,中国派驻粮农组织的中文组,即把"Food Security"翻译成"粮食安全"。长期以来,中国的专家学者和政府官员都知道这个名词的翻译不准确,但由于该词用法已经约定俗成,所以人们就一直沿用至今。参见梅方权:《关于食物安全保障概念的发展分析》,载《中国食物与营养》2002年第5期。但"Food Security"更准确的翻译应为"粮食保障"。近年来,随着环境保护、食品污染等问题的提出,粮食质量安全亦受到重视。按理说,"Food Safety"应翻译为"食品安全"。但为了与"Food Security"的翻译相区别,只好将"Food Safety"翻译为"粮食质量安全"或"食品质量安全"。本章按照约定俗成使用,在此特别予以说明。

现食物权要求各国履行其国际法中的有关人权义务。这些《自愿准则》旨在保证提供满足个人膳食需要的适当数量和质量的粮食;使所有人,包括易受伤害群体从物质上和经济上获得无不安全物质及在某种文化中可接受的适足食物或者食物购买手段。"依此,政府有法律义务确保所有个人不仅能够免于饥饿,而且还能够以符合人的尊严的方式生产和获得积极和健康生活所需的适足食物。食物权像任何其他人权一样,对缔约国规定了三个类型或层次的义务:尊重、保护和实现的义务。

(1) 尊重的义务

所谓尊重的义务是指缔约国负有尊重个人和群体保有和利用他们已享有的权利的义务。国家应当尊重现有的取得适足食物的机会,避免采取任何会妨碍这种机会的措施。从更宏观的角度分析,政府应创造和平、稳定、自由和繁荣的环境,使人民能够有足够的途径和方法有尊严地养活自己。

尊重食物权意味着在没有切实的理由和适足的补偿时,政府不能没收缺粮地区的土地或改变水的农业用途。"缔约国义务首先包含的内容是尊重每个人现成可得的获得食物的空间(通常是在市场上购买)。有些政府有时会忽视或侵犯自己人口中被边缘化者的权利,剥夺他们的现有资源。最明显的例子是在南非实行种族隔离期间,南非政府剥夺了大部分黑人人口的土地。这些剥夺使黑人人口不能通过利用自己的财产来照顾满足自己的需要。"[1]

同时,尊重获得食物权还意味着国家也需承担反歧视的义务。在获得食物的机会以及获得食物的手段和权利方面的任何歧视行为,凡以种族、肤色、性别、语言、年龄、宗教、政治或其他见解、民族或社会出身、财产、出生或其他地位为理由并以取消或损害经济、社会和文化权利的平等享受或行使为目的或产生这种影响者,均构成了违反《公约》的行为。

(2) 保护的义务

保护的义务是指国家负有保护个人已经获得的权利免受第三方侵害的义务。它要求缔约国采取措施,确保企业或他人不会剥夺个人取得足够粮食的机会,比如在为伐木等某项工业活动颁发许可证或特许权以前,政府部门应确保这些活动不会妨碍人们获取食物或维持生计。在维持适足生活水准权方面,防止社会弱势群体的土地、住房权益受到侵害是一个重要内容。此外,保障市场的食品安全和食品价格的合理性也是政府义务。

(3) 实现的义务

实现的义务意味着,缔约国必须积极切实地展开活动,加强人们取得和利用相关资源及谋生手段的机会,确保他们的生活(包括粮食安全)。如果某人或某

---

[1] 〔挪〕艾德等:《经济、社会和文化的权利》,黄列译,中国社会科学出版社2003年版,第162页。

个群体由于其无法控制的原因而无法以他们现有的办法享受取得足够粮食的权利,缔约国则有义务直接帮助其实现该权利。这项义务也适用于自然灾害或其他灾害的受害者。

国家直接实现获得食物权的义务是指国家的直接提供。正如《世界人权宣言》中承认的,人们"在遭到失业、疾病、残疾、守寡、衰老或在其他不能控制的情况下丧失谋生能力时,有权享受保障"。国家应当给人们提供最低限度的生活保障。

直接提供生活保障的一个典型例子就是我国的最低生活保障制度。最低生活保障制度是国家为保障公民基本生存权而设立的制度,当公民的生活水平低于最低生活保障线时,有权按照法定程序和标准从国家和政府得到救助。在这个制度之下,获得救助是公民的一项权利,而给予救助是政府的法律义务。当负有义务的政府机关对于符合条件的公民应当给予而未给予时,公民有权申请司法审查,从司法途径获得救济。设立最低生活保障制度的目的是为了保障公民的基本生存权,但只有当公民的生活水平低于最低生活保障线时,该制度才真正发挥作用。除了最低生活保障这样固定化、长期性的制度外,在获得食物权方面,国家的直接提供保障的情形还应当包括对流浪人口和无家可归人口的收容救助、自然灾害来临时的临时救助等。我国传统上的五保供养制度和儿童福利制度也属于国家直接提供保障的范畴。

2. 可能侵犯食物权的行为

国家的行为可能会侵犯获得食物的权利。除了国家的直接行为外,未得到国家充分制约的其他实体(如某些企业和组织,甚至个人)的直接行动,也可能会侵犯获得食物的权利。国家以外的组织和个人的行为导致侵犯食物权,实际上是由于国家的失职行为所引致的。

第12号"一般性意见"明确列举了可能侵犯食物权的行为:

(1)正式废除或暂停继续享受获得食物的权利所必需的立法;

(2)剥夺某些个人或群体获得食物的机会,不论这种歧视行为是否具有法律上的依据;

(3)在国内冲突或其他紧急情况下阻止人们取得人道主义粮食援助;

(4)通过显然违背原有的关于获得食物权利的法律义务的立法或政策;

(5)未能对个人或团体的活动加以制约,从而防止它们侵犯他人获得食物的权利,或者一国在同其他国家或国际组织订立协定时未能考虑其关于食物权的国际法律义务。

3. 逐渐实现的要求

缔约国为了逐渐达到食物权的充分实现负有不同层次的义务。为了履行这些义务而采取的有些措施是比较紧迫的,而有些措施则具有比较长远的性质,因此,国家的义务是可以逐渐实现的。但是,国家也负有最低限度的核心义务,即一国要确保至少达到免于饥饿的最低水平,否则,就构成对《公约》的违反。因此,国际社会始终强调立即采取行动的必要性。如1996年11月13日世界粮食首脑会议过的《世界粮食安全罗马宣言》就宣称:"我们强调现在采取行动的紧迫性,以便履行我们对当代和子孙后代实现粮食安全的责任。"

当然,在确定哪些行动属于侵犯食物权的行为时,必须将某一缔约国无力遵守与不愿遵守区别开来。如果某缔约国辩称,由于资源方面的困难,它无法向无力自行获得食物的人提供这种机会,那么,依据《公约》第2条第1款的规定,该国必须表明,第一,它已经作了一切努力利用了它所掌握的一切资源,并作为一个优先事项履行了这些最低限度的义务。第二,它试图取得国际支持以确保必要的粮食供应,但未能成功。

4. 缔约国义务与其他组织的义务

尽管只有国家可以加入《公约》,但所有社会成员—— 个人、家庭、当地社区、非政府组织、民间社会组织以及私人企业部门—— 均有责任实现食物权。国家应该提供一种推动履行这些责任的环境。国内和跨国私营企业部门应该按照与政府和民间社会共同商定的有利于尊重食物权的行为准则展开其活动。

(三)缔约国对《公约》义务的落实

1. 国家战略

为了保障《公约》的实施,《公约》要求缔约国制定相应的国家战略。国家战略的内容,除了缔约国的基本义务外,还应包括如下方面。

(1)经济、社会和文化权利委员会确认各缔约国可以采取各自不同的方法和方式来落实食物权,但要求各缔约国立即采取一切必要的步骤,确保人人免于饥饿并尽早享受食物权。这就要求缔约国采取国家战略,制定政策和相应的标准,确保所有人的粮食和营养安全。《公约》还要求各国应该查明可以满足这些目标的现有资源和利用这些资源的成本效益最高的方法。

(2)各缔约国在采取国家战略时,应当进行充分的调研,要研究《公约》的要求与自己国家的情况,制定与自己国情相适应的政策措施和活动。国家所制定的国家战略应当能够推动中央政府各部委和地方政府之间的协调,并确保有关政策和现在决定符合《公约》的规定。

(3)在制定国家战略时,需要充分遵守责任心、透明度、人民参与、权力下放、立法能力和司法机构独立性的原则。良好的治理是实现所有人权—— 包括消除贫困并确保所有人过上体面生活——的基本条件。

(4)应该建立适当的机制,确保对粮食和营养方面所有现有国内专业知识的利用。

(5)国家战略应当协调各方面的关系。"这一战略应该解决涉及粮食系统所有方面的关键问题和措施,包括安全粮食的生产、加工、分配、销售和消费以及健康、教育、就业和社会安全方面的平行措施。应该注意确保在国家、区域、地方和家庭层面能够持久地管理和利用自然粮食资源和其他粮食资源。"

2. 监督与救济机制

《公约》要求缔约国建立并保持某些机制,监督实现所有人食物权方面的进展,查明影响其履行义务程度的因素和困难,并推动矫正立法和行政措施的制定。

《公约》从多个角度对食物权受到侵犯时的救济措施做了规定。

(1)有权获得司法和其他的适当救济

委员会认为,"获得适足食物的权利受到侵犯的任何个人或团体应该有机会利用国内和国际一级的有效司法和其他适当救济措施。这种侵权行为的所有受害者均有资格取得充分的救济,其形式可以是偿还、赔偿、补偿,也可以是保证不再重犯。各国申诉问题调查官和人权委员会应该解决侵犯食物权的现象"。尽管国际公约在国内应如何实施是一个迄今仍没有完全解决的国际法问题,但就国际层面来说,《公约》至少规定了国家的报告机制。此外,为了给个人提供充分的救济,委员会目前正在着手建立个人申诉制度。

(2)鼓励国内立法

委员会鼓励一国的国内法确认食物权。"将承认获得食物的权利的国际文书纳入国内法律秩序,或承认其适用性,就可以极大地扩大救济措施的范围和效力,因此无论如何应该鼓励这种做法。缔约国应该授权法院则直接参照《公约》规定的义务,裁决获得食物的权利的核心内容是否受到侵犯。"

(3)法律界的注意责任。

委员会在第12号"一般性意见"中提出了法律界的注意义务,它"请法官和法律界其他成员在履行职责时更多地注意侵犯获得食物的权利的行为"。

(4)发挥民间组织作用

《公约》和有关国际性人权文件一向重视民间组织在食物权实现方面的作用。"缔约国应该尊重和保护人权倡导者和协助弱势群体实现食物权的民间社会其他成员的工作。"

(四)国际合作

《公约》在适足生活水准权尤其是获得食物权方面,特别强调国际合作。经济、社会和文化权利委员会在第12号"一般性意见"中就国际合作进行了一系列评论。

一般性意见首先谈到的是在国际合作领域里的国家义务,"按照《联合国宪章》第56条、《公约》第11条、第2.1条和第23条的具体规定和《世界粮食首脑会议罗马宣言》的精神,缔约国应该承认国际合作发挥的重要作用并按照其承诺,采取共同和单独的行动,充分实现取得足够粮食的权利。缔约国在履行其承诺时,应该采取步骤,尊重在其他国家里享受获得食物的权利,保护该权利,促进食物的获得并于需要时提供必要的援助。缔约国应该确保有关国际协定适当注意到获得适足食物的权利,并考虑为此目的制定进一步的国际法律文书"。缔约国还对紧急情况下的救灾和人道主义援助负有国际义务,"按照《联合国宪章》,各国负有共同和单独的责任,在紧急情况下合作提供救灾和人道主义援助,包括对难民和国内流离失所者的援助。各国应该按照其能力对这项任务作出贡献"。

关于经济制裁与尊重经济、社会和文化权利之间的关系,除了在《公约》第8号"一般性意见"中申明的观点外,委员会认为,缔约国应该在任何时候都避免危及其他国家粮食生产条件和获得食物机会的粮食禁运或类似措施。粮食绝不能作为一种政治和经济压力的工具。

"一般性意见"也提到联合国的责任和作用:"各联合国机构在促进实现获得食物权利方面的作用,包括通过联合国发展援助框架在国家一级发挥的作用,具有特别的重要性。应该保持促进实现获得食物的权利的协调努力,以便促进所有有关行为者——包括民间社会所有成员——之间的一致性和配合。粮食组织——粮农组织、粮食署和国际农业发展基金(农发基金)以及联合国开发计划署(开发署)、儿童基金会、世界银行和各区域开发银行应该在适当尊重其各自职权的条件下利用其各自的专门知识更有效地合作,在国家一级落实获得食物的权利。""特别是世界粮食计划署(粮食署)和联合国难民事务高级专员办事处(难民署)的作用(尤其是儿童基金会和粮农组织的作用)在这一方面特别重要,因此应该予以加强。应该首先向最脆弱的人口提供粮食援助。"关于其他国际组织的责任和作用,"一般性意见"认为,"国际金融机构,尤其是世界货币基金组织和世界银行,应该更多注意在其放款政策和信贷协定中并在应付债务危机的国际措施中更多地注意保护获得食物的权利。应该按照委员会第2号'一般性意见'第9段在任何结构调整方案中注意确保获得食物的权利受到保护"。

"一般性意见"明确了国际合作中提供援助的目标。"粮食援助的提供应该尽可能避免对当地生产者和当地市场造成不利地影响,粮食援助的安排应该推动受益人恢复粮食自给自足。这种援助应该按照预期受益人的需要提供。国际粮食贸易或援助方案中包括的产品对于受援人口必须是安全的,而且必须是文化上可以接受的。"

三、食物权在其他国际公约和文件中的体现

适足生活水准权首先由1948年《世界人权宣言》予以确认。该《宣言》第25条第1款规定:"人人有权享有为维持他本人和家属的健康和福利所需的生活水准,包括食物、衣着、住房、医疗和必要的社会服务;在遭到失业、疾病、残废、守寡、衰老或其他不能控制的情况下丧失谋生能力时,有权享受保障。"

适足生活水准权和食物权在1989年11月20日第44届联合国大会通过的《儿童权利公约》第27条中也得到了进一步明确:"1.缔约国确认每个儿童均有权享有足以促进其生理、心理、精神、道德和社会发展的生活水平。2.父母或其他负责照顾儿童的人负有在其能力和经济条件许可范围内确保儿童发展所需生活条件的首要责任。3.缔约国按照本国条件并其能力范围内,应采取适当措施帮助父母或其他负责照顾儿童的人实现此项权利,并在需要时提供物质援助和支助方案,特别是在营养、衣着和住房方面。4.缔约国应采取一切适当措施,向在本国境内或境外儿童的父母或其他对儿童负有经济责任的人追索儿童的赡养费。尤其是,遇对儿童负有经济责任的人住在与儿童不同的国家的情况时,缔约国应促进加入国际协定或缔结此类协定以及作出其他适当安排。"

适足生活水准权和食物权在一些区域性的人权文件中也有相关表述。如《美洲人权公约在经济、社会和文化权利领域的补充议定书》第12条第1款规定:"人人有权享受能够保证享有最高水准的生理、情感和智力发展的适当营养。"《欧洲社会宪章》也有相关表述,如在涉及公平报酬权的第4条第1段中说,缔约各国承诺"工人享有足以为他本人及其家属提供一个体面的生活水准的报酬的权利"。

此外,其他一些国际人权文书也对粮食、健康和保健等涉及适足生活水准和食物权的问题给予了特别关注。在国际人道主义法中,有一些条款谋求保障武装冲突中的食物权,有些条款则试图确保为难民或囚犯提供食物。国际人道主义组织《人道主义宪章》强调灾民享有正常生活权利的原则,认为此项权利来源于有关生存权、享有适足生活水准权方面的国际法律文件,并根据人道主义组织提供人道救助的经验制定了最低救助标准,承诺尽一切努力来确保灾民至少能够达到最低救助标准(包括用水、卫生、食品、营养、居住和医疗等),以满足其正常生活的基本权利。在国际刑法中,故意断绝平民粮食、使平民无法取得其生存所必需的物品作为战争方法已经被定义为犯罪。《国际刑事法院规约》第8条列举战争罪的构成中"严重违反国际法既定范围内适用于国际武装冲突的法规和惯例的其他行为"之第25项规定:"故意以断绝平民粮食作为战争方法,使平民无法取得其生存所必需的物品,包括故意阻碍根据《日内瓦公约》规定提供救济物品。"

四、国家采取行动的实例与案例

落实食物权的大多数行动都是在国家一级采取的。要将《公约》的规定变为现实,除了国家的政治意愿和遵守国际标准外,尤其需要若干落实权利的法律和具体的政策及计划。目前有很多国家正开展这方面的工作。正如世界粮农组织总干事迪乌夫在2007年10月16日世界粮食日时所说:"十年前国家对落实食物权的承诺还是件不可思议的事,这类承诺现已结出硕果。例如在巴西,食物权已经得到确立,饥饿正在退却。"

(一)实例

巴西是一个国家采取全面行动实现食物权的良好例子。自20世纪80年代一场大规模的民间社会运动帮助国家恢复民主以来,巴西人民为实现人权对政府施加了压力。支持食物权的努力始于1986年的第一次全国粮食和营养会议,这是起草新宪法过程的一部分。2003年随着卢拉总统的当选加快了行动。他发起了零饥饿计划,该计划综合了几个部的31项行动和计划,旨在确保获取粮食、提高家庭收入和促进家庭农场。截至2005年,该计划拥有一个60亿美元的预算。零饥饿计划的一个关键组成部分是家庭补贴,这是目前惠及1200万贫困家庭的一种每月现金补贴;其中的学校供膳计划为3700万儿童提供膳食。巴西设立了直接向总统汇报工作的国家粮食和营养安全理事会,它有责任就实现食物权的政策和准则提供咨询意见;2006年巴西又通过了《粮食和营养安全联邦法》,由此建立了一个确保食物权的国家粮食和营养安全系统。巴西的民间组织也积极参与了保障食物权的活动,它们组织了公民行动——一个解决饥饿、贫困和社会排斥的网络,建立了7000多个地方委员会,在城市菜园和土地改革等方面开展工作。可以说,政府的进步政策与一个毫不示弱的民间社会部门相结合确保巴西广泛接受了食物权的合法性。①

(二)案例

印度全国在2001年遭受大面积的旱灾。对许多邦来说,这是连续第二年或第三年干旱。在这样的危机时刻,邦政府经常不能按照各邦"饥荒法规"或"饥荒处理手册"详细说明的方法履行它们对受灾公民的职责。鉴于印度国内储存

---

① 巴西实例资料来源于《实现食物权——21世纪的人权挑战》,联合国粮农组织2007年10月16日世界粮食日宣传材料。参见联合国粮农组织网站:http://www.fao.org/fileadmin/templates/wfd2007/pdf/WFDLeaflet2007C.pdf, 2008年1月16日访问。2007年世界粮食日的主题是食物权。

有大量的粮食(当时大约有五千万吨),这种失职更加令人震惊。针对这种情况,位于印度拉贾斯坦邦的一个民间组织"公民自由人民联盟"在2001年4月向最高法院提出诉状,要求立即动用国家的粮食储备进行救灾和防止饥荒。而且该诉状的范围并不仅仅局限于干旱所造成的灾难,它还把注意力集中于广义上的馈乏。这一诉讼案件的被告方是印度联邦、所有各州和联邦领地的政府以及印度粮食公司。印度最高法院在裁判中认为,"《印度宪法》第21条保护每一个公民以保持人之尊严的方式生活的权利。难道没有看到那些生活在贫困线以下的家庭会因为没有为他们提供救济的适当计划和有计划而得不到执行而处于危险的境地吗?也可以援引一下《宪法》第47条,这一条特别规定国家应把提高人民营养水平、生活水准和增强国民体质视为主要责任之一。"这样,印度最高法院就正式承认了食物权,并且命令中央政府和各邦政府采取措施扭转局势。这一司法裁判得到了社会充分肯定,此后最高法院又对政府发布了几项判决令,要求政府动用物资解决食物的保障问题。此案裁决包括:指令所有的州政府开始为公立学校和政府助办学校的学生提供熟食午餐;命令中央和邦政府采取具体措施保证公众知情权和救济计划的透明度;印度政府必须制定一种制度确保所有贫困家庭都被确定在贫困线以下;在某些违法情况下取消配给食品商店的执照;在贫困人群中确定特别易受害的人群,其中包括无生计保障的寡妇、老人、病人、残疾人、怀孕和哺乳期妇女以及"原始部族";命令所有邦政府在匮乏地区执行以工代赈计划。这些指令具有重要的实际效果,如它们实现了对公立学校和政府援助的小学中的所有儿童强制性实施印度的学校午餐计划。这是世界上最大的学校供膳计划,目前每日提供5000多万份烹饪膳食。① 印度有着世界上最具特色的公益诉讼制度,由于民间组织的主动参与和印度最高法院的司法能动,再加上政府的积极应对,食物权能够通过个案在某种程度上加以实现。在印度这样一个收入差距悬殊,贫困人口数量庞大的国家,以这样直接提供的方式实现国家义务,实属不易。

五、中国的政策与案例

(一) 取得的成就②

中国一贯把农业作为国民经济的基础。改革开放以来,中国政府稳定和完

---

① 印度实例资料来源于联合国粮农组织2007年10月16日世界粮食日宣传材料《实现食物权——21世纪的人权挑战》和《在国家一级承认食物权——制定一套自愿准则支持在国家粮食安全范围内逐步实现食物权的政府间工作组资料文件》,联合国粮食及农业组织文件 IGWG RTFG INF/2号。

② 本部分内容来源于中国政府于2003年6月向联合国经济和社会理事会提交的有关履行《公约》的初次报告。

善家庭承包经营制度,发展乡镇企业,逐步调整和优化农业结构,加大对农业的投入,实施农业可持续发展战略,在发展粮食生产、减少贫困人口等方面采取了卓有成效的措施,履行了一个发展中人口大国为维护世界人民粮食权利应尽的责任,取得了举世瞩目的成就。目前中国主要农产品的人均占有量已达到甚至超过世界平均水平;城乡居民人均收入显著提高,中国贫困地区农村居民的粮食权利已基本得到保障,中国人民的膳食结构进一步改善,营养水平有了显著提高;从热量和蛋白质绝对供给量看,中国已超过一般发展中国家,逐步接近世界发达国家的水平。

在履行《公约》有关义务保障食物权方面,中国政府采取了一系列行动。如中国政府认真执行1994年颁布的《基本农田保护条例》,建立了"基本农田保护区";国家持续增加农业投入,进一步改善农业生产条件;从1999年中国政府着手进行新一轮农业结构调整,以解决农业增产不增收或增产与增收严重不同步的矛盾,农业和农村经济结构的战略性调整取得显著成效;各地在注重保持粮食生产能力的同时,积极发展高效经济作物和饲料作物。种植业开始形成粮食作物、经济作物和饲料作物协调发展的基本格局;近年来,中国政府改革粮食流通体制,按保护价敞开收购农民余粮,粮食收购企业实行顺价销售,粮食收购资金封闭运营和加快粮食企业自身改革;采取一系列政策和措施来扼制、抵御和防范灾害,加强农业资源和环境保护,提高农业生产抗灾害能力,促进农业发展与资源环境保护的良性循环;全国各地因地制宜,建设了一大批水利工程,缓解水资源区域、季节分布不均问题,积极推广主要农作物的病虫害综合防治技术,果树、蔬菜无害化治理技术、蝗虫生态控制和生物防治技术;实施退耕还林还草,改善生态环境等。

中国人民享受粮食权利仍存在一些不容忽视的问题。中国耕地总量不足世界的10%,水资源总量约为世界的7%,人均水资源占有量不及世界平均水平的四分之一,90%草地不同程度地退化,中度退化以上的草地面积已达半数。发展粮食生产面临农业生态环境退化的压力。一是土地沙化,二是水土流失。未来20年,中国人口每年平均净增约1000万,城市化将以每年0.8%至1%的速度推进。由于需求增长而水土资源紧缺,生态环境退化,今后中国确保公民粮食权利将面临人口、资源和环境的矛盾。扶贫开发任务还很艰巨。中国农村尚有2927万尚未解决温饱的贫困人口,虽然数量不多,但解决的难度很大;初步解决温饱问题的群众,由于生产生活条件尚未得到根本改变,温饱还不稳固,巩固温饱成果的任务仍很艰巨。基本解决温饱的贫困人口,其温饱的标准还很低,在这个基础上实现小康、进而过上比较宽裕的生活,需要一个较长期的奋斗过程。全球经济一体化和贸易自由化的发展会给中国公民的粮食权利带来一些新的问题。加入WTO后,从长远来看,适度进口粮食可缓解国内粮食需求增长对资源与环境的压力,有利于中国粮食的供求平衡与粮食生产的可持续发展。但也使中国粮食安全面临新的风险,加剧国内的供求矛盾,对增加农民的收入和粮食主产区粮食生产的发展造成不利的影响。

为了保障食物权的实现,中国政府提出了一系列措施,如坚持立足国内资源,实现粮食基本自给的方针;继续实施基本农田保护条例;进一步统筹城乡经济发展,调整国民收入和社会资金分配结构;深化粮食流通体制改革;进一步完善国家储备粮制度;尽快建立健全农产品质量标准体系、检测检验体系和认证体系;进一步增加扶贫投入;继续开展社会扶贫工作等。

(二)存在的问题与改进的建议

中国政府已经采取了一系列措施从总量上提高粮食产量,减少贫困。但是,中国在食物权方面的问题,可能不仅是粮食总量是否能够满足总需求的问题,而更重要的是在市场经济情况下,如何解决竞争所带来的贫富差距;在优胜劣汰的市场法则下,如何保障弱势群体的权益问题;以及对侵犯食物权的行为如何实行有效监控问题。为此需要政府采取积极的行动,全面实现在"尊重、保护和提供"等多方面的义务。对此,我们认为,中国还有以下工作要做:

1. 建立城乡一体化的最低生活保障制度

我国于1999年全面实施《城市居民最低生活保障条例》,在城镇普遍建立了最低生活保障制度。但在广大的农村,却没有建立统一的制度,社会保障制度具有明显的"城乡分离"的特征。农村居民享受不到城镇居民的保障待遇,长期游离于社会保障网络之外。农村的贫困问题已成为当前最严重的社会问题之一。近年来,一些地方建立了农村居民最低生活保障制度,但有些地方仍实行原有的救助制度。原有的救助制度存在救助范围小、救助标准低、实施随意性大等缺陷,难以保障农村贫困居民的基本生活。因此,探讨建立统一的城乡居民最低生活保障制度,成为中国社会保障制度的又一重大课题。[①] 正如经济、社会和文化权利委员会于2005年在审议中国报告的结论性意见中所指出的,"委员会感到关注的是,正规福利制度的多项改革措施尚未扩大到农村,而农村贫困地区当地政府筹集福利和社会服务所需资金的能力又有限。委员会还关切地注意到,须经家庭经济状况调查的无须供款型社会救助虽已从1996年

[①] 笔者曾对中国农村最低生活保障制度和贫困户救助制度进行过专项调查,形成了调查报告《从宪定权利到法定权利——我国农村居民最低生活保障制度建立情况调查》。报告指出,目前的相关制度存在法律规范缺失、东西部发展不平衡、制度执行情况差强人意、施恩观念依然存在、资金不足来源渠道不畅等问题,并提出了通过立法明确政府救助义务、采取积极措施确保资金来源、实行城乡一体化的最低生活保障制度、理清最低生活保障制度和各项专项救助的关系、细化最低生活保障标准并明确保障标准的确立原则等建议,参见林莉红、孔繁华《从宪定权利到法定权利——我国农村居民最低生活保障制度建立情况调查》,载《河南政法管理干部学院学报》2007年第4期。

起扩大到所有城市,同时相应地扩大到部分农村,但并非扩大到所有农村地区。"

2. 提高保障标准

问题主要表现在农村保障制度方面。现阶段农村贫困标准,采用的是维持基本生存的最低费用标准,以维持贫困人口"果腹、蔽衣"水平的基本温饱需求。该标准按照"每人每天 2100 大卡热量"计算。按照这个算法,2004 年我国农村食物贫困线平均为 686 元。多项研究表明,将"每人每天 2100 大卡热量"作为唯一条件建立食物组合,只考虑热量而没有考虑蛋白质及其他营养要素的最低营养需求,实际上不足以维持人体的健康生存。但即便按此标准,我国部分地区落实上还仍有差距。2004 年我国大部分中西部农村特困户救助和最低生活保障标准都在 200 元以下,湖北、湖南等中部省份农村特困户救助标准为每年 120 元①,远未达到 686 元的最低费用标准。

保障标准偏低是由于社会保障资金缺乏所造成的。近年来,随着中央财政收入的增加,中国政府加大了社会救助资金的直接投入,城乡居民最低生活保障制度有很大的发展,但由于底子薄弱,农村在需求与投入上的缺口依然巨大。因此,除了要继续加大政府的直接投入之外,应调动各种社会力量,有效筹集社会资金也可以缓解社会保障资金之不足。而目前,由于对民间和社会力量发展的担忧,社会保障资金来源中社会资金比例少。如何调动社会力量参与社会保障,是国家和政府应当从宏观上加以重视和解决的问题。

3. 加强食品质量安全监管

在食品质量安全方面,中国政府还有很多工作要做。一些事例暴露出来的食品质量安全问题非常严重。如安徽阜阳农村暴露出来的"无营养"劣质婴儿奶粉事件。经国务院调查组核实,自 2004 年 5 月以来,安徽省阜阳市因食用蛋白质和矿物质含量极低的劣质婴儿奶粉导致至少 229 名婴儿营养不良,其中轻中度营养不良的 189 人,死亡的婴儿 12 人。以后在海南、江苏、湖北等地都发现类似的"毒奶粉"或受到影响的大头娃娃。②而对相关责任人的查处却不能令公众满意。③实践中大量出现违法使用食品添加剂,生产假牛奶、假酱油、假食醋,甚至泔水制油的事件也经常见诸报道。④

2008 年又爆发了三鹿奶粉事件。对该事件以及后续事件的调查,引发了涉

---

① 林莉红、孔繁华:《从宪定权利到法定权利——我国农村居民最低生活保障制度建立情况调查》,载《河南政法管理干部学院学报》2007 年第 4 期。
② 人民网社会专题《安徽阜阳"毒奶粉"事件追踪报道》,网址:http://www.people.com.cn/GB/shehui/8217/33048/33049/index.html,2008 年 4 月 16 日访问。
③ 黄勇:《阜阳市干部们议论的焦点:"为什么不查处质监局"》,2004 年 6 月 10 日《中国青年报》。
④ 李涛:《国家质检总局查处十起典型案例》,2007 年 6 月 28 日《中国食品质量报》。陈林国等:《(浙江)省质监局发布食品质量安全整治"十大案例"》,2007 年 9 月 10 日《今日早报》。

及中国奶业、副食、养殖业等多个行业食品安全的一场地震。由于其影响的广泛性,似乎称之为三聚氰胺事件更为合适。2008 年 9 月,媒体披露,中国奶粉业巨头之一、河北石家庄三鹿集团生产的三鹿婴幼儿奶粉受到三聚氰胺的污染,导致多名数月大的婴儿患上泌尿结石,严重者已经死亡。其原因是不法奶农、奶站在收购的鲜奶中添加了工业原料三聚氰胺,以提高牛奶检测时的蛋白质含量。据中国卫生部 2008 年 10 月 8 日晚通报,全国因食用三鹿牌奶粉和其他个别问题奶粉住院治疗的婴幼儿还有 10666 名;累计已康复出院 36144 名。在国家质检总局紧急开展的婴幼儿配方奶粉三聚氰胺专项检查中发现,22 家奶粉厂家 69 批次产品检出三聚氰胺。后续的检查表明,不仅是婴幼儿配方奶粉,相当数量的其他奶粉和液态奶同样含有三聚氰胺,甚至以牛奶为原料的产品如巧克力、奶糖、饼干等都未能幸免。此外,从鸡蛋中也检测出了三聚氰胺,从而使得此前乳业爆发的三聚氰胺问题蔓延至非奶类及非加工食品。三聚氰胺鸡蛋的出现引起社会对饲料行业的关注,结果发现,三聚氰胺的工业废渣以"蛋白精"的身份混入各种饲料的原料中,"蛋白精"的供应范围几乎涵盖了整个饲料行业,牛羊饲料、禽饲料、猪饲料和水产饲料都或多或少地混有"蛋白精"。① 此次三聚氰胺事件引人触动和震惊之处在于,以往的食品污染事故往往是小企业所为,而这次事件,每次公布检测的问题奶中,中国奶业的著名企业大多赫然名列其中,涉及的巧克力、奶糖和鸡蛋等产品,也都是著名品牌。可见食品安全问题已经到了非常严重的程度。②

  从老百姓的切身感受上看,食品质量问题也是非常严重的,越来越引起社会的关注和老百姓的不满。2007 年,北京某媒体在专业调查公司的帮助下,对北京、上海、广州、重庆、武汉 5 个城市的 1367 位公民进行了一次民意调查。在"哪方面对您的健康威胁最大"一项中,"环境污染"和"食品不安全"分获 67.4% 和 62.1% 的选择率,医疗安全没保障和交通、意外伤害隐患多的选择率为 24.4% 和 20.1%。③

  2007 年 8 月中国国务院新闻办公室发布了《中国的食品质量安全状况》白皮书,其中提到中国"食品总体合格率稳步提升。2006 年全国食品国家监督抽查合格率达到 77.9%。2007 年上半年,食品专项国家监督抽查合格率达到了 85.1%"。与此同时,出口食品安全得到保障,"多年来,中国出口食品合格率一

---

① 赵威等:《调查饲料业黑幕:添加三聚氰胺是公开秘密》,2008 年 10 月 30 日《南方日报》。
② 为此以至于有网友发出"我们还能吃些什么?""你是选择被饿死,还是被毒死?"的惊呼。南方网 http://news.southcn.com/gdnews/nanyuedadi/content/2008-10/27/content_4671101.htm, 2008 年 10 月 28 日访问。
③ 吴翔、胡楚青:《中国百姓看食品安全》,载 2007 年 1 月 2 日《生命时报》,转引自人民网:http://food.people.com.cn/GB/60070/5248641.html, 2008 年 1 月 22 日访问。

直保持在99%以上"。从官方的这组数据对比中也可以看出,中国国内居民食品质量还存在一些问题,并且,既然出口食品安全可以达到一个较高水平,说明国内的食品安全问题并非不能解决。

值得关注的是,近年来,食品安全问题越来越引起各级立法机关和政府的重视。2008年10月23日召开的十一届全国人大常委会第五次会议已经对食品安全法草案进行了第三次审议。2007年11月30日广东省第十届人民代表大会常务委员会第三十五次会议通过了《广东省食品安全条例》,该条例自2008年1月1日起施行。该条例既是广东省第一部地方性食品安全法规,也是全国首部专门、系统和综合性的食品安全地方性法规,同时也是首次在法律层面提出食品召回制度的地方性法规。该条例一个最大的特点是明确了政府对食品安全负有总的责任。①

今后,在明确对食品安全负有责任的基础上,政府应当将食品安全工作纳入本级国民经济和社会发展计划,逐步增加财政投入,加强食品安全监督管理设施建设,充实食品安全监督管理队伍,提高监督管理能力和水平。并应当明确不同的行政管理部门之间的权限,鼓励食品安全科学技术和应用研究,加强食品安全法律法规和食品安全知识的宣传教育,以切实履行食品安全监督管理职责。②

4. 反歧视和对食物可接受性的宣传

中国是一个多民族和多种宗教信仰并存的国家。各个民族和不同宗教信仰人群的饮食习惯和需求具有很大差异。在食物的文化和消费者的可接受性方面,中国政府还应当开展一定的宣传和引导工作,鼓励食物提供者尊重各种文化和消费者的不同需求,并应当制定强制性规范,要求在公共场所、服务场所为特殊需求者提供服务。这些做法对经济条件要求并不高,是不需要政府投入太多就可以做到的。

食物权是适足生活水准权的重要内容,是一项最基本也最典型的经济、社会和文化权利。在以皇帝为天子的中国古代,尚有民谚"民以食为天"。可见,食物权的实现不仅关系到人之作为人的基本权利,而且也关系到国家的长治久安。尽管不同的国家可能会面临不同的问题,但是,我们都必须认识到,饥饿是对人类尊严的损害和侵犯,获得安全、营养并符合文化与消费习惯的食物,是人的基本权利。为保障这一权利的实现,国家负有重要的责任,个人、社会也需积极行

---

① 《广东省食品安全条例》第3条第1款规定:"县级以上人民政府对本行政区域内的食品安全监督管理负总责,统一领导、协调本行政区域内食品安全监督管理工作,建立健全食品安全监督管理协调机制和监督管理责任制。"

② 实际上,中国的食品安全事故频发,与整个国家的宏观经济政策(如税收政策)失当、社会道德沦丧、人们信仰缺失等背景都密切相关,但限于本书主旨,在此不予评述。

动。全人类必须携起手来,共同努力,战胜饥饿,消除贫困,和谐发展。中国作为一个发展中的大国,在实现食物权方面取得了很大的成就,但也面临诸多问题,对此,政府、社会和民众都任重道远。

第九章 适足生活水准权之住房权

第 11 条第 1 款

本公约缔约各国承认人人有权为他自己和家庭获得相当的生活水准,包括足够的食物、衣着和住房,并能不断改进生活条件。各缔约国将采取适当的步骤保证实现这一权利,并承认为此而实行基于自愿同意的国际合作的重要性。

一、适足住房权的内容

(一) 概念和发展

1. 概念

住房是人类生活的基本必要条件之一。《经济、社会、文化权利国际公约》第 11 条第 1 款将住房视为保障"相当的生活水准"的重要条件。经济、社会和文化权利委员会第六届会议(1991 年)通过的《公约》第 4 号有关适足住房权的"一般性意见"认为,适足住房权是指一个人安全、和平和有尊严地居住于某处的权利。该意见指出:"不应狭隘或限制性地解释住房权,住房权不仅仅意味着头上有一遮瓦的住处,也不应把住所完全视为一商品而已,应该把它视为安全、和平和有尊严地居住某处的权利。"

具体而言,住房权包括:

(1) 人人享有平等的住房权——住房权利适用于每个人和每个家庭。个人同家庭一样,不论其年龄、经济地位、群体或其他属性或地位和其他此类因素如何,都有权享受适足的住房。个人或家庭的这一权利之享受不应受到任何歧视,所有人不论其收入或经济来源如何都享有住房权利。(2) 人人享有适足的住房权——所有权或使用权的保障、服务的提供、价格合理、适宜居住、易于取得、地点和文化的适宜性。(3) 人人享有获得不断改进住房条件的权利。(4) 人人享有不被强迫迁离的权利,除非出现最特殊情况并按照国际法的有关原则进行。这样的非常情况可包括生命和财产安全受到实际威胁,或被强迫驱逐者本身是通过武力或恐吓占有财产的。即便在允许强迫驱逐的非常情况下,驱逐也只能通过一种人们所熟知的和商定的法律程序进行,并且这种程序本身必须是客观、平等应用、可对其提出异议以及独立的。

第 4 号"一般性意见"强调:"所有人均应拥有一定程度的住房使用权的保障,以保证得到法律保护,免遭强迫驱逐、骚扰和其他威胁。"而经济、社会和文化权利委员会第十六届会议(1997 年)第 7 号"一般性意见""适足住房权(《公约》第 11 条第(1) 款):强迫驱逐"(以下简称第 7 号"一般性意见")则对"住房权保护"中的强迫驱逐问题作了详细的说明。它指出,强迫驱逐是指"个人、家庭乃至社区在违背其意愿的情况下被长期或临时驱逐出其所居住的房屋或土地,而没有得到或不能援引适当的法律或其他形式的保护"。但是,禁止强迫驱逐并不适用于按照法律、并符合国际人权公约规定所执行的强迫迁离。

2. 适足住房权的发展

适足住房权是比较成熟的经济、社会和文化权利之一。住房情况反映人们生存的基本状况,代表着一定生活水准,对享有所有其他经济、社会和文化权利都至关重要。有众多的国际文件论及该项权利。

早在 1948 年,《世界人权宣言》第 25 条第(1)款就规定:人人有权享受为维持他本人和家属的健康和福利所需的生活水准,包括食物、衣着、住房、医疗和必要的社会服务;在遭到失业、疾病、残废、守寡、衰老或在其他不能控制的情况下丧失谋生能力时,有权享受保障。

1961 年《国际劳工组织关于工人住房建议书》(第 115 号)就政府和雇主对工人的住房责任提出了非常详尽的建议。1966 年的《消除一切形式种族歧视国际公约》第 5 条第 5 款"经济、社会及文化权利"第 3 项也规定了"住房权"。1969 年通过的《社会进步和发展宣言》第 10 条第 6 款规定:"为一切人,特别是为低收入的各部分人和人口多的家庭提供足够的住房和社会服务。"1981 年生效的《消除对妇女一切形式歧视公约》第 14 条第 2 款也规定适当的生活条件包括"住房"。

1985 年 12 月 17 日,为了唤起各国政府和全社会对解决人居问题的重视,号召全世界为人居发展作出努力,第四十届联大一致通过决议,确定每年 10 月的第一个星期一为世界人居日(即世界住房日),并每年确定一个主题,旨在反思人类居住的状况和人人享有适当住房的基本权利。1986 年第一个世界人居日的主题就是"住房是我的权利"(Shelter is my right)!

联合国 1986 年的《发展权利宣言》第 8 条第 1 款规定:"各国应在国家一级采取一切必要措施实现发展权利,并确保除其他事项外所有人在获得基本资源、教育、保健服务、粮食、住房、就业、收入公平分配等方面机会均等。"

1990 年的《儿童权利公约》第 27 条第 3 款也规定,"缔约国按照本国条件并在其能力范围内,应采取适当措施帮助父母或其他负责照顾儿童的人实现此项权利,并在需要时提供物质援助和支助方案,特别是在营养、衣着和住房方面"。

1996 年 6 月,在土耳其伊斯坦布尔召开的联合国第二届人类住区大会上,考虑、重申和总结自 1976 年在加拿大的温哥华举行的联合国第一届人类住区会议以来的经验,通过了《人类居住议程》,勾画了可持续人类住区的确切设想——人人享有适当的住房、健康而安全的环境、基本服务、富有成效且自由选择的工作。① 该议程第 3 段就明确宣布:"获得安全而有益于健康的住所和基本服务,对一个人的身心健康,社会和经济福利都是不可或缺的……我们的目标是通过一种可行的办法建设和改善无害于环境的住房,实现人人(特别是城市和农村的贫困者)享有适当住房。"该议程确定了"人人享有适当住房"的原则和目标,重申了各国在国际文件中所作的充分和逐步实现适当住房权的承诺,并确立了具体实施的战略。

国际层面上较重要的住房权保护机构是联合国的人类住区规划署(简称联合国人居署),它是联合国系统内协调人居工作的领导机构,总部设在肯尼亚首都内罗毕。联合国人居署致力于推动"所有人都有合适的居所"和"在城市化过程中的可持续性人居发展"两大目标的实现。它的主要任务是实施 1996 年 6 月在土耳其伊斯坦布尔联合国第二届人类住区大会上通过的《人类居住议程》,为联合国系统实现消除贫困和促进可持续发展的目标作贡献。

(二) 适足住房的要素

《公约》的住房权并不狭隘到只解决人们的休息场所。所谓"适足",包含"适当、足够"之意,"适足"住房指人们居住在适当的、足以实现尊严和体面生活目标的场所。而是否适足取决于社会、经济、文化、气候、生态及其他因素。

根据《公约》第 4 号和第 7 号两个"一般性意见",具体而言,适足住房的要素包括:

1. 住房权应具有非歧视性

应向一切有资格享有适足住房的人提供适足的住房。必须制定明确的政府职责,实现人人有权得到和平、有尊严地生活的安全之地,包括有资格得到土地。必须使处境不利的群体充分和持久地得到适足住房的资源。身患痼疾者、精神病患者、自然灾害受害者、易受灾地区人民及其他群体等弱势群体在住房方面应确保给予一定的优先考虑。住房法律和政策应充分考虑这些群体的特殊住房需要。

2. 住房应具有可提供性

《公约》认为住房使用权的形式包罗万象,包括租用(公共和私人)住宿设施、合作住房、租赁、房主自住住房、应急住房和非正规住区,包括占有土地和财产。所谓可提供性,指通过上述不同形式为个人提供住房,应向一切有资格享有

---

① 联合国第二届人类住区大会于 1996 年 6 月通过的《人类居住议程》第 21 段。

适足住房的人提供适足的住房;可提供性还包括不论使用的形式属何种,所有人都应有一定程序的使用保障,以保证得到法律保护,免遭强迫驱逐、骚扰和其他威胁;遇某些特别例外的条件下需要迁徙的,政府应与受影响的个人和群体进行真诚的磋商。

3. 住房应具有可获得性

即住房费用与收入水平相当,负担得起;低收入或无收入者、特殊群体能够通过国家设立的住房补助制度获得住房。与住房有关的个人或家庭费用应保持在一定水平上,而不至于使其他基本需要的获得与满足受到威胁或损害。

4. 住房应具有可接受性

即住房应为人们安居的场所。所谓"安居"之安,包括安全、安稳、安定、安顿、安康、安谧、安然、安详、安歇、安逸等意义。住房的可接受性包括:

(1)适足的住房必须是适合于居住的,能够为住居者提供足够的空间,并足以抵御严寒、潮湿、炎热、刮风下雨或其他对健康的威胁、建筑危险和传病媒介,住房不应建在威胁居民健康权利的污染地区,也不应建在直接邻近污染的发源之处。另外,居住者的身体安全也应得到保障。

(2)合适的住房必须拥有卫生、安全、舒适和营养必需之设备。住房内外能够为居住者提供持久地取得自然和共同资源的机会,能够为居住者提供安全饮用水、烹调、取暖和照明能源、卫生设备、洗涤设备、食物储藏设施、垃圾处理、排水设施和应急服务。

(3)住房处于便利就业选择、保健服务、就学、托儿中心和其他社会设施之地点,且不论是城市还是乡村地区,都应如此。

(4)住房应具有文化上的可接受性,即有适当的文化环境,适当的现代技术设施。可接受性还包括个人私生活、家庭、寓所或信件不受到专横或非法的干涉。

综上,适足住房权也对住房质量提出了要求。住房不仅要满足生存需要,还应当有一定的舒适度,住房内外环境达到功能齐全、设施齐备的标准。适足住房权范围涵盖卫生、交通、环境、文化、教育、就业、就学各个领域。具备上述条件的住房才是真正的适足住房。

二、适足住房权的国家义务

适足住房权的核心内容是国家义务,所谓国家义务并不是指国家直接为每个居民提供住房,而是建立、健全和推行一套行之有效的法律政策和机制,以便实现适足住房权,具体包括:国家承诺落实住房权、形成必要的政治意愿以及进行一些积极的干预,采取具体的提供安居和土地所有权保障或土改的措施,修改国家立法、建立税款递减制度、执行非歧视性规定,采取适当奖励私营部门的措施,并让以社区为基础的非政府组织自由运作和组建。

《公约》规定的国家义务实际是指缔约国的国家义务。按照经济、社会和文化权利委员会对国家义务的基本分类,适足住房权的国家义务分为尊重、保护、实现三类。尊重义务要求缔约国避免直接或间接妨碍享有适足住房权;保护义务要求缔约国采取措施,防止第三方妨碍享有适足住房权;实现义务包含采取切实措施促进适足住房权。此外,《公约》还规定了国家在住房权方面的最低限度核心义务,也规定了国家违反《公约》的行为的判断标准。

(一) 尊重、保护、实现的义务

1. 尊重义务

尊重义务要求缔约国避免直接或间接妨碍享有适足住房权。

国家应尊重公民住房的平等权,防止一切形式的歧视。如前所述,个人及其家庭,不论其年龄、性别、经济地位、群体或其他属性或地位和其他此类因素如何,都有权享受适足的住房,不应受到任何歧视。

尊重人们不分种族、肤色、性别、语言、宗教、政治或其他观点、国籍或社会出身、财产、出生或其他地位等,平等享有住房、基础设施、保健服务、充足的食物和水、教育和空地的机会,是国家的基本义务。

国家及其所有各级政府都应作出防止强迫迁离的明确承诺。在迁离是不可避免的情况下,诸如为了公众利益而迫不得已或生命和财产受到威胁,则应清楚规定协商的要求以及可强迫迁离的例外情况,规定因开发而使人们迁离住所的各项处理准则。

此外,国家所负有的尊重义务还要求:国家应尊重人们选择住房、选择居所地的自由,不限制人们的选择;应尊重大众表达意愿和参与住房决策的权利,对住房实行居民民主管理,保证居民获得住房信息的机会;应尊重各种基于住房的自由、隐私权,尊重住房的文化标志。

2. 保护义务

保护义务要求缔约国采取措施,防止第三方妨碍享有适足住房权。

国家应保护住房的使用和占用权,应立法确认住房权,保证人们的上述权利不受第三方侵犯,确保所有群体平等地享有这些权利;国家应制定防止歧视的法律法规,并确保其实施。国家应采取一切措施,防止非法驱逐和强迫迁出,禁止强迫驱逐。

国家应制定和坚决实施立法和各种行政措施和各项法律补救措施,以使住房权受到侵犯(特别是被强迫迁徙)时有程序清楚、可行,费用合理的救济途径。有关法律救济体系包括:对房东(公共或私人)就租金水平、住所维修、种族或其他形式的歧视方面所实施或所支持的非法行为提出诉讼;对在分配和提供住房方面存在的任何形式的歧视提出指控;就不健康或不合适住房条件对房东提出起诉。在无家可归者大量增加的形势下也应开拓促进集团诉讼的可能性。

3. 实现的义务

实现义务包含采取切实措施促进适足住房权。

国家应采取步骤以确保与住房有关的费用与收入水平比例相称,使其不至于影响住房者的其他生活需要。按照力所能及的原则,应采取适当的措施保护租户免受不合理的租金水平之影响。在以天然材料为建房主要材料来源的社会内,各缔约国应采取步骤,保证此类材料的供应。

国家应为那些无力获得便宜住房的人设立住房补助制度并确定恰当反映住房需要的提供住房资金的形式和水平;须向一切有资格享有适足住房的人提供适足的住房,必须使处境不利的群体充分和持久地得到适足住房的资源,并应特别注意生活贫困的人、无家可归者、妇女、老年人、流离失所者、残疾人以及易受伤害和处境不利群体的处境和需要。应确保这些处境不利群体在住房方面得到一定的优先考虑,住房法律和政策应充分考虑这些群体的特殊住房需要;第4号"一般性意见"还特别强调,住房政策与立法的制定不应在损害其他社会群体的情况下给早已处于优势的社会群体提供优惠。提高社会中无地或贫穷阶层得到土地的机会应成为国家的政策目标。必须制定明确的政府职责,实现人人有权得到和平、有尊严地生活的安全之地。

(二) 最低核心义务

《公约》的最低核心义务,指一国不论处于何种发展状态,不论资源多寡而必须立即采取的某些措施。就适足住房权而言,国家的最低核心义务主要是防止和禁止强迫驱逐。国家有义务确保"任何人不受任意强迫驱逐"这种权利受到尊重,不会由于资源多寡的考虑而改变。国家应立即采取措施,与受强迫驱逐、骚扰和其他威胁影响的个人和群体进行真诚的磋商,以便给予目前缺少此类保护的个人与家庭提供住房使用权的法律保护。

第7号"一般性意见"具体阐述了国家在避免强迫驱逐方面的最低核心义务,认为"国家不但本身要避免强迫驱逐居民,而且要确保对那些实行强迫驱逐的代理人或第三方绳之以法",国家应"确保有充分的立法和其他措施防止,而且酌情惩罚私人的个人或机构在没有适当保障的情况下实行逼迁"。

国家应制定保障人们免受强迫驱逐的基本法律,审查有关立法和政策,撤除或修改任何不符合《公约》要求的立法或政策。有关立法首先应对房屋和土地的居住者提供尽可能大的使用保障;二是能严格地规定在什么情况下方允许迁移居住者;三是私人房东、房地产开发商或任何其他第三方或非国家行为者应受到法律义务的约束,如果他们实行非法逼迁就应受到法律制裁。这种立法也应适用于所有以国家名义行事或对国家负责的代表。法律必须制定有关惩罚在没有适当保障的情况下实行逼迁的责任者的制度;政府必须保证无论非法还是合法被逼迁出的人均应有替代房可住。

第7号"一般性意见"还认为,缔约国应保证在执行任何驱逐行动之前,特别是当这种驱逐行动牵涉到大批人的时候,首先必须同受影响的人商量,探讨所有可行的备选方法,以便避免或尽可能地减少使用强迫手段的必要。具体而言,对强迫驱逐所适用的程序性保护必须包括:(1)让那些受影响的人有一个真正磋商的机会;(2)在预定的迁移日期之前给予所有受影响的人充分、合理的通知;(3)让所有受影响的人有合理的时间预先得到关于拟议的迁移行动以及关于所腾出的房、地以后的新用途的情况;(4)特别是如果牵涉一大批人,在迁移的时候必须有政府官员或其代表在场;(5)负责执行迁移行动的人必需明确;(6)除非得到受影响人的同意,否则迁移不得在恶劣气候或在夜间进行;(7)提供法律的补救行动;(8)尽可能地向那些有必要上法庭争取补救的人提供法律援助。

《公约》和两个"一般性意见"均特别强调在驱逐问题上法院可发挥的重大作用,以确保公民不被强迫驱逐的权利得到尊重。国家要给予个人与家庭住房使用权的法律保护,使公民能够通过法律诉讼要求法院发出防止有计划驱逐或拆房的命令或禁令;公民遭非法驱逐后能够通过清楚、明晰的法律程序要求赔偿。

(三)国家制定住房战略和行动计划的义务

各缔约国应采取为实现适足住房权所必需的任何步骤。确定发展和改善住房条件之目标,确定实现这些目标可利用的资源及利用这些资源最有成本效益之方法,建立实施必要措施的责任制和时间框架的全国住房战略。应采取步骤确保各部委和地区和地方当局之间的协调,以便使有关政策(经济、农业、环境、能源等)和《公约》第11条所规定之义务保持一致。

缔约国应对住房情况进行有效监测,查清在其管辖之内无家可归和住房简陋者的详细情况。"提供关于社会中在住房方面最易受害和处境不利群体的详细情况",它们特别包括:无家可归的个人和家庭、居住简陋者、"非法"定居者、属于被强迫驱逐出屋的和低收入的群体。缔约国所采取的措施应足以在最短的时间内,以最大限度的资源实现个人的权利。国家的制定住房战略和行动计划的义务还包括制定住房基本标准和制定大众住房融资和储蓄计划。

(四) 国家在住房权方面的国际合作义务

各缔约国有义务承认"基于自愿同意的国际合作的重要性"。用于住房或人类住区的经费历来不到所有国际援助的 5%，而且这些资金提供的方式往往没有用于满足处境不利群体的住房需要，各缔约国，不论是受援国还是援助国，应确保大量资金完全用于创造使更多的人能够得到适足住房的条件。采取旨在促进结构调整的措施的国际金融机构应保证这样的措施不会有损于享有适足住房的权利。各缔约国应在考虑国际财政合作时，努力指出与适足住房权有关的外来资助最见成效的领域。这样的要求应充分考虑受影响群体的需求和观点。

(五) 国家可能违反《公约》住房权的行为

国家未采取立即措施以使人们免遭强迫驱逐、骚扰和其他威胁；国家未迅速消除其有责任消除的实现平等住房权的障碍；未采取完全有可能采取的放弃某些错误做法的措施如撤销和修改与《公约》抵触的法律等；未采取步骤以确保与住房有关的费用之百分比大致与收入水平相称；未采取必要的步骤以查清无家可归和住房简陋的详细情况；缔约国的政策和立法决定直接造成生活和住房条件普遍下降，又无相应的补救措施等等，均属于违反《公约》的行为。

第 4 号"一般性意见"认为"没有一个缔约国在住房权利方面不存在这种或那种严重问题"。

三、国际案例

(一) 住房权入宪及法院对住房权的保护

世界上越来越多的国家在宪法中明文规定公民的住房权。以 1996 年《南非宪法》为例，该宪法第二章权利法案（Bill of Rights）第 26 条明文规定人人拥有适足住房权及禁止强迫驱逐，具体包括：人人皆有适足住房的权利；国家必须在其可利用的资源范围内，采取合理的立法或其他方式，逐步实现此项权利；唯有依据法院周全考虑后所为之命令，才可执行驱逐的行动，或进行住房拆除；任何授权任意驱逐的法律，因违反宪法之规定而无效。《南非宪法》为权利法案提供了法院管辖的基础，它规定权利受侵害者或其代表人，可以向法庭提起诉讼，请求法院强制执行有关权利。

根据《南非宪法》的规定，南非宪法法院 2000 年 10 月 4 日对"南非政府等诉格鲁特布姆等"（Government of the Republic of South Africa. & Ors v Grootboom & Ors）一案根据《南非宪法》第 26 条规定作出了判决。该案中，一群人被驱逐出一个非正式小村落(该小村落住房用塑料和其他材料建成,位于沃伦斯顿社区中心附近的一个运动中心,没有基本的公共卫生设施,也没有电力供应),他们基于《南非宪法》第 26 条拥有适足住房权和第 28 条儿童受庇护的权利等规定对不同层级的政府提起了诉讼。南非宪法法院认为,政府没有违反第 28 条,但违反了第 26 条中规定的有关"适足住房权"的规定。法院认为,第 26 条规定实际上说明国家有责任制定并执行连贯的、不时调整的住房措施,但案件显示国家并没有向处在危急状况下的人们提供这些住房,因此也没有采取合理的措施逐步实现住房权。法院下令不同的政府部门制定优先满足具有紧急需要的群体的住房政策,并给那些处于危急状况下需要帮助的人们提供资金和提供住房救济。根据该判决,南非人权委员会负责监督政府完成法院命令的执行情况,并在有需要时向法院提交政府完成情况的报告。①

南非宪法法院的上述案例为在司法上落实《公约》权利建立了理论和实践基础。该案证明,法院在适当的阶段,完全可以对政府采取的涉及经济、社会和文化权利保障的法律和政策的"合理性"进行司法审查。它也充分说明,如同公民权利和政治权利一样,经济、社会和文化权利也具有可诉性,也可以通过法院实现司法救济。

《公约》允许国家在某些权利实现起来较为困难和缺乏资源时可以"逐渐实现",但国家必须尽最大努力,在最大限度上使用最大的资源。而个别缔约国实施的住房政策则很好地诠释了何谓"尽最大努力"。例如,2007 年 1 月,法国政府部长会议通过了"可抗辩居住权"法案。该法案规定,政府应满足低收入者、无家可归者等人士对由政府补贴的社会住房的需要。从 2008 年 12 月 1 日起,在住房申请没有收到满意答复的情况下,5 类住房困难户(无房户、将被逐出现有住房且无法重新安顿者、仅拥有临时住房者、居住在恶劣或危险环境中的人、与未成年子女同住且住房面积不达标的人)可向主管部门要求解决住房问题,如问题得不到解决,可向行政法院提起诉讼。在法律实行的初期阶段,凡无住房者、有遭赶出住所危险的、居所"不适宜居住"者、房屋过小以及有需要负担的孩子或残障人的家庭,均适用这条法律。②可抗辩住房权概念于 20 世纪 80 年代就已存在。"可抗辩"是一个法律概念,住房权变成"可抗辩的",意味着凡无住房者都可以上法庭争得这项权利。此前在法国只有受教育权和健康权是"可抗辩的";在欧洲,也只有苏格兰一地区立法制定了可抗辩住房权。现在法国规定的可抗辩住房权将迫使政府为实现公民的住房权而采取更积极、主动的政策,否则

---

① Caselaw Database of the ESCR-NET, http://www.escr-net.org/caselaw/caselaw_show.htm?doc_id=401409&focus=13993.
② 《法国通过住房权新法案百姓无住房可告官》,2007 年 1 月 19 日大洋网,具体内容请 http://world.dayoo.com/gb/content/2007-01/19/content_2738727.htm.

将面临大量的诉讼。

(二) 住房权非歧视原则的执行

《公约》规定国家应尊重公民住房的平等权,防止一切形式的歧视。这一要求意味着国家本身不能对公民实施歧视性的住房政策。但即使在被认为较发达的欧洲,歧视性的住房政策仍然存在。"欧洲罗姆人权利中心诉希腊"(欧洲社会权利委员会 2003 年第 15 号)案就是一个典型的例子。①

2003 年,欧洲罗姆人权利中心根据《欧洲社会宪章》向欧洲社会权利委员会提出了集体申诉,它声称罗姆人在希腊享有正当住房的权利受到了侵犯。它认为,希腊罗姆人的住房权利遭到歧视和区别对待,认为希腊违反了《欧洲社会宪章》的导言和第 16 条的规定;希腊提供给罗姆人的具可接受性的永久性住处数量远远不能满足定居的罗姆人的需要;同时政府未能给那些选择或被迫选择流浪生活的罗姆人提供足够的休憩点,政府将罗姆人居住在定居点或停留地的行为认定为非法侵占,并对这些罗姆人有计划地予以驱逐。欧洲社会权利委员会在 2004 年 12 月 8 日作出裁决,它认为,《欧洲社会宪章》第 16 条关于游牧民族的规定应当适用于流浪的罗姆人,这意味着应当提供适当的休憩点给罗姆人。委员会发现大量的罗姆人生活在尚未达到最低标准的居住环境中,并认为这样的情况违反了第 16 条中所规定的促进适当居住条件这一权利的要求。基于过多的罗姆人居住在低标准的住房环境中这一事实,委员会一致认为这已经构成对第 16 条的违背。委员会还指出,希腊法律对于临时的宿营和欢庆的限制过于严格,这造成地方政府以消极的态度选择适当的场所,也不愿意为此进行必要的工作,因此,罗姆人只能陷入缺少足够宿营地的困境,这种情况同样违反了第 16 条。委员会认定驱逐非法侵占的侵占者是允许的,然而,法律对于非法侵占的界定不能过于宽泛,驱逐应当按照有效的程序规定进行操作,驱逐的同时必须对目标人群提供足够的权利保证。委员会认为在希腊某些地区发生的驱逐事件并不适当。

这是欧洲社会权利委员会对住房权所作出的第一个重要裁定。委员会认为,《欧洲社会宪章》之下的社会权利与促进社会融合的要求密不可分,各个国家必须尊重差异,必须确保各种社会安排不会产生导致或加强社会隔阂的作用。这个案例清楚地表明,《欧洲社会宪章》对于住房权的保障也达到了前所未有的程度。

---

① Caselaw Database of the ESCR-NET, http://www.escr-net.org/caselaw/caselaw_show.htm? doc_id = 401086&focus = 13993.

四、中国的政策与案例

中国法律一直没有使用"住房权"这一概念概括公民在这方面的权利。《中华人民共和国城市房地产管理法》第 4 条规定的"国家根据社会、经济发展水平,扶持发展居民住宅建设,逐步改善居民的居住条件",可以被理解为中国对住房权一定程度的法律确认。尽管中国的法律对住房权的规定并不明确,但中国政府在保障公民适足住房权问题上的努力也是有目共睹的。

(一) 中国的住房法律和政策

1. 尊重义务的履行

1982 年《中华人民共和国宪法》第 13 条的"国家保护公民的合法的收入、储蓄、房屋和其他合法财产的所有权"的规定,反映了中国对公民住房权的基本尊重态度。虽然 2004 年《中华人民共和国宪法修正案》将该 13 条修改为:"公民的合法的私有财产不受侵犯","房屋"二字不再显现,但房屋作为公民的私有财产,实际上得到了更有力的宪法保护。而《中华人民共和国宪法修正案》的"国家为了公共利益的需要,可以依照法律规定对公民的私有财产实行征收或者征用并给予补偿"的规定,将"公共利益"明确规定为对私有财产实行征收或者征用的前提,更彰显国家对公民包括房屋在内的私有财产的尊重态度。

2. 保护义务的履行

在中国,强迫驱逐一直是实现住房权的一大障碍。国务院分别于 1991 年和 2001 年修订了两个《城市房屋拆迁管理条例》(以下简称两个《条例》)。两个《条例》虽然规定了拆迁的程序条件和对拆迁的管理,但对拆迁的实体条件却几乎没有任何规定,既不要求以"公众利益"为前提,也不要求以存在"安全危险"为条件,更没有区分开发性拆迁和公益性拆迁的不同。两个《条例》第 1 条都申明该条例的目的之一是"保障建设项目顺利进行",这一规定几乎使所有的拆迁都具有了合理性。在程序上,《公约》规定的被拆迁人有"进行协商的要求"也没有被考虑在内。在法律缺乏保障的情况下,在实践中出现拆迁程序不合法、安置补偿不合理、政策落实不到位、商业拆迁盗用公共利益之名、粗暴对待拆迁户等拆迁行为比比皆是,从而严重侵害了拆迁户的合法权益。拆迁引发了很多严重的社会问题,甚至出现了拆迁使富裕起来的居民再次沦为城市贫困户的现象。

2004 年前后,针对上述问题,国务院发出了一系列紧急通知,包括《关于认真做好城镇房屋拆迁工作维护社会稳定的紧急通知》(国办发明电〔2003〕42 号)和《关于控制城镇房屋拆迁规模严格拆迁管理的通知》(国办发〔2004〕46 号)等,对广泛存在的拆迁问题作了一定的回应,并有了"为了公众利益而拆迁"

(为重点建设项目、重大社会发展项目、经济适用房和廉租房项目而拆迁)和"为了安全而拆迁危房"的提法。

2007年10月1日生效的《物权法》明确了所有征地拆迁必须依法律规定权限和程序进行,并须以公共利益需要为前提;明确征收个人的房屋应当依法给予拆迁补偿,维护被征收人的合法权益;并强调"征收个人住宅的,还应当保障被征收人的居住条件"。这一规定可被看做对被征收住宅的个人住房权的直接保护。《物权法》对政府征地拆迁的法律限制及补偿安置措施的规定,对住宅建设用地使用权期限的自动延长、对农民宅基地的保护等规定,为保护公民正当住房利益提供了明确、具体的法律保障。相比过去的相关立法,明显增强了个人住房的权利色彩。

但上述已有的法律规定显然仍然未能阻断强迫迁移情况的出现。2009年以来,在城镇房屋拆迁活动中,在拆迁人与被拆迁人未就补偿标准达成一致意见的情况下,被拆迁人的房屋被强制拆除以及被拆迁人通过各种形式抗争的事件时有发生。

由于意识到《城市房屋拆迁管理条例》存在很多问题,因此自2007年起,国务院法制办就将《城市房屋拆迁管理条例》纳入了修改的工作日程,并于2010年1月29日公布了《国有土地上房屋征收与补偿条例(征求意见稿)》并向社会公开征求意见。与《城市房屋拆迁管理条例》对比,该征求意见稿强调了非因公共利益需要拆迁应坚持自愿公平的原则,并规定强制搬迁前应先补偿,禁止采用中断供水、供热、供气、供电等暴力、胁迫以及其他非法手段实施搬迁。如果这个规定能够得到通过并实施,无疑将会对目前的暴力拆迁以及暴力抵抗拆迁现象起到有效的遏制作用。但截至2010年11月,《城市房屋拆迁管理条例》的修订草案尚未获得通过。

3. 实现义务的履行

中国大部分人生活在农村。目前,中国解决农村居民住房问题的基本政策(也可以说是唯一的政策)是按户提供宅基地,即为农民提供专门用于建筑房屋(住宅)的土地,该土地由村民所在的农村集体组织所有,农户依法拥有使用权。① 因为农民能够廉价甚至无偿获得宅基地,因此,宅基地政策属于住房福利政策的组成部分,它为农民满足基本住房需要提供了条件,是农村居民区别于城镇居民而享有的最低限度的福利,农村宅基地的使用方案依法还应由村民委员

---

① 《中华人民共和国物权法》、《中华人民共和国土地管理法》等法律对农村村民宅基地使用权有明确的规定。《物权法》第13章专章规定了宅基地使用权,明确规定"宅基地使用权人依法对集体所有的土地享有占有和使用的权利,有权依法利用该土地建造住宅及其附属设施",同时规定"宅基地因自然灾害等原因灭失的,宅基地使用权消灭。对失去宅基地的村民,应当重新分配宅基地"。《土地管理法》则规定,"农村村民一户只能拥有一处宅基地,其宅基地的面积不得超过省、自治区、直辖市规定的标准"。

会提请村民会议讨论决定。

中国政府一直都把为城镇居民提供住房视为政府的责任。这从中华人民共和国成立伊始政府就着手解决城镇贫困人员住房这一历史就可清楚证明。当时解决的方法（没收私人住宅、对私人房屋进行社会主义改造并由国家代管、经租等）在特殊历史阶段对解决住房问题可以说效果显著。在其后很长一段时间内，对于在公有制单位工作的城镇居民而言，其住房权的实现依赖于政府的住房实物分配政策。住房建设投资基本由国家、单位统包。廉价租房和单位分房、零星的个人建房，是城镇居民住房的三大解决途径。

但1949至1998年间实行的住房低租金和实物分配制度存在着极大的不公平。在岗位由国家统分统配、工作岗位直接决定住房待遇的情况下，不同工作单位的职工与群众之间住房待遇完全不同，"平等"的住房权在当时是一个不可能实现的梦想。不仅如此，由于受经济发展水平的制约以及人口的增长，中国城市的住房供应一直严重不足。改革开放前，城市居民的住房面积甚至还低于新中国成立时的水平。

1998年后，中国的住房政策有了很大的改变。1998年7月3日，国务院下发《国务院关于进一步深化城镇住房制度改革加快住房建设的通知》，提出停止住房实物分配，逐步实行住房分配货币化。对不同收入家庭实行不同的住房供应政策，即最低收入家庭租赁由政府或单位提供廉租住房；中低收入家庭购买经济适用住房；其他收入高的家庭购买、租赁市场价商品住房。①

为了使货币分房制度能够顺利执行，中国设立了长期住房储金制度——住房公积金制度，规定国家机关、国有企业、城镇集体企业、外商投资企业、城镇私营企业及其他城镇企业、事业单位、民办非企业单位、社会团体及其在职职工依法缴存住房公积金。有条件的地方，城镇单位聘用进城务工人员，单位和职工可缴存住房公积金。职工个人缴存的住房公积金和职工所在单位为职工缴存的住房公积金，属于职工个人所有。凡缴存了住房公积金的职工，可以在购买、建造、翻建、大修自住住房时，在偿还购房贷款本息时，在房租超出家庭工资收入的规定比例时，提取其住房公积金账户内的存储余额；作为职工个人财产，职工离休、退休的，因完全丧失劳动能力而并与单位终止劳动关系的，出国定居等，也可以提取其住房公积金账户内的存储余额。

目前，中国的住房保障体系基本上由以下四方面组成：

（1）对城市低收入住房困难家庭的廉租住房保障体系

2007年12月1日的《廉租住房保障办法》规定城市低收入住房困难家庭（即城市和县人民政府所在地的镇范围内，家庭收入、住房状况等符合市、县人

---

① 参见中国政府根据于2003年6月向联合国经济和社会理事会提交的履行《公约》初次报告。

民政府规定条件的家庭)可以享受廉租住房保障。廉租住房保障方式实行货币补贴和实物配租等相结合。货币补贴是主要的方式,指由县级以上地方人民政府向申请廉租住房保障的城市低收入住房困难家庭发放租赁住房补贴,以增强城市低收入住房困难家庭承租住房的能力,解决他们的住房困难。廉租住房紧缺的城市,则实行实物配租,由县级以上地方人民政府向申请廉租住房保障的城市低收入住房困难家庭提供住房,并按照规定标准收取租金。财政部公布《廉租住房保障资金管理办法》也提出从八个方面确保廉租住房保障资金。至目前为止,全国所有城市建立了廉租住房制度,地级以上城市对申请租赁住房补贴的低保家庭基本做到了应保尽保。

(2) 经济适用住房制度

经济适用住房,是指政府提供政策优惠,限定套型面积和销售价格,按照合理标准建设,具有保障性质的政策性住房。按照规定,经济适用住房在取得房屋所有权证和土地使用证一定年限后,方可按市场价上市出售;出售时,应当按照届时同地段普通商品住房与经济适用住房差价的一定比例向政府交纳收益。

针对原来的经济适用房制度受益人群过分庞大的情况,2007年12月1日新的《经济适用住房管理办法》缩小了经济适用住房保障对象的范围,从"城市中低收入家庭"改为"城市低收入住房困难家庭",这是经济适用住房政策的重大调整。该办法还就健全制度、加强经济适用房准入、配售和售后各个环节的管理等问题做了明确的规定,以确保经济适用住房制度真正惠及需要被保障的城市低收入住房困难家庭。

(3) 公共住房租赁制度

公共住房租赁制度是指政府或其他公共机构如国有企业等将持有的一部分房源以低于市场价、高于廉租房租价的方式租给特定人群的制度,其基本特征是将政府建设或筹集的房源以实物配租或货币补贴形式,提供给刚进入劳动力市场的新职工或农民工这些社会群体(也被称为"夹心层"群体)。由于认识到全面依靠扩大廉租住房、经济适用住房覆盖面解决住房困难的政府财政不足,且"夹心层"群体经过一定时期,或者随着收入增长将具有通过市场解决住房问题的支付能力,或者将离开某个区域到其他地方寻求发展,对保障住房属于阶段性需求,因此2010年6月起,中国政府开始大力推进公共住房租赁制度,为特定群体提供不以拥有住房产权为目标的过渡性保障。公共租赁住房制度被认为是典型的贯彻"人人享有适当的住房"理念的制度。

(4) 两限房制度

"两限房"是指限制价格和限制居住面积的有一定保障房性质的商品房。它是伴随着经济适用房制度实行将保障对象的范围从"城市中低收入家庭"改为"城市低收入住房困难家庭"的改革后出现的一种替代性措施,它主要是在国内部分地区(如北京)实施。该制度主要针对那些既不符合购买经济适用房但购买一般商品房又有困难的社会阶层。例如，根据《北京市限价商品住房购买资格申请、审核及配售管理办法》，有资格购买的人仅限于北京居民，收入和财产的条件是:3 人及以下家庭购买标准定在年收入 8.8 万元及以下，人均住房使用面积 15 平方米及以下，家庭总资产净值 57 万元及以下。购房人取得房屋权属证书后 5 年内不得转让所购住房。确需转让的可向户口所在区县住房保障管理部门申请回购。5 年后可上市，需交纳 35% 收益金。

但总体而言，1998 年住房改革政策中原来设想的"最低收入家庭租赁由政府或单位提供廉租住房；中低收入家庭购买经济适用住房"的政策并没有完全得到很好的贯彻执行。用于保障住房建设的资金严重不足，经济适用房政策也曾在一段时间内偏离了原来的方向，政府在调控房价上涨方面也缺乏有效的措施，致使住房价格居高不下。不仅如此，中国住房政策还存在显著的城乡差别。前述各种住房供应体系的关注点均是有城镇户口的居民。各地为低收入家庭和人员设置的廉租房、经济适用房等政策，也都仅惠及本地城镇户口人员，从而使来自农村、进入城镇从事各行各业工作的，实际上生活、工作在城镇的农村户口人员遭遇明显的住房歧视性待遇。2006 年年底开始，中国政府开始要求多渠道提供农民工居住场所，但有关要求多限于政策指导性质[①]，且以要求用人单位为农民工提供符合条件的集体宿舍并要保证居住场所的安全和卫生为主。

不仅如此，我国住房权保障方面大多都只是政策性规定，缺乏国家法律的严格保障。不过在这个方面已经取得了一些积极的进展。为了对公民的住房权进行保障，2008 年 11 月全国人大常委会已经将制定《住房保障法》纳入到其五年立法规划。该法由住房城乡建设部负责起草，至 2010 年已经形成一个《住房保障法(征求意见稿)》。该法将对城镇基本住房保障标准、范围、方式，保障性住房的规划、建设与管理，住房租赁补贴，土地、财政、税收与金融支持，基本住房保障的组织落实，农村住房保障制度等方面做比较全面的规定。如果该法获得通过，它将为我国公民住房权的保障提供强有力的法律依据。

(二) 中国住房权方面的国内案例

1. 住房可接受性方面的案例

广州在在金沙洲规划建设了能够容纳人口约 16.5 万人的西部大型居住区。金沙洲有国内最大的廉租房、经济适用房新社区项目，也有 2008 年广州炙手可

[①] 2006 年年底，建设部首次提出"在搞好城镇廉租住房制度建设的同时，还必须研究解决进城务农民的住房问题";2007 年 8 月的国务院《关于解决城市低收入家庭住房困难若干意见》有专门一部分提及多渠道改善农民工居住条件问题;2007 年 12 月 5 日建设部、发展改革委、财政部、劳动保障部、国土资源部联合发出《关于改善农民工居住条件的指导意见》。

热的限价房项目,区内也有其他商品房甚至豪宅项目,是一个大型的不同层次人群聚居的"新社区"。在2008年前后,广州特困户申请廉租房、拆迁项目的被拆迁户申请异地安置房,选择金沙洲是一个常见的安排。但据报道①,截至2008年4月1日,摇号分得金沙洲廉租房的双特困户中,还有800多户没有搬入新社区,尽管入住意味着可以大大改善房内居住条件。这些特困户放弃的主要原因是负担不起物业管理费、租金,且因教育和医疗配套等设施不全,导致交通费、伙食费等各项生活成本增加,因此只能无奈放弃入住新社区。有报道称,广州的新兴城区在建设和营运学校、医院、商业中心等公共配套上,至今仍然没有成功的本地个案可以借鉴。② 主要问题是金沙洲规划滞后,公共配套的投资主体也不明确,投资到位较困难。

"适足的住房"必须有可接受性。上例显示,在发展新社区时,没有在居民入住前完成必要的配套设施的建设,甚至连清晰可见、可操作的建设规划和投资责任主体都无法确定,从而使住房的可接受性大大降低。远离成熟配套设施的新社区,如果发展过程中配套设施不完善,受害者将主要是无法承担交通费等负担的穷人。建立住区配套设施绝对不仅仅是城市综合性管理问题,而且还是对住房权负有保障义务的国家义不容辞的责任。

2. 拆迁案例

2007年12月13日,广州市荔湾区宝华街宝庆新南路10号、12号楼80多户居民对广州市国土资源和房屋管理局发布的穗房拆字[2007]第22号《房屋拆迁公告》将他们居住的大楼列入"恩宁路连片危改拆迁项目"的决定表示强烈不满,认为"拆迁规划不公开不透明、没有听取业主意见、补偿标准未与业主协商"等,并以该项目有违《物权法》为由上书全国人大常委会,要求修改或撤销该项目依据的《城市房屋拆迁管理条例》、《广州市房屋拆迁管理办法》等法规。③

针对上述业主的意见,广州市荔湾区有关职能部门则回应称该项目合法。有关负责人的理由是:2007年4月6日,区发改局批复了前期的拆迁立项,然后逐一办理完成了"建设项目选址意见书"、"建设项目用地预审意见"和"建设用地规划许可证",最后在2007年9月24日,市拆迁办发布了拆迁公告,核发了"拆迁许可证",这些手续确保了项目的拆迁合法性。④

---

① 何姗、陈文:《无力承受租金物管费 部分特困户弃住金沙洲》,参见金羊网,请登陆 http://www.ycwb.com/xkb/2008-04/03/content_1850381.htm,访问时间2008年4月3日。
② 同上。
③ 陈文、高古、郭晓燕:《恩宁路拆迁 条例有违物权法?》,2008年5月12日21CN.COM,请登陆 http://news.21cn.com/guangdong/guangzhou/2008/05/12/4704647.shtml。
④ 张玉琴、黎永芝:《广州恩宁路拆迁:合法 私房补偿均价9000元/㎡》,2008年5月14日大洋网,请登陆 http://gd.sohu.com/20080514/n256842808.shtml。

《公约》要求个人不应被任意强迫驱逐出其土地或住宅。如果存在强迫驱逐的例外情况,必须以法律规定的为了公众利益或生命和财产受到威胁等为实体性条件,并且应满足协商、客观、平等、可对其提出异议以及独立的程序性条件。有关法律应清楚规定使人们迁离住所的各项处理准则。最重要的是,政府还应与受影响的个人和群体进行真诚的磋商,以协商的方式解决迁离过程中的补偿等问题。

从上例可看出,政府官员对拆迁项目合法与否的理解,完全依行政性法规规定的程序判断。从他们的介绍看,整个项目的推动过程,实际上只是政府各部门内部操作过程;对居民提出的"拆迁规划不公开不透明、没有听取业主意见、补偿标准未与业主协商"等问题,没有能够正面回应。这从反面证明该项目的推动与经济、社会和文化权利委员会"一般性意见"规定的"不可避免的迁离"所应满足的程序性条件存在极大的距离,居民的知情和磋商权利被严重忽视。联合国经济、社会和文化权利委员会在第34次会议(2005年4月25日—5月13日)上对中国(包括香港和澳门)提交之履约报告的结论性意见就提及中国"未就拆迁问题进行有效的协商以及受到强制拆迁影响的人口缺乏有效的法律救济"的问题。① 上述案例说明,即使在《物权法》公布并实施后,"未就拆迁问题进行有效的协商以及受到强制拆迁影响的人口缺乏有效的法律救济"的问题仍远没有得到解决。案例还显示,国务院的《城市房屋拆迁管理条例》、广州市的《广州市房屋拆迁管理办法》等与《公约》和《物权法》相抵触的法规并没有被及时撤销或修改。

五、本章小结

住房权作为适足生活水准权的组成部分,是一个基础性权利。住房情况反映人们生存的基本状况,代表着一定生活水准,是人们安身立命之所,对享有《公约》规定的其他经济、社会和文化权利至关重要。经济、社会和文化权利委员会的"一般性意见"指出,根据《公约》要求,缔约国有充分尊重、保护、实现个人适足住房权的义务;住房权不仅存在确定内涵,而且还存在构成"适足"住房权的基本标准和条件。"一般性意见"对人们的住房权的解释有利于人们审查、

---

① 经济、社会和文化权利委员会于2005年4月25日—5月13日对于中国提交之初次履约报告作出的"结论性意见"指出:"有报道称在城市建设项目以及例如三峡工程的农村建设项目中存在强制拆迁以及被迁出人口得不到充分的补偿费和拆迁安置住房,委员会对此感到关切。对于因为缔约国将于2008年承办的奥运会而发生的强制拆迁的数量,委员会感到关切。委员会也感到关切的是,未就拆迁问题进行有效的协商以及受到强制拆迁影响的人口缺乏有效的法律救济……委员会也感到遗憾的是,对于缔约国存在的无家可归问题的程度和原因没有提供充分信息。"

检讨各国住房权的实现程度。《公约》虽然并不要求缔约国为每个居民直接提供住房，但它要求缔约国至少应当建立、健全和推行一套保障住房权行之有效的法律政策和机制，确保国家履行防止和禁止强迫驱逐的最低核心义务，在某些情况下甚至为某些弱势群体直接提供住房保障。

第十章 健 康 权

第 12 条

一、本公约缔约各国承认人人有权享有能达到的最高的体质和心理健康的标准。

二、本公约缔约各国为充分实现这一权利而采取的步骤应包括为达到下列目标所需的步骤：

（甲）减低死胎率和婴儿死亡率，使儿童得到健康的发育；

（乙）改善环境卫生和工业卫生的各个方面；

（丙）预防、治疗和控制传染病、风土病、职业病以及其他的疾病；

（丁）创造保证人人在患病时能得到医疗照顾的条件。

一、健康权的历史发展

健康是社会上每一个人都十分关注的问题，健康状况的优劣状况严重影响我们对幸福的追寻。在科技发达的今天，世界上仍有很多地方的卫生健康情况仍相当恶劣。根据世界卫生组织及联合国儿童基金会的联合公报①的报告，恶劣卫生情况威胁到很多国家的公共健康，全球约有 26 亿人的住所没有厕所，因而危害到他们的健康。健康与人生活的各方面都息息相关。例如，它与贫穷问题密切相关。贫穷令人缺乏资源看病买药，同时恶劣的健康令人难以谋生并改善生活，原本过得去的生活随时可能因为家中有人染病需要支付庞大的医药费而陷入贫困。日益恶化的环境污染也正严重威胁到我们的健康。

在 19 世纪下半叶以前的欧美世界，健康被视为私人领域的问题，当时人们认为，政府没有责任向公众提供公共卫生及健康服务。随着资本主义工业化的发展，欧美各国开始关注公共卫生及健康问题并开始发展有关的服务，以提高劳动力的素质及保持社会稳定。这个阶段欧洲举行了一系列国际卫生大会，主要关注国际间如何预防由于商业往来及人口流动的增加而扩散的传染病。1902年第一个关注公共健康的国际组织泛美卫生局（Pan-American Sanitary Bureau）成立。七年后，第一个全球性的公共健康组织国际公共卫生局（International Of-

---

① 世界卫生组织及联合国儿童基金会的联合公报：《恶劣卫生情况威胁到公共健康》，2008 年 3 月 20 日。

fice of Public Health)成立。其后,国际联盟(League of Nations)也成立了卫生组织(Health Organization)。① 最后,世界各国于1946年同意成立世界卫生组织以取代以前的国际机构。1946年的《世界卫生组织宪章》确认了健康权利。

联合国成立后,它将保障人权列为各成员国的基本责任。健康权跟其他经济、社会和文化权利一样在《世界人权宣言》中得到了确认。《世界人权宣言》第25条第1款规定:"人人有权享受为维持他本人和家属的健康和福利所需的生活水准,包括食物、衣着、住房、医疗和必要的社会服务。"1966年制定的《经济、社会、文化权利国际公约》在健康权上规定了国际人权法最全面的条款。根据该《公约》第12条第1款,缔约国承认,"人人有权享有能达到的最高的体质和心理健康的标准",第12条第2款又进一步列举了若干缔约国为实现这项权利应采取的步骤。

1978年9月,世界卫生组织与联合国儿童基金会在哈萨克斯坦首府阿拉木图市举行了历史性的初级卫生保健国际会议。会议重点论述了初级卫生保健在国家卫生服务中的重要性、初级卫生保健原则和组织模式以及在此领域中开展国际合作的前景。会议通过了《阿拉木图宣言》,重申健康不是仅指没有疾病或衰弱,而是指身心健康社会幸福的总体状态,是基本人权,达到尽可能高的健康水平是世界范围的一项最重要的社会性目标。为了达到这个目标,卫生部门及其他多种社会及经济部门都必须采取行动。② 《阿拉木图宣言》确认政府为其人民的健康负有责任,确定了初级卫生保健是作为实现人人享有卫生保健的主要渠道。③

此外,《消除一切形式种族歧视国际公约》、《消除对妇女一切形式歧视公约》、《儿童权利公约》、《欧洲社会宪章》、《非洲人权和民族权宪章》和1993年的《维也纳宣言和行动纲领》等国际人权公约和文件也都确认了健康权(下文将作进一步介绍)。

然而,国际社会对健康权一直都缺乏详尽的解释,直到2000年经济、社会和文化权利委员会通过了第14号"一般性意见",与健康权相关的国家义务才有了一个详细和权威的国际标准。

二、健康权的定义及内容

1946年的《世界卫生组织宪章》序言中将健康定义为:"体质、心理和社会关

---

① Allen, Charles E., World Health and World Politcs, *International Organization*, Vol. 4, No. 1, Feb. 1950, pp. 27—43.
② 《阿拉木图宣言》第Ⅰ条。
③ 《阿拉木图宣言》第Ⅴ条。

系方面都处于完全安康状态,而不仅仅是没有疾病或衰弱",而"享有能达到的最高健康标准"是每个人的基本权利。这里对健康的定义相当广泛,包括体质、心理及社会关系多方面,它反映出随着社会和现代医疗技术的发展,我们对健康的关注已不再限于消除身体的疾病,同时也关注心理健康,此外还关注社会及环境的因素对健康的重大影响。

1966年的《经济、社会、文化权利国际公约》第12条第1款把健康权定义为"人人有权享有能达到的最高的体质和心理健康的标准"。这里只规定健康权包含"体质和心理健康",而没有如世界卫生组织组织明确健康的定义。虽然如此,它们背后的精神是一致的,就是对健康权的保障,不单是生病时获得医疗照顾,而且还包括能促使人民可享有健康的生活环境及社会条件。《公约》起草的过程和第12条第2款明确的措词表明,健康权包括多方面的社会经济因素,如食物、营养、住房、安全饮用水和适当的卫生条件、安全而有益健康的工作条件和有益健康的环境。①

健康权不等于国家要保证人人健康,这是不可能做到的,因为个人的健康状况受到很多不能控制的因素影响,如遗传因素、个人生活方式或意外事故。因此,对健康权应理解为个人有权享有各种设施、商品、服务和条件以实现能达到的最高健康标准,而国家有义务保障此权利。②

由于每个国家掌握的资源及发展程度各异,故第12条第1款的健康权定义也考虑到这些因素,规定国家要逐步实现"能达到的最高的"健康标准。

健康权主要有两方面,一方面是获得医疗照顾的权利,另一方面是享有健康生活条件的权利。政府的公共卫生及健康政策应以人的需要为中心,而不只是提供医疗服务,并考虑到平等对待、非歧视及参与等原则。

在第12条第1款有关健康权的定义范围内,第12条第2款规定了缔约国要达到的一些目标,包括:(甲)减低死胎率和婴儿死亡率,使儿童得到健康的发育;(乙)改善环境卫生和工业卫生的各个方面;(丙)预防、治疗和控制传染病、风土病、职业病以及其他的疾病;(丁)创造保证人人在患病时能得到医疗照顾的条件。缔约国必须采取必要的步骤充分实现这些目标。根据2000年的经济、社会和文化权利委员会第14号"一般性意见",这些目标并未穷尽健康权的目标,第14号"一般性意见"更详尽列举了缔约国的义务及所要达到的目标。

此外,健康权既包括自由,也包括权利。自由包括掌握自己健康和身体的权利,包括性和生育上的自由;包括不受干扰的权利,如不受酷刑、未经同意不受强行治疗和进行医疗试验的权利。另一方面,应该享有的权利还包括参加卫生保

---

① 《阿拉木图宣言》,第4段。
② 《阿拉木图宣言》,第9段。

障制度的权利,该套制度能够为人民提供平等的机会,享有可达到的最高水平的健康。

1. 健康权的要素

根据第14号"一般性意见",健康权的要素包括以下各项:

可提供性(availability):缔约国必须提供有足够数量的、行之有效的公共卫生和保健设施、商品和服务以及健康计划。它们应包括一些基本的健康要素,如安全和清洁的饮水、适当的卫生设施、医院、经过培训的医务和专业人员,以及《世界卫生组织必需药品行动纲领》规定的必需药品。

可获取性(accessibility):缔约国内所有人都可使用这些健康设施、商品和服务,不得歧视。它包含四方面:第一是非歧视,必须在法律和实际上保障所有人,特别是最弱势和边缘的群体,不受歧视地获得、使用这些健康设施、商品和服务;第二是地理上的可获取性,必须保障所有人能够在安全的能达到的距离内获得使用这些健康设施、商品和服务;第三是经济上的可获取性或可负担性,这些健康设施、商品和服务的费用必须是所有人能够负担的,而贫困的家庭与较富裕的家庭相比在健康开支上的比例不应负担过重;第四是信息上的可获取性,可获取性包含查找、接受和传播有关健康问题的信息和意见的权利。

可接受性(acceptability):所有健康设施、商品和服务,必须符合医务职业道德;在文化上是适当的,即尊重个人、少数群体、人民和社区的文化,对性别和生活周期的需要敏感,遵守保密的规定;并用于改善有关个人和群体的健康状况。

质量(quality):健康设施、商品和服务不仅应在文化上是可以接受的,而且必须在科学和医学上是适当和高质量的。

2. 缔约国的义务

健康权与各项人权一样,要求缔约国尽其资源能力逐渐实现健康权,同时健康权方面也有一些立即生效的义务,如保证行使这项权利不得有任何歧视。缔约国的义务主要有两方面,一方面是提供医疗照顾服务,另一方面是保障健康的生活条件。在履行义务时,缔约国同时要遵守非歧视及人民参与的原则。

与其他经济、社会和文化权利一样,缔约国的义务也可分为尊重、保护和实现的义务。

尊重的义务,要求缔约国不得直接或间接地干预健康权的享有。例如:不能剥夺或限制个人或群体享用健康服务,尤其是囚犯和被拘留者、少数群体、寻求庇护者和非法移民;不得忽略妇女的特殊健康需要;不得禁止或阻挠传统的预防护理、治疗办法和医药;不应审查、扣押或故意提供错误的健康信息,包括性教育及有关信息;不得阻止人民参与健康方面的事务;不得违法污染空气、水和土壤等。

保护的义务,要求缔约国采取措施,防止国家以外的第三方侵犯健康权。例如,通过法律或采取其他措施,保障人人平等地使用第三方提供的健康服务;保证卫生部门的私营化不会威胁到健康服务的提供和获取;控制第三方营销的医疗设备和药品;保证开业医生和其他卫生专业人员符合适当的教育、技能标准和职业道德准则;采取措施,保护社会中的弱势和边缘群体,特别是妇女、儿童、青少年和老年人;保证第三方不得限制人民得到卫生方面的信息和服务。

实现的义务,要求缔约国采取适当的法律、行政、预算、司法等措施全面实现健康权。例如:要求缔约国在政治和法律制度中充分承认健康权,通过国家的健康政策,制定实现健康权的详细计划;必须保证提供卫生保健,包括对主要传染病的免疫计划,保证所有人都能平等地获得基本健康要素,如富于营养的安全食物和清洁饮水、基本的卫生条件和适当的住房和生活条件;提供足够数量的医院、诊所和其他卫生设施,促进和支持建立提供咨询和精神卫生服务的机构,并充分注意到在全国的均衡分布;提供所有人都能支付得起的公共、私营或混合健康保险制度;促进医务研究和卫生教育,以及开展宣传运动,特别是在艾滋病/病毒、性和生育健康、传统习俗、家庭暴力、酗酒和吸烟、使用毒品和其他有害药物等方面的宣传;采取措施,防止环境和职业健康危险和流行病资料显示的任何其他威胁;促进对有利健康的因素的了解;确保健康服务在文化上是适当的,培训卫生保健工作人员,使他们能够照顾到弱势群体或边缘群体的具体需要。

3. 国际义务

《公约》第2条要求缔约国透过国际援助和合作促进各项权利的充分实现。由于各缔约国的资源各异,比较富裕的国家可以向有需要的家提供必要的援助,包括提供救灾和人道主义援助。在全球化的背景下,国与国之间关系越来越紧密,一国的政策或决定可能会影响他国,对于健康权尤其如此,因此防治疫病和保护环境需要全球合作。知识产权可能会影响贫穷国家获取药物,故此缔约国必须尊重其他国家个人享有的健康权,并根据《联合国宪章》和适用的国际法,阻止第三方违反这项权利。缔约国应保证,在国际协议中充分注意到健康权,保证有关文书不会对健康权产生不利影响。作为国际金融机构(如国际货币基金组织、世界银行、各区域开发银行等)成员的缔约国,也应在这些机构的借贷政策、信贷协议和国际性措施上发挥影响,以促进对健康权的保护。

4. 核心义务

缔约国有义务保证健康权至少要达到最低的基本水平,包括基本的初级卫生保健。根据第14号"一般性意见",经济、社会和文化权利委员会认为,这些核心义务至少包括以下方面:(1)保证在非歧视的基础上有权得到卫生设施、商品和服务,特别是弱势和边缘群体;(2)保证能够得到最基本的、有充足营养和安全的食物,保证所有人免于饥饿;(3)保证能够得到基本住所、住房和卫生条件,及保证安全饮用水的充分供应;(4)根据世界卫生组织随时修订的《必需药品行动纲领》提供必需药品;(5)保证公平地分配一切卫生设施、货物和服务;(6)根据流行病学的实际情况,采取和实施国家公共健康战略和行动计划,解决整个人口的健康关切;该项战略和行动计划应在参与和透明的基础上制定,并定期审查;在战略和计划应包括一些方法,如健康权的指标和基准,用以随时监测取得的进展;制定战略和行动计划的过程及其内容,都应特别注意各种弱势和边缘群体。

委员会还确认了以下优先义务:(1)确保生育、产妇(产前和产后)和孩子的卫生保健;(2)对社区出现的主要传染病进行免疫接种;(3)采取措施预防、治疗和控制流行病和地方病;(4)给有关社区提供主要健康问题的教育和信息,包括预防和控制的方法;(5)为健康工作人员提供适当的培训,包括健康和人权教育。

5. 国家健康战略和行动计划

要落实健康权的各样义务,经济、社会和文化权利委员会要求每个缔约国制定国家健康战略和行动计划,确保所有人享有健康权,并且于制定时,让个人和群体有权参与决策过程。同时,要制定相应的法律和监督机制,以便监督执行国家健康战略和行动计划。该机制应包括规定实现的目标和时间;实现健康权的手段;与公民社会(包括健康专家、私营部门和国际组织)的合作方法;对执行健康权国家战略和行动计划的体制责任以及可能的问责程序。

还要制定相应的健康权指标和基准。在提出适当的健康权指标后,缔约国应确定相对于每一指标的适当的国家基本水准。在提出定期报告过程中,经济、社会和文化权利委员会将与缔约国一道对指标和国家基本水准进行审查,然后定出下一个报告期缔约国应实现的目标。

三、其他国际公约中的健康权

除《经济、社会、文化权利国际公约》以外,很多国际人权公约及文件对健康权也有规定。《世界人权宣言》第25条第1款规定:"人人有权享受为维持他本人和家属的健康和福利所需的生活水准,包括食物、衣着、住房、医疗和必要的社会服务。"

《消除一切形式种族歧视国际公约》第5条第5款第4项规定:"享受公共卫生、医药照顾、社会保障及社会服务的权利。"

《消除对妇女一切形式歧视公约》第11条第1款第6项规定:"在工作条件中享有健康和安全保障,包括保障生育机能的权利。"第12条第1款规定:"缔约各国应采取一切适当措施以消除在保健方面对妇女的歧视,保证她们在男女平等的基础上取得各种保健服务,包括有关计划生育的保健服务。"

《儿童权利公约》第24条第1款规定:"缔约国确认儿童有权享有可达到的最高标准的健康,并享有医疗和康复设施,缔约国应努力确保没有任何儿童被剥夺获得这种保健服务的权利。"

2006年的《残疾人权利公约》第25条对残疾人的健康权利也进行了详细规定:"缔约国确认,残疾人有权享有可达到的最高健康标准,不受基于残疾的歧视。缔约国应当采取一切适当措施,确保残疾人获得考虑到性别因素的医疗卫生服务,包括与健康有关的康复服务。"

区域性的国际人权公约也包含了健康权的规定。《欧洲社会宪章》第11条有关健康保护的条款规定:"为了确保有效行使健康保护的权利,各缔约国承担直接或与公共或私人组织合作,采取下列各点为其首要宗旨的措施:(一)尽可能消除不健康的各种情况;(二)为促进健康和鼓励在健康问题上的个人责任提供咨询和教育便利;(三)尽可能防止流行病、地方病和其他疾病。"《非洲人权和民族权宪章》第16条确认:"(一)人人有权享有能够达到的最佳的身心健康状况;(二)本宪章各缔约国应采取必要措施,保护其人民的健康,并确保人人在患病时能够享受医疗护理。"《美洲人权公约关于经济、社会和文化权利领域的附加议定书》第10条(健康权)及第11条(享有健康环境的权利)也对健康权作了规定。

此外,国际劳工组织一系列公约,尤其是第148号《保护工人以防止工作环境中因空气污染、噪音和振动引起职业危害公约》及第155号《职业安全和卫生及工作环境公约》也规定了涉及健康权的大量内容。

四、健康权的国际案例

国家必须投入资源及实施积极政策才可以促进健康权,但是司法保障也十分重要。当某人或某个群体的健康权被侵犯时,如果能够通过法院寻求救济,那么不仅能使健康权得到切实的法律保障,而且还可以使健康权的含义通过司法解释进一步得到明确。联合国健康权特别报告员保罗·亨特于2006年作了一个报告,报告中介绍有关健康权的案例,这里引用其中4个案例作参考。[①]

其中两个著名案例来自南非。《南非宪法》中包括一项"权利法案",其中第27条1款承认人人获得健康照顾的权利。第27条2款规定国家要在现有资源的范围内采取合理措施,逐渐实现这权利。

第一个南非案例是1997年的"苏布拉玛尼(Soobramoney)诉健康部长案",

---

① 请参见联合国人人有权享有最佳身心健康问题特别报告员保罗·亨特的报告,联合国文件A/HRC/4/28,2007年1月。

原告苏布拉玛尼患有慢性肾衰竭,需要进行透析以延续生命。他的情况被诊断为不可逆转的病变。最初,他能为治疗支付费用,后来因为积蓄用尽转而寻求在一家国立医院进行治疗。由于资源有限,该医院不能为所有病人做透析,因此实施了一项政策。该政策规定只有那些患有急性肾衰竭、可通过透析而获医治的病人才有资格接受透析治疗。对患有慢性肾衰竭的病人,接受透析治疗的首要条件是适合进行肾移植,而患有严重心血管疾病的病人是不适合进行肾移植的。苏布拉玛尼先生正是属于有这种情况的病人,因此不符合医院有关进行透析的条件。《南非宪法》的第 27 条规定:"不得拒绝向任何人提供紧急治疗。"南非宪法法院裁定医院的政策和指引没有违反此规定,因为病人并未处于突发灾难意义上的紧急情况,而是处于"经常性状态"。《权利法案》中还规定了获得健康照顾的权利,要求国家在现有资源范围内采取合理措施,逐渐实现这一人权。在苏布拉玛尼一案中,宪法法院认定,考虑了现有资源问题,该医院的政策是合理的,并且是公平实行的,因此,在本案中,没有提供治疗不违反宪法有关健康权的规定。①

第二个案例涉及艾滋病。南非是非洲艾滋病染病人数增加最快的地区之一。在 2002 年的"卫生部诉治疗行动运动"一案中,南非卫生部被指未为女艾滋病患者广泛提供可防止艾滋病母婴传染的抗逆转录酶病毒药品奈韦拉平(Nevirapine)。2001 年 7 月奈韦拉平的制造商向南非政府承诺免费提供奈韦拉平 5 年。然而,南非政府只在每个省的两个研究和培训场所提供奈韦拉平,理由是要以此研究奈韦拉平对防止母婴传染艾滋病毒的效果。在此案中,南非宪法法院需要处理两个问题,第一个问题是南非政府有限提供奈韦拉平是否违反《南非宪法》第 27 条有关人人获得健康照顾服务的权利,第二个问题是南非政府是否有义务在全国实施一个防止母婴传染艾滋病毒有效而全面的计划。②

南非宪法法院主要考虑政府有限提供奈韦拉平的计划是否合理。在裁定政府实现有关权利的计划是否合理时,法院必须考虑有关权利被剥夺的程度及范围。法院认为,政府的计划不可忽略那些最紧急及最没有机会享有此权利的人;一个合理的计划必须是平衡及富灵活性的,关注到短、中及长期的需要,并不可排斥社会中值得关注的群体,同时也应考虑到计划的成本及复杂性。宪法法院认为基于医学证据认定,奈韦拉平可以减低母婴传染艾滋病毒的风险。由于制造商免费提供奈韦拉平 5 年,所以成本不是考虑因素。宪法法院认为政府的计划缺乏灵活性,而在资源许可的情况下,本应广泛地提供奈韦拉平,因此宪法法

---

① 参见联合国人人有权享有最佳身心健康问题特别报告员保罗·亨特的报告,联合国文件 A/HRC/4/28,第 61—62 段。

② Bilchitz, David, South Africa: right to health and access to HIV/AIDS drug treatment, *International Journal of Constitutional Law*, 2003, 1(3), pp.524—534.

院裁定南非政府有限提供奈韦拉平的做法是不合理的,违反了《宪法》第 27 条的相关权利及国家义务。法院命令政府立即采取行动,在公共医院和诊所提供奈韦拉平,政府必须"采取合理行动,使人民逐渐享有《宪法》中规定的社会经济权利",并命令当局"在现有资源范围内,制定和执行一项全面和协调的方案,逐渐使妇女及其新生儿享有获得健康照顾服务的权利,以防止母亲向孩子传染艾滋病毒"。①

第三个案例来自印度。在 1992 年的"西孟加拉邦农业工人协会(Paschim Banga Khet Mazdoor Samity)诉西孟加拉邦"一案中,印度最高法院认定,政府不能以财政限制为由逃避提供紧急治疗的责任。在本案中,一个男人从火车上掉下,头部受了重伤。他被送到好几个国立医院,但没有一家能为他提供紧急治疗。这些医院都没有床位,也没有创伤和神经治疗服务。法院面前的问题是,不充足的急诊医疗设施是否构成对生命权的否认。法院认为,一个国家有义务确保提供充足的急诊医疗设施。它要求国家确保主要卫生中心备有为重伤和紧急情况立即进行紧急处理的设施。另外,法院还命令国家在全国增加处理重伤的专家和地区诊所,并在国立医院之间建立一体化联络网,以便病人能被立即送到有床位和设施的医院。法院承认,确保充足医疗设施需要大量开支。但它仍然认为,"一个国家不能以财政限制为由逃避这一宪法规定的义务"。②

第四个案例来自巴西。在"雅诺马米族人(Yanomami)诉巴西"一案中,原告声称,巴西政府为了建设高速公路而利用其传统土地上的资源,破坏了其环境和传统生活方式,因而违反了《美洲人类权利和义务宣言》。原告声称,建设公路使他们被迫离开祖传的土地,他们中的许多人因为这个项目死于流行性感冒、肺结核、麻疹、性病和其他传染病。美洲人权委员会在环境质量和生命权之间确立了一种关系,并认定,政府没有为雅诺马米族人另外提供生活地点构成了对其生命权、自由和人身安全的侵犯。该委员会建议"巴西政府继续采取预防性和治疗性措施,保护受感染性或传染性疾病威胁的印第安人的生命和健康"。③

联合国健康权特别报告员强调这些案例说明逐渐实现并不是说,一个国家可以随便采取什么措施。国家的一项法定义务就是,"为每个人的健康权利"采取"经过慎重考虑的、具体和有目标的"步骤。若研究和经验表明,某些措施比另一些措施好,国家必须采取可采取的最好措施。在有适当立法的情况下,法院可确保往往被忽视的穷人和弱势群体的利益受到适当重视。当然,法院也不能解决所有问题;例如,有时候,当局并不立即执行法院的命令。尽管如此,作为一

---

① 联合国人人有权享有最佳身心健康问题特别报告员保罗·亨特的报告。联合国文件 A/HRC/4/28,2007 年 1 月,第 60 段。
② 同上,第 64—65 段。
③ 同上,第 81 段。

种问责形式,法院在促进和保护与健康有关的权利方面还是可以发挥重要作用的。

五、健康权的中国政策和案例

(一) 取得的成就

1949年中国刚成立,百废待兴,卫生及健康环境恶劣,传染病肆虐,平均寿命不到35岁,婴儿死亡率高达千分之二百。[①] 在经济资源十分有限的情况下,国家逐步建立起一个综合性和全民性的医疗保障制度。这个制度分为城镇及农村两部分。城镇的医疗服务包括公费医疗及劳动保险医疗。公费医疗主要提供给国家干部及学生,由国家财政承担,病人门诊和住院费用基本免费。劳动保险医疗提供给国营和集体企业职工,主要由企业提供资金,为工厂中的职工承担全额及其家庭成员承担部分的医疗费用。在农村,国家建立起农村合作医疗制度,农民获得预防性服务、基础医疗和疾病治疗服务,由人民公社福利基金和公社成员共同分担资金。这个制度以预防为主,使用赤脚医生,通过发动群众执行全民保健计划,并发动公共卫生运动消灭害虫及给民众注射预防疫苗。

对于1949年至1978年的中国医疗保障制度,国际社会普遍肯定它的成效。在健康权的可获取性、可及性方面,当时中国的医疗服务覆盖面广,资金大部分来源于国家预算,大部分城镇及农村中的基层民众都能获得基本的医疗服务,并且收费低廉,老百姓不会因不能负担医药费用而得不到医治。在服务质量方面,虽然医疗技术水平还不是很高,但是预防及基本医疗服务能基本满足民众的需要,从改善了民众的健康。很多流行性疾病,如天花、霍乱、性病等得到较彻底的消除。平均寿命从1949年左右的35岁增加到了1981年的67.9岁。出生婴儿死亡率也从千分之二百减少到1981年的千分之三十四点七。[②]

1978年中国开始推行改革开放政策,市场经济逐渐取代计划经济。与市场改革一致,医疗服务机构也进行体制改革而走向市场化。政府资源多投放于培训高技能的医疗人员、建设医疗设备和医院。医疗服务机构无论在数量、技术水平、设备上都有明显增长及提高。

1998年12月国务院颁布《国务院关于建立城镇职工基本医疗保险制度的决定》,在全国范围内进行城镇职工医疗保险制度改革。2002年10月,党中央、国务院作出了《关于进一步加强农村卫生工作的决定》,首次提出了建立新型农村合作医疗制度,要求在2010年建立基本覆盖全体农民的新型农村合作医疗制

---

① 卫生部卫生统计信息中心:《1996年中国卫生统计提要》,1997年3月。
② 同上。

度。2003年1月16日,国务院办公厅转发了卫生部、财政部、农业部的《关于建立新型农村合作医疗制度的意见》。自2003年开展新农合试点以来,新农合制度建设取得显著成绩。覆盖面不断扩大。截止到2007年底,全国已有2451个县(区、市)开展了新型农村合作医疗,参合农民7.3亿人,参合率为86.2%。①

经过几十年的努力,中国的医疗卫生服务体系基本体系基本形成。截至2003年底,全国有病床320万张,约为1950年的26倍,每千人口床位数约为2张。服务提供者和管理人员素质显著提高。到2003年底,全国共有530万专业卫生人员,其中包括430万技术人员,占82%。每千人口医生数为1.4。②

(二) 存在的问题

中国的医疗卫生发展取得一定成就,同时也存在若干问题。改革开放后,医疗服务未能配合社会的发展,合资、集体和私营企业的数量不断增长,农民到城市工作的人口也越来越多,结果是大部分在城镇生活的人逐渐都不属于事业单位和国营企业,城镇的公费医疗及劳动保险医疗不能覆盖这些非国营企业工作者,他们都要自己承担医疗费用。随着人民公社的农村集体经济解体,原有的农村合作医疗制度(包括"赤脚医生")由于失去了资金资助而瓦解,结果是农民得不到医疗保障。这期间中央对医疗服务的财政支持减少,转由地方政府透过税收承担,由于各地区的经济能力不同,各地区的医疗服务差距开始不断扩大,尤其是城乡的差距更大。同时,医疗服务机构走向市场化,需要自负盈亏,追求经济利益成为其主要目标,导致出现滥开药、滥检验、滥收费等问题。卫生防疫工作也得不到重视。医疗保健制度由1979年前的覆盖面广及收费低廉,逐渐变为覆盖面窄及收费昂贵,农村和城镇的居民都要负担沉重的医疗开支,"看病难、看不起病"成为严重的社会问题。在医疗的可获性和健康状况方面,城乡间的差距逐渐拉大。

1998年实施的城镇职工基本医疗保险制度使到原本未能享有医疗保障的非国营企业工作者获得保障,大大增加医疗保健制度的覆盖率。用人单位的供款及社会统筹基金的设立可减轻城镇职工的医疗负担,但由于医疗收费依然高昂,纵使有资助,个人也要负担一定的费用,对于很多职工特别是低收入的职工,有关费用仍然是很沉重的负担。城镇职工基本医疗保险制度的受益者限于就业人士,社会中的非就业人士包括少年儿童、老人及家庭主妇仍得不到保障。

2003新型农村合作医疗制度设立后也取得了显著成绩,覆盖面不断扩大。但新型农村合作医疗制度也存在一些问题。农村合作医疗基金主要补助参合农

---

① 卫生部卫生统计信息中心:《2007年我国卫生事业发展统计公报》,2008年4月。
② 联合国卫生合作伙伴专题组:《中华人民共和国卫生形势评估》,2005年7月,第23页。

民的大额医疗费用或住院医疗费用,农民还要继续面对一般门诊的沉重费用负担,而小病未好好医治往往引发大病。在运作方面,若起付线偏高,便会使一部分就医的农民达不到起付线而无法报销,另一种情况是达到起付线,但报销比例偏低,农民无法负担。农民一般只可在乡、县两级定点医疗机构享有医疗保障,由于农村医疗服务资源匮乏,医疗水平较低,大病救治效果难以保障。

2003年。因经济原因占应就诊而未就诊的比例为39%,高于1998年的水平(36%)。[①] 个人卫生支出从1980年的36%增加到2002年的68%。相比之下,政府卫生支出的比重从1978年的32%下降到2002年的15%。[②] 医院门诊和住院病人人均医疗费用持续增加,卫生部公布的六年来医疗费用单显示,2001年,门诊病人的人均医疗费用为93.6元,但到了2006年就涨至128.7元,涨幅接近40%。同样,住院医疗费用2001年为3245.5元,2006年就为4668.9元。[③]

2005年,国务院发展研究中心和世界卫生组织"中国医疗卫生体制改革"合作课题组正式公布了课题报告,报告对中国医疗卫生体制改革的基本评价是:"改革开放以来,中国的医疗卫生体制发生了很大变化,在某些方面也取得了进展,但暴露的问题更为严重。从总体上讲,改革是不成功的"。课题报告指出主要问题表现为医疗服务的公平性下降和卫生投入的宏观效率低下。"在公平性方面,不同社会成员医疗卫生需求的实际被满足程度,由于收入差距的扩大而严重地两极分化。富裕社会成员的医疗卫生需求可以得到充分的满足,多数社会成员(包括相当多农村人口以及部分城市居民)的医疗卫生需求,出于经济原因很难得到满足,贫困阶层则连最基本的医疗卫生服务都享受不到。在2000年世界卫生组织对成员国卫生筹资与分配公平性的评估排序中,中国列188位,在191个成员国中倒数第4。在卫生投入的宏观绩效方面,尽管全社会的卫生投入水平大幅度提高,居民综合健康指标却没有明显的改善。2002年,卫生总费用占GDP的比重已经增至5.42%,但在某些领域特别是公共卫生领域,一些卫生、健康指标甚至恶化。改革开放前已被控制的部分传染病、地方病开始死灰复燃,新的卫生、健康问题也不断出现。在世界卫生组织2000年对191个成员国的卫生总体绩效评估排序中,中国仅列144位,结果令人深思。"

课题报告认为问题的根源在于商业化、市场化的走向违背了医疗卫生事业发展的基本规律,"具有公共品性质的(医疗卫生)服务是营利性市场主体干不了、干不好或不愿干的。同时,也是个人力量所无法左右的。因此,必须而且只能由政府来发挥主导作用。否则就一定要出问题。SARS所暴露的公共卫生危

---

① 联合国卫生合作伙伴专题组:《中华人民共和国卫生形势评估》,2005年7月,第25页。
② 同上,第29页。
③ 参见卫生部卫生统计信息中心:《2001年全国卫生事业发展情况统计公报》及《2007年我国卫生事业发展统计公报》。

机以及其他诸多问题的出现已经充分显示出问题的严重性。在医疗卫生干预重点的选择上,只要将经济效益放在首位,就必然出现轻预防、重治疗,轻常见病、多发病、重大病,轻适宜技术、重高新技术的倾向。更为严重的是,一些医疗卫生服务机构基于牟利动机提供大量的过度服务,甚至不惜损害患者的健康。中国改革开放以来医疗服务价格以及全社会卫生总投入迅速攀升,但全民综合健康指标却没有得到相应的改善,其源盖出于此。"

2005年联合国经济、社会和文化权利委员会在对中国就有关实施《经济、社会、文化权利国际公约》状况首次报告的"结论性意见"中,对中国的健康权状况提出了如下一些意见:

"委员会关切地注意到,尽管缔约国的总体医疗费用在过去的十年中增加了,但是公共卫生拨款却减少了。此外,委员会也关切地注意到,过去向大多数农村居民提供基本医疗服务的医疗体系有了大幅度的减少。委员会关切的是,预防措施的不足导致包括性传播疾病和艾滋病在内的传染性疾病的蔓延。委员会关切地注意到,在高度工业化地区缺乏足够的安全饮用水。委员会关切的是,大量人口,尤其是女性,受到精神疾病的困扰,缺乏充分的保证精神疾病患者过上适当生活的措施。委员会也感到关切的是,除了遭到社会歧视之外,精神疾病患者通常长时间住在精神病院中,生活条件低下,接受低水准的医疗服务。委员会也注意到缔约国女性的自杀率之高令人震惊。委员会深表关切的是,有报道称地方干部在实行独生子女计划生育时强迫女性流产和绝育,包括强迫少数民族女性流产和绝育,并且也有报道称不安全流产增加了产妇死亡率。"

面对以上存在的问题,2006年6月20日,国务院常务会议决定成立以发展改革委员会和卫生部牵头、16个部门参加的深化医药卫生体制改革部际协调工作小组,研究提出深化医药卫生体制改革的总体思路和政策措施。经过一年多努力,形成了《关于深化医药卫生体制改革的意见(征求意见稿)》。2008年9月10日国务院总理温家宝主持召开国务院常务会议,审议《关于深化医药卫生体制改革的意见》,向社会公开征求意见。

《意见》提出了深化医药卫生体制改革的总体目标是:建立覆盖城乡居民的基本医疗卫生制度,为群众提供安全、有效、方便、价廉的医疗卫生服务。到2020年,覆盖城乡居民的基本医疗卫生制度基本建立……人人享有基本医疗卫生服务,基本适应人民群众多层次的医疗卫生需求,人民群众健康水平进一步提高。

《意见》要点包括:

全面加强公共卫生服务体系建设:建立健全疾病预防控制、健康教育、妇幼保健、精神卫生、应急救治、采供血、卫生监督和计划生育等专业公共卫生服务网络,并完善以基层医疗卫生服务网络为基础的医疗服务体系的公共卫生服务功能。……完善重大疾病防控体系和突发公共卫生事件应急机制,加强对严重威胁人民健康的传染病、地方病、职业病和慢性病等疾病的预防控制和监测。加强城乡急救体系建设。……加强卫生监督服务。大力促进环境卫生、食品卫生、职业卫生、学校卫生和农民工卫生工作。

进一步完善医疗服务体系:坚持非营利性医疗机构为主体、营利性医疗机构为补充,公立医疗机构为主导、非公立医疗机构共同发展的办医原则,建设结构合理、分工明确、防治结合、技术适宜、运转有序,包括覆盖城乡的基层医疗卫生服务网络和各类医院在内的医疗服务体系。大力发展农村医疗卫生服务体系。加快建立健全以县级医院为龙头、乡镇卫生院为骨干、村卫生室为基础的农村三级医疗卫生服务网络。

加快建立和完善以基本医疗保障为主体,其他多种形式补充医疗保险和商业健康保险为补充,覆盖城乡居民的多层次医疗保障体系。坚持广覆盖、保基本、可持续的原则,从重点保障大病起步,逐步向门诊小病延伸,提高保障水平。建立国家、单位、家庭和个人责任明确、分担合理的多渠道筹资机制。基本医疗服务由政府、社会和个人三方合理分担费用。完善城乡医疗救助制度。对困难人群参保及其难以负担的医疗费用提供补。

建立和完善政府卫生投入机制。中央政府和地方政府都要增加对卫生的投入,并兼顾供给方和需求方。逐步提高政府卫生投入占卫生总费用的比重,使居民个人基本医疗卫生费用负担明显减轻;加强对生活饮用水、职业卫生、食品安全等社会公共卫生的监管。依法严厉打击各种危害人民群众身体健康和生命安全的违法行为。

(三) 案例

第一个案例发生于2005年12月11日,从齐齐哈尔市来北京打工的王建民晚上因腹痛吐血,被120救护车送到北京同仁医院,因无钱治病,打了止痛针后离开医院。12日晚,患者因呕血,再次被送往同仁医院就诊,在一楼走廊厕所门口的担架车上叫疼,并且吐血,但医生称:钱送来了才能治疗。13日晚,王建民被发现死在离抢救室不到10米的男厕所门口。12月27日,王建民家属向同仁医院提出人身损害赔偿要求。2006年1月5日,北京市东城区法院正式受理了王建民家属状告同仁医院一案。王建民家属代理律师苏国清指出:人的生命健康权应受到法律保护,由于被告没有履行"救死扶伤"的法定职责才导致王建民死亡结果的发生,给其家人带来沉重的精神打击和难以弥补的心灵创伤。被告的行为已违反了《中华人民共和国民法通则》第98条《中华人民共和国执业医师法》第3条、第24条、《医疗机构管理条例》第3条、第31条的法律规定,理应承担民事赔偿责任。为此要求法院判令被告赔偿医疗费、死亡赔偿金、丧葬费、被抚养人生活费、交通费及精神损害赔偿金等各项费用合计人民币478352.5元。同年3月28日,东城区法院第一次开庭审理此案,经过近四小时的庭审,原被告双方未能达成调解。①

2006年10月30日,距第一次开庭半年多后,东城区法院第二次公开审理了王建民死亡案件。主审法官表示经"依职权调取证据"后,同仁医院对王建民进行了积极救治,而且王建民不应被送到"同仁医院",而应送往弱势群体的定点救治机构。同仁医院代表称,鉴于死者家庭困难,出于"人道主义",补偿10万元。王建民家属代理律师认为,在我国任何一家医院都有救死扶伤的义务,这不仅是道德义务,也是法律要求。因此,"同仁医院"对王建民有救治的义务,法官所称"把王建民送错了地方"是不对的。② 其后,王建民死亡案件一直被搁置在北京市东城区人民法院。2007年4月中旬,法院进行调解,数月后王建民家属与同仁医院签订了"和解协议",在"同意向法院申请撤诉"、"不向媒体等其他第三方透露协议内容"以及"无任何其他争议"等条件下,拿到了同仁医院"出于人道主义考虑"给付的"补偿金"18万元。③

第二个案例是有关环境污染影响健康权的案例,即"福建1721名污染受害者诉榕屏化工厂环境污染侵权案"。原告是福建省屏南县村医张长建等5人所代表的1721位村民,被告屏南榕屏化工厂始建于1992年,位于屏南县城南,是亚洲最大的氯酸盐化工厂。该厂不断地向环境中排放废水、废气,造成周围严重的大气污染、水污染。特别是1998年,该厂二期扩建工程未经环保验收通过即投入生产,向环境中大量排放含氯废气和含有氯和重金属残留物的废水,致使村民们承包的树林、竹林、果树、庄稼枯死,河流鱼虾绝迹,遭受严重的经济损失,同时,村民中出现头晕、腹痛、恶心、鼻塞、胸闷、皮肤瘙痒病症的人越来越多,癌症发病率也呈现大幅度的增加。2002年10月原告向宁德市中级人民法院提起要求停止污染侵害和赔偿损失的诉讼,要求赔偿原告农作物及竹、木等损失及支付原告精神损害赔偿。

法院受理该案后,以损失无法评估为由,长期搁置不审,直到2005年4月才作出一审判决。判决结果只赔偿原告山场林木、果树、毛竹和农田等损失人民币249763元,并让原告承担25,895元的诉讼费,同时判令被告立即停止对原告的侵害,在屏南县政府批准的废渣堆放场建立后或被告与福大废渣无害处理成果

---

① 刘泽宁、刘姝媛:《王建民家属状告"同仁"侵害生命健康权 北京东城法院正式立案》,载2006年1月6日《黑龙江晨报》;耿小勇、张汉宇:《男子无钱治病死于医院内离抢救室不到10米》,载2005年12月15日《新京报》;刘姝媛:《农民工暴死"同仁"案开审》,载2006年3月29日《黑龙江晨报》。

② 刘姝媛:《民工死在北京同仁医院 法院称送错地方不怪院方》,载2006年10月31日《黑龙江晨报》。

③ 刘姝媛:《无钱民工病死同仁医院续 签保密协议获赔18万》,载2007年9月4日《黑龙江晨报》。

投入生产后或环保部门允许的其他处理方法确定之日起六个月内清除厂内工业废渣和后山工业废渣。原告和被告双方对一审判决均不服,向福建省高级人民法院提出上诉。2005年11月16日省高院作出二审判决:驳回榕屏化工公司的上诉请求,将赔偿额变更为684178.2元;令榕屏化工公司于判决生效之日起1年内对厂内及后山的含铬废渣进行清理,并按规范进行处置,对原后山的堆场进行封场。①

以上案例反映现时有关健康权的主要问题。首先"看病难、看不起病"是很多人——特别是农民的主要难题,严重影响到人民的健康以至生命。其次是环境污染正日益危害到人民的健康。此外,案例也反映出通过诉讼寻求损害赔偿具有很大的困难,原告往往处于弱势地位。原告只有通过法律、专业人士及公益团体的协助,才有更大机会获得成功。

六、本章小结

经过多年来的研究和实践,国际社会及各国政府都越来越意识到不能单靠医疗手段解决民众的健康问题,一方面提供人民可获取的医疗保健服务是必须的,另一方面各国也要努力改善人民的生活条件,通过提供诸如安全的食物食水、适足的住房以及良好的工作环境等生活条件改善人民的健康水平。对健康的理解,已不再限于身体有没有疾病,也要包括精神心理的健康以及和谐的社会关系。健康权与其他权利是互相依赖和不可分割的。有些评论认为,这种对健康的理解包涵太多东西,使得很多目标难以达到。然而,实际的经验却告诉我们,单靠提供医疗服务不是治本的方法,若人民的生活条件没有改善,对医疗服务的需求只会不断增加。因此我们特别需要加强关注健康与贫穷的关系问题。

全球化对全人类的健康有重大影响:频繁的人口及货物流动令疾病传播的风险大增;环境污染及温室效应等问题严重破坏着人类生存的环境;全球发展不平衡导致很多第三世界国家越来越贫困,民众的健康情况每况愈下,而昂贵的药物剥夺了无数人获得救治的权利;细菌和化学武威胁到人类的安全。在这种情况下,要有效保障民众的健康,必须依赖全球的共同合作,并且加强对影响他们的决策的参与,这样才可有效地解决对全人类健康的威胁。

---

① "福建1721名污染受害者诉榕屏化工厂环境污染侵权案",经济、社会及文化权利与诊所法律援助信息台,请登陆 http://jsw.cliniclaw.cn。

第十一章 受教育权

第 13 条

一、本公约缔约各国承认,人人有受教育的权利。它们同意,教育应鼓励人的个性和尊严的充分发展,加强对人权和基本自由的尊重,并应使所有的人能有效地参加自由社会,促进各民族之间和各种族、人种或宗教团体之间的了解、容忍和友谊,和促进联合国维护和平的各项活动。

二、本公约缔约各国认为,为了充分实现这一权利起见:

(甲)初等教育应属义务性质并一律免费;

(乙)各种形式的中等教育,包括中等技术和职业教育,应以一切适当方法,普遍设立,并对一切人开放,特别要逐渐做到免费;

(丙)高等教育应根据成绩,以一切适当方法,对一切人平等开放,特别要逐渐做到免费;

(丁)对那些未受到或未完成初等教育的人的基础教育,应尽可能加以鼓励或推进;

(戊)各级学校的制度,应积极加以发展;适当的奖学金制度,应予设置;教员的物质条件,应不断加以改善。

三、本公约缔约各国承担,尊重父母和(如适用时)法定监护人的下列自由:为他们的孩子选择非公立的但系符合于国家所可能规定或批准的最低教育标准的学校,并保证他们的孩子能按照他们自己的信仰接受宗教和道德教育。

四、本条的任何部分不得解释为干涉个人或团体设立及管理教育机构的自由,但以遵守本条第一款所述各项原则及此等机构实施的教育必须符合于国家所可能规定的最低标准为限。

第 14 条

本公约任何缔约国在参加本公约时尚未能在其宗主领土或其他在其管辖下的领土实施免费的、义务性的初等教育者,承担在两年之内制定和采取一个逐步实行的详细的行动计划,其中规定在合理的年限内实现一切人均得受免费的义务性教育的原则。

一、受教育权的内容

(一) 受教育权的发展

如同其他很多权利一样,接受教育成为一项人权也主要归功于近代西方启蒙思想家和资产阶级革命。早在18世纪,卢梭、狄德罗等法国启蒙思想家从天赋人权的角度就已将接受教育的权利作为自然权利的一部分。

从立法的角度来说,德国是实施义务教育最早的国家。1717年,普鲁士王国制定的《普鲁士义务教育法》就规定,"凡为父母者须送其4到12岁子女入学",然而最旗帜鲜明地将受教育权作为一种人权进行规定的国家却是法国。法国大革命后通过的《1791年宪法》即规定,国家"应行设立和组织为全体公民所共有的公共教育,一切人所必需的那部分教育应当是免费的",法国《1793年宪法》也确认接受教育是与平等、自由、安全一样不可剥夺的人权。19世纪社会主义思潮出现后,受教育权逐渐成为一项受到各国普遍接受的权利。1919年的《德国魏玛宪法》和1918年俄罗斯第一个《苏维埃宪法》及1936年《苏联宪法》都明确规定了受教育权。第二次世界大战后,受教育权成为国际人权公约的重要内容。

(二) 受教育权的权利要素

受教育权是指人人都享有接受教育的权利,它也是实现其他人权不可或缺的手段。从其内涵上说,受教育权包含以下内容:(1) 教育应鼓励人的个性和尊严的充分发展,加强对人权和基本自由的尊重,促进各民族之间和各种族、人种或宗教团体之间的了解、容忍和友谊。(2) 各种形式的各级教育都应确保教育的可提供性、可获取性、可接受性和可调适性。"可提供性"是指应在缔约国的管辖范围内设置足够多的能够运作的教育机构和方案;"可获取性"是指在缔约国管辖范围内,人人都应该能够利用教育机构和方案,不受任何歧视;"可接受性"是指教育的形式和实质内容,包括课程和教育方法,必须能得到学生的接受;"可调适性"是指教育必须灵活,能够针对变动中的社会和社区的需求而进行调适,使其符合各种社会和文化环境中的学生的需求。(3) 初等教育应属义务性质并一律免费;中等教育应普遍设立,并对一切人开放,特别要逐渐做到免费;高等教育应根据成绩,对一切人平等开放,并要逐渐做到免费。(4) 受基础教育的权利不受年龄或性别的限制。(5) 学校中实施的纪律措施不应有损个人的尊严,禁止对学生进行体罚和当众羞辱。(6) 父母和法定监护人可以为其孩子选择非公立的但符合国家所规定或批准的最低教育标准的学校,并保证其孩子能按照他们自己的信仰接受宗教和道德教育。(7) 个人或团体都有设立及管理教育机构的自由,但其所实施的教育必须符合教育的宗旨以及国家所可能规定的最低标准。(8) 为了确保受教育权的实现,学术自由和教育机构自治应得到尊重。(9) 个人享有受教育权不应受任何歧视。

(三) 缔约国的义务

根据经济、社会和文化权利委员会第3号"一般性意见",尽管《公约》有关于逐步落实权利的规定,并承认由于现有资源有限而出现的限制因素,但它也规定了缔约国必须立即履行的各种义务。(1) "逐步"落实受教育的权利,并不意味着缔约国的义务的重要内容就不存在了。逐步落实意味着缔约国负有一项明确、持续的义务,即必须采取尽可能迅速、切实有效的行动,争取充分执行第13条。(2) 在受教育权乃至在《公约》阐明的其他权利方面,不允许采取任何倒退措施。如缔约国确实采取了倒退措施,该国必须证明,这些措施是在极为仔细地考虑了所有替代办法之后采取的。(3) 受教育权和所有人权一样,使缔约国负有三个层面的义务,即尊重义务、保护义务和实现义务。而实现义务既包含便利义务,也包含提供的义务。尊重义务要求缔约国不得采取任何防碍或阻止受教育权的享受的措施;保护义务要求缔约国采取措施,防止第三方干扰受教育权的享受;实现义务要求缔约国采取积极措施,使个人和群体能够享受这项权利。在个人或群体由于无法控制的原因而无法利用可供利用的手段自行落实有关权利的情况下,缔约国有义务实现这项权利。(4) 缔约国必须确保各级教育系统的课程都着眼于第13条第1款规定的目标的实现,必须建立并维持一种有透明度的、切实有效的制度,以确保这种目标的实现。(5) 关于第13条第2款,一国必须尊重教育的可提供性,不关闭私立学校;保护教育的可获取性,确保第三方不会阻止女童入学;落实教育的可接受性,采取积极措施,确保教育在文化上满足少数民族和土著居民的需要,并使人人都接受高质量的教育;落实教育的可调适性,针对学生在不断变化的世界中的当前需要,设计课程,提供这些课程所需的资源;落实教育的可提供性,积极建立教育体系,包括建造校舍、提供教学大纲、提供教材、培训师资、向教师支付有吸引力的薪金等。(6) 缔约国在初等、中等、高等教育和基础教育方面的义务并不相同。从第13条第2款的措辞来看,缔约国必须优先实行义务性的免费初等教育。为人人提供初等教育这项义务,是各缔约国应当立即履行的义务。(7) 缔约国至少必须通过并执行一项国家教育战略,该战略应包含一些有助于密切监测进展的机制,如受教育权的指标和基准等等。(8) 根据第13条第2款,缔约国必须确保建立学校奖学金制度,以帮助经济有困难的学生。(9) 缔约国必须制定"最低教育标准",并确保所有依照第13条第3款和第4款建立的教育机构均须符合这些标准。缔约国没有为依照第13条第3款和第4款建立的机构提供资金的义务,但是,如果缔约国决定为私立教育机构提供捐助,此种捐助不得含有任何被禁止实行的差别待遇。(10)缔约国负有确保社区和家庭不依赖童工的义务。依据《公约》第2条第2款,缔约国必须消除阻碍女童、妇女及其他处于不利地位的群体接受教育的、基于性别或其他方面的成见。(11)缔约国有义务"单独采取步骤,或通过国际援助与合作尤其是经济和技术援助与合作采取步骤",以争取充分落实《公约》所确认的权利,包括受教育的权利。

(四) 最低核心义务

经济、社会和文化权利委员会第3号"一般性意见"确认,缔约国的"最低限度核心义务是至少确保《公约》阐明的各项权利的落实(包括'基础教育'的落实)达到最低限度的基本水平"。从第13条来看,这项核心义务的内容是:(1)保障在不受歧视的基础上进入公立教育机构学习的权利;(2)确保教育与第13条第1款规定的目标相一致;(3)依照第13条第2款第1项的规定,为人人提供初等教育;(4)通过并执行一项国家教育战略,该战略包括提供中等、高等教育和基础教育;(5)确保在不受国家或第三方干涉的前提下自由选择教育机构,但此类机构须符合"最低限度教育标准"。

(五) 违反《公约》的行为

对第13条的违反可能由于缔约国的直接行为(作为)而发生,也可能由于缔约国未能采取《公约》规定的步骤(不作为)而发生。违反第13条的情形包括(但不仅限于):(1)在教育领域执行或未能废除对个人或群体实行的歧视性待遇的立法;(2)未能采取措施处理教育领域存在的事实上的歧视问题;(3)课程安排与第13条第1款规定的教育目标不一致;(4)未能建立一项监督第13条第1款遵守情况的有透明度、切实有效的制度;(5)未能作为优先事项实行免费为所有人提供的义务初等教育;(6)未能采取"谨慎、具体、有针对性的措施",争取按照第13条第2款第2项到第4项的规定,逐步落实中等、高等教育和基础教育;(7)禁止开办私立教育机构;(8)未能确保私立教育机构达到第13条第3款和第4款规定的"最低教育标准";(9)剥夺教员和学生的学术自由;(10)违反第4条规定,在政治形势紧张时期关闭教育机构。

二、其他国际人权公约和文件中的受教育权

《经济、社会、文化权利国际公约》第13条和第14条有关受教育权的规定是国际人权法中对受教育权规定得最为广泛和全面的条文。但尽管如此,受教

育权也广泛规定于其他全球性或区域性的国际人权公约中。这些规定在很多方面与《经济、社会、文化权利国际公约》存在相似之处,但也在具体内容和规范方式上也存在某些重要的区别。

作为《经济、社会、文化权利国际公约》受教育权条款的基础,《世界人权宣言》第26条的规定与《经济、社会、文化权利国际公约》第13条非常相似。它规定:"(一)人人都有受教育的权利,教育应当免费,至少在初级和基本阶段应如此。初级教育应属义务性质。技术和职业教育应普遍设立。高等教育应根据成绩而对一切人平等开放。(二)教育的目的在于充分发展人的个性并加强对人权和基本自由的尊重。教育应促进各国、各种族或各宗教集团间的了解、容忍和友谊,并应促进联合国维护和平的各项活动。(三)父母对其子女所应受的教育的种类,有优先选择的权利。"1989年通过的《儿童权利公约》也是对受教育权作出比较详细规定的国际人权公约之一。该公约第28条和29条专门规定了儿童的受教育权。《儿童权利公约》有关受教育权条款的特色有两项:(1)第28条增加了诸如"使所有儿童均能得到教育和职业方面的资料和指导"、"采取措施鼓励学生按时出勤和降低辍学率"以及"缔约国应采取一切适当措施,确保学校执行纪律的方式符合儿童的人格尊严及本公约的规定"等内容;(2)第29条比《经济、社会、文化权利国际公约》更详尽地规定了教育儿童的目的(如"最充分地发展儿童的个性、才智和身心能力"、"培养对自然的尊重")。2006年通过的《残疾人权利公约》第24条则对残疾人受教育的权利作出非常具体的规定,这些规定绝大多数内容都是针对残疾人的特殊性而作出的。例如,该条规定确保残疾人受教育权的目的在于"最充分地发展残疾人的个性、才华和创造力以及智能和体能"、"使所有残疾人能切实参与一个自由的社会";国家有义务确保"残疾人不因残疾而被排拒于普通教育系统之外,残疾儿童不因残疾而被排拒于免费和义务初等教育或中等教育之外";有义务确保"为学习盲文,替代文字,辅助和替代性交流方式、手段和模式,定向和行动技能提供便利,并为残疾人之间的相互支持和指导提供便利";"为学习手语和宣传聋人的语言特性提供便利"并"确保以最适合个人情况的语文及交流方式和手段,在最有利于发展学习和社交能力的环境中,向盲、聋或聋盲人,特别是盲、聋或聋盲儿童提供教育"。此外,1960年通过的《联合国教科文组织取缔教育歧视公约》对各国应该予以禁止的各种教育歧视行为进行了非常详细的规定。

在区域性国际人权公约中,1988年通过的《美洲人权公约附加议定书》第14条和第15条对受教育权进行了规定。其规定的内容基本与《经济、社会、文化权利国际公约》第13条相类似,但该公约第14条也规定了个别后者没有规定的内容。例如,它规定"应为残疾人设立特别教育课程,以便对身体残疾者或弱智者提供特别指导和培训"。1981年通过的《非洲人权和民族权宪章》第17条也规定了受教育权的内容,然而,它的规定极为简单,它只是笼统地确认了"人人有受教育的权利"。在欧洲人权体制中,有关受教育权的规定也有一定的特殊性。有关受教育权的规定最早出现在 1952 年通过的《欧洲人权公约第一议定书》中,该议定书的第 2 条确认,"不得否定任何人的受教育权。国家在履行它所承担的有关教育和教学的职责时,应当尊重父母根据自己的宗教和哲学信念提供教育和教学的权利"。这个有关受教育权的规定虽然非常简单,但它却是作为一项公民和政治权利而规定在《欧洲人权公约第一议定书》中的,这一点使得它在一定程度上能够得到比较好的保障。与此形成鲜明对照的是,作为专门规定经济、社会和文化权利的公约,1961 年通过的《欧洲社会宪章》以及 1988 年通过的《附加议定书》完全忽视了受教育的权利,它们都没有规定一般性的受教育权条款。《欧洲社会宪章》仅在第 10 条规定了"享受职业培训的权利"。这一状况直到 1996 年《欧洲社会宪章》得到修订后才得到一定程度的改观。修订后的《欧洲社会宪章》第 17 条第 2 款增加了接受免费的初等和中等教育的权利,其目的是促进儿童和青年的个性、身体和精神能力的全面发展。另外,修订后的《欧洲社会宪章》第 19 条还规定了移民工人及其家属的语言教育问题。

三、国际案例

尽管国际社会为建立《经济、社会、文化权利国际公约》的个人申诉机制进行了不懈的努力[1],但迄今为止,这种努力还没有获得成功,因此目前并没有直接适用《经济、社会、文化权利国际公约》保障机制的国际案例。与《经济、社会、文化权利国际公约》不同,《欧洲社会宪章》已经建立了集体申诉机制。根据 1995 年欧洲理事会通过的《集体申诉议定书》,具备一定条件的"国际雇主和工会组织"、"其他国际非政府组织"、"有代表性的国内雇主和工会组织"和"有代表性的国内非政府组织"都可以向欧洲社会权利委员会提出申诉。这种集体申诉机制使得经济、社会和文化权利能够得到一定程度的准司法保障。在欧洲人权体制中,由于《欧洲人权公约第一议定书》也规定了受教育权的内容,因此受教育权在一定程度上也可以得到欧洲人权法院的司法保障。此外,在行使受教育权的过程中如果受到歧视,那么它一般也都可以通过适用公民和政治权利的保障机制(如《公民权利和政治权利国际公约》)而获得救济。

---

[1] 在 1993 年联合国世界人权会议通过的《维也纳宣言和行动纲领》中也明确提到,"世界人权会议鼓励人权委员会同经济、社会和文化权利委员会合作,继续审查《经济、社会、文化权利国际公约》任择议定书"。在联合国人权委员会以及国际人权学术界的支持下,经济、社会和文化权利委员会在 1996 年底草拟出了《任择议定书》的草案。

(一)"欧洲自闭症组织诉法国案"①

2002年7月27日,欧洲自闭症组织向欧洲社会权利委员会提出申诉,它声称,法国政府并没有根据修订后的《欧洲社会宪章》的要求采取足够的行动确保自闭症儿童和成年人像所有其他儿童一样有效地行使受教育权。在目前的情况下,法国患有自闭症的儿童和成年人未能、也不太可能有效地在主流的学校或者在特殊的教育和服务机构行使受教育权,无论从接受教育的自闭症患者的数量上看,还是从教育的适当的标准看,法国政府都没有有效地履行修订后的《欧洲社会宪章》规定的义务。欧洲自闭症组织据此认为,法国的状况违反了修订后的《宪章》的第15条第1款、第17条第1款以及第E条。对于欧洲自闭症组织的指控,法国政府在答辩中全部予以否认。

2003年11月4日,欧洲社会权利委员会对此案作出了裁决。欧洲社会权利委员会在多数意见中首先对修订后《欧洲社会宪章》的有关条款进行了解释和说明。委员会指出,修订后的《宪章》第17条在一个更宽泛的意义上提到了儿童和年轻人的教育权问题,这也体现了现代社会采取的融入主流的方法。委员会还指出,修订后的《宪章》加入了独立的第E条表明了制定者对于非歧视原则的重视;尽管第E条并没有明确将残疾视为是构成歧视的一个理由,但该条提到的"其他身份"就足以表明它将残疾包括在内。委员会引用欧洲人权法院的观点认为,平等原则意味着对于相同的人进行平等对待,而对于不同的人进行不同对待。据此,委员会认为第E条不仅仅禁止直接歧视,而且也禁止各种形式的间接歧视。这种间接歧视可以表现为未能对有关的不同差异积极进行适当的考虑,也可以表现为未能采取适当的步骤确保所有人都能真正享受到对所有人都开放的权利和集体利益。委员会最后进一步重申,《宪章》要求缔约国不仅采取法律行动,而且采取实际的行动以达到其中所确认之权利的实现。当实现某项权利特别复杂或者特别昂贵时,缔约国必须采取措施确保《宪章》所设立的目标能够在一个合理的时间内达到,能够取得可以测量的进步,并且达到了最大限度地使用所拥有之资源的程度。

根据上述解释,委员会指出,在有关自闭症儿童和成年人这个问题上,尽管人们对患病人数以及相应策略的争论由来已久,但法国在为自闭症患者提供教育方面确实并未取得足够的进步。它指出,法国政府提交的大多数文件都仍然采用了一种比世界卫生组织更为严格的自闭症定义,并且仍然缺乏可以合理地衡量进步的足够正式统计数据。委员会认为法国那些专门从事残疾儿童教育和

---

① 欧洲社会权利委员会第13/2002号申诉(Autism-Europe v. France, ECSR Complaint No. 13/2002)。

照顾的机构与普通的学校并不是来自同一个预算,尽管这个事实本身并不等于就构成歧视,然而,正像法国当局自身也承认的那样,不管采用广义还是狭义的定义,自闭症孩子在普通或特殊学校受教育的比例都要比其他儿童受教育(无论残疾与否)的比例要低得多;不仅如此,法国长期以来都缺乏照顾和支持自闭症成年人的设施。基于上述原因,委员会最后以 11 比 2 裁定,法国的状况违反了修订后的《宪章》第 15 条第 1 款和 17 条第 1 款以及第 E 条。

本案是欧洲社会权利委员会自引入集体申诉机制以来,首次专门处理的有关残疾人权利的问题。1996 年修订的《欧洲社会宪章》第 15 条第 1 款规定缔约国要"采取适当措施,在可能的情况下通过通常的体制为残疾人提供指导、教育和职业培训,如果通常体制行不通,则通过公共或私人的专门机构进行提供。"此外,修订后的《宪章》特别增加了第 E 条这一"非歧视"条款。本案主要涉及的就是修订后《宪章》的这两个条款。

在本案中,欧洲社会权利委员会的贡献主要体现在两个方面:第一,明确解释了修订后《欧洲社会宪章》第 E 条的含义。根据委员会的观点,第 E 条虽然没有明确禁止基于残疾的歧视,但该条规定的有关"其他地位"显然包括残疾这个因素;此外,委员会还明确指出,第 E 条不仅禁止通常意义上的直接歧视,而且还禁止间接歧视,这意味着国家在保障平等权利时,必须考虑到某些群体的特殊差异,并且为弥补因这些差异而导致的困难采取特别保护措施,从而为保障残疾人等事实上处于弱势地位的群体权利的真正实现打开了方便之门。第二,委员会明确提出了判断缔约国是否履行了实现层次的义务的标准。对于实现起来比较昂贵的权利,《经济、社会、文化权利国际公约》允许国家可以"逐渐实现",但如何来衡量国家已经尽了义务却是一个比较困难的问题。欧洲权利委员会对这个问题回答是:缔约国必须采取措施确保《宪章》所设立的目标"能够在一个合理的时间内达到,能够取得可以测量的进步,并且达到了最大限度使用了所拥有之资源的程度"。在本案中,委员会主要依据一些申诉者和法国政府都承认的某些事实判定法国在保护自闭症患者的教育权利方面并没有取得显著的可以测量的进步,因而违反了修订后的《宪章》第 15 条第 1 款和 17 条第 1 款以及第 E 条所设定的国家在保护自闭症儿童和成年人教育权方面所负有的积极义务。

(二)"提米舍夫诉俄罗斯案"[①]

提米舍夫原为俄罗斯车臣共和国居民,由于 1994 年的车臣战争,他在格罗兹尼的财产被销毁殆尽。1996 年,他作为被迫移居者迁到了属于俄罗斯联邦的纳契卡镇居住。从 1998 年 9 月到 2000 年 5 月,他 9 岁的儿子和 7 岁的女儿都

---

① 欧洲人权法院第 55762/00 号案件(Timishev v. Russia, ECHR Application No. 55762/00)。

在纳契卡镇的第八学校上学。1999年12月24日,提米舍夫在车臣的财产损失得到了政府的赔偿,但为了获得赔偿,他被迫按照政府的要求上交能证明其作为车臣被迫移居者的身份并有资格在纳契卡镇居住的移民卡。2000年9月1日,他的儿子和女儿又去同一所学校上学时遭到学校拒绝,学校的理由是他不能出示移民卡。经过交涉,该校校长最后同意先非正式地接收其孩子入学,但声明一旦教育部门知道这个事情,其孩子的入学资格就会被立即终止。提米舍夫向纳契卡镇教育部门提出的申诉被拒,到各级法院的起诉也被陆续驳回。2000年2月25日和3月9日,提米舍夫两次就俄罗斯违反《欧洲人权公约》的有关条款问题向欧洲人权法院提出了申诉。

2005年12月13日,欧洲人权法院对此案作出了判决。对于本案所涉及的《欧洲人权公约第一议定书》第2条规定的受教育权问题,欧洲人权法院首先重申了它在其他案例中所阐述过的观点:根据《第一议定书》第2条,缔约国应确保任何处于其管辖范围的人有权进入现有教育机构进行学习并通过正式承认其已完成的教育经历确保其有机会从所受的教育中获益。欧洲人权法院指出,《第一议定书》第2条禁止否定受教育的权利,这个条款没有阐明例外,它的用语和结构("任何人都不得……")很像《欧洲人权公约》的第2条、第3条、第4条第1款和第7条,它与这些条款一样都维护组成欧洲理事会的民主社会中最基本的价值。在一个民主社会中,对促进人权必不可少的受教育权充当着如此根本的角色,以至于对《第一议定书》第2款的任何限制性解释都很难符合该条文的目的和宗旨。类似的条款也可见于其他国际人权文件。毫无疑问,受教育权要确保儿童能够得到对于其发展至关重要的初级教育。

欧洲人权法院指出,它注意到申诉者的孩子被拒绝进入他们已经学习过两年的学校进行学习,申诉者提出的孩子被拒入学的真正原因是,申请者将其移民卡上交,因而丧失了将其登记成为纳契卡镇居民的资格,俄罗斯政府对此并没有提出异议。法院接着指出,《欧洲人权公约》及其《第一议定书》不能容忍对受教育权的否认,俄罗斯政府也证实俄罗斯法律并不允许儿童行使这项权利必须以其父亲的居住登记为前提条件,这说明申请者国内法规定的受教育权也受到了否认,因此,申请者的孩子被拒入学是与《第一议定书》第2条的要求不相符的。欧洲人权法院由此判决,俄罗斯政府违反了《欧洲人权公约第一议定书》第2条。

《经济、社会、文化权利国际公约》第13条和第14条有关受教育权的条款对于实现接受初等教育的权利格外重视。第13条第1款明确要求"初等教育应属义务性质并一律免费",这个规定原则上赋予了缔约国即刻实现免费的义务教育的义务。在《经济、社会、文化权利国际公约》中,对这种资源要求性高,并且属于实现义务层次(即国家负有提供的义务)的权利,赋予缔约国即刻实现的义务还是很少见的。第 14 条对于加入该《公约》时未能实现这项权利的缔约国又赋予了需要立即采取行动的行为义务:"本公约任何缔约国在参加本公约时尚未能在其宗主领土或其他在其管辖下的领土实施免费的、义务性的初等教育者,承担在两年之内制定和采取一个逐步实行的详细的行动计划,其中规定在合理的年限内实现一切人均得受免费的义务性教育的原则。"经济、社会和文化权利委员会在第 13 号"一般性意见"中,也明确声明,"为人人提供初等教育这项义务,是各缔约国应当立即履行的义务",并且还指出,"缔约国在初等、中等、高等教育和基础教育方面的义务并不相同。从第 13 条第 2 款的措词看,缔约国必须优先实行义务性的免费的初等教育"。由此可见,《经济、社会、文化权利国际公约》中,享受免费的义务教育是受教育权最为核心也是受到最大保障的一项权利内容。

《欧洲人权公约第一议定书》第 2 条对受教育权的内容规定得非常简单。尽管对于该条是否包含高等教育的内容曾经产生一些争议,但对于它包含初等教育这一点,很少有人表示怀疑。在欧洲人权法院以前的判例(如上述"萨辛诉土耳其案")中,它也曾经明确指出,第 2 条的第一句话最重要的内容就是确立了接受初等和中等教育的权利。由于受初等教育的至关重要性,欧洲人权法院对于对此权利的任何限制都采取了非常严格的态度。在本案中,欧洲人权法院直接认定,纳契卡镇的学校拒绝接受申诉者的孩子入学的行为直接构成对受教育权的"否认",而不是一般的"限制",并强调《欧洲人权公约第一议定书》第 2 条规定的规定并没有阐明例外。据此,欧洲人权法院判决,俄罗斯政府违反了《欧洲人权公约第一议定书》第 2 条。这种严格的认定方式实际上使得任何以父母的身份问题而拒绝儿童接受初等教育的做法都成为不可接受的。

四、中国的政策与案例

(一) 中国的教育法律和政策

受教育权是中国公民享有的一项宪法基本权利和义务。《宪法》第 46 条声明,"中华人民共和国公民有受教育的权利和义务"。《教育法》第 9 条也规定,"中华人民共和国公民有受教育的权利和义务。公民不分民族、种族、性别、职业、财产状况、宗教信仰等,依法享有平等的受教育机会"。《义务教育法》、《职业教育法》、《高等教育法》、《教师法》、《未成年人保护法》、《妇女权益保障法》以及《义务教育法实施细则》、《残疾人保障法》、《禁止使用童工规定》等法律法规也为公民的受教育权提供了全面的法律保障。

如果从历史的角度看,中国在保障公民的受教育权方面已经取得了巨大进步,这是一个有目共睹也是完全不可否认的事实。但从《经济、社会、文化权利国际公约》的角度来说,在保障受教育权方面已经取得的成就并不是它关注的重点,它关注的是缔约国在哪些方面与公约的要求还有差距,缔约国在哪些方面的努力还没有满足公约的要求。

2003年9月,应中国政府的邀请,联合国受教育权特别报告员卡特琳娜·托马舍夫斯基女士(Katarina Tomasevski)考察了中国的教育状况。她对中国受教育权政策提出了很多意见。卡特琳娜·托马舍夫斯基的意见主要有以下几点:(1)中国每年的教育经费投入占其GDP比例比较低,她认为只占2%,政府只承担了学校开支的53%,其余的费用则由学生负担;中国的义务教育并没有实现真正的免费。(2)中国进城打工的农民工子女在城里接受教育非常困难,他们经常不得不付出巨额"赞助费"才能进入城里的学校学习,这与国际人权法的规定不符。(3)中国不允许学校进行宗教教育,从而使父母按照自己的信仰让孩子接受宗教和道德教育的自由得不到尊重。

尽管人们对联合国特别报告员有关中国教育经费占GDP比例的数据并不一定准确,但不容否认的是,教育投入不足确实是一直困扰我国教育的一个问题,义务教育投入不足的状况更是如此。多年来,我国一直未能实现将教育经费达到GDP4%的目标,离联合国建议的6%的目标更是相去甚远。在投入不足的情况下,我国的九年制义务教育也一直未能实现真正的免费。1986年的《义务教育法》第10条规定,"国家对接受义务教育的学生免收学费",但是1992年的《义务教育法实施细则》第17条又规定,"实施义务教育的学校可收取杂费",这类规定实际上为义务教育收费打开了方便之门。直到2006年修订后的《义务教育法》第2条才明确规定,"实施义务教育,不收学费、杂费。国家建立义务教育经费保障机制,保证义务教育制度实施"。但具体政策的制定和实施才刚刚开始。

全面的免费义务教育首先是从农村开始的。2005年12月24日,国务院发布了《国务院关于深化农村义务教育经费保障机制改革的通知》(国发〔2005〕43号),其中规定:"全部免除农村义务教育阶段学生学杂费,对贫困家庭学生免费提供教科书并补助寄宿生生活费";"2006年,西部地区农村义务教育阶段中小学生全部免除学杂费"。"2007年,中部地区和东部地区农村义务教育阶段中小学生全部免除学杂费"。这个"两免一补"政策第一次在财政上使得农村学生享有免费的义务教育真正成为现实。2007年年底,国务院又决定从2008年春季学期起免除城市义务教育学杂费。经过这么多年的努力,免费义务教育终于真正有望得到全面实现。

国家对农民工子女教育的态度和政策也存在一个不断发展变化的过程。在1998年前,国家对农民工子女在城市接受义务教育主要采取了限制的政策。

1998年3月,国家教委和公安部联合正式颁布了《流动儿童少年就学暂行办法》,该《办法》允许户口所在地无监护条件的农民工子女在流入地入学,但流动儿童入学以在公立学校借读为主,并且公立学校可以收取借读费;《办法》也允许企事业组织、社会团体、社会组织、公民个人办流动儿童学校或简易学校。该政策虽然承认了流动人口子女可以在城市就读,但实际上仍然受到很大的限制,因为在城市学校上学只能是在"有条件的地方""借读",而且要缴纳一定的"借读费"。2003年1月15日,国务院办公厅印发了《关于做好农民进城务工就业管理和服务工作的通知》,《通知》要求"流入地政府应采取多种形式,接受农民工子女在当地的全日制公办中小学入学,在入学条件等方面与当地学生一视同仁,不得违反国家规定乱收费,对家庭经济困难的学生要酌情减免费用"。同时,该《通知》对农民工子女简易学校采取了更为积极的政策,它指出"简易学校的办学标准和审批办法可适当放宽,但应消除卫生、安全等隐患,教师要取得相应任职资格。教育部门对简易学校要在师资力量、教学等方面给予积极指导,帮助完善办学条件,逐步规范办学,不得采取简单的关停办法,造成农民工子女失学"。同年,国务院办公厅又转发了教育部等六部门《关于进一步做好进城务工就业农民子女义务教育工作的意见》,它要求流入地政府负责进城务工就业农民子女接受义务教育工作,以全日制公办中小学为主。地方各级政府特别是教育行政部门和全日制公办中小学要建立完善保障进城务工就业农民子女接受义务教育的工作制度和机制。它还要求在缴费方面,流入地政府要制订进城务工就业农民子女接受义务教育的收费标准,减免有关费用,做到收费与当地学生一视同仁。在评优奖励、入队入团、课外活动等方面,学校要做到进城务工就业农民子女与城市学生一视同仁。该规定实际上不再认可收取借读费的合法性。2006年3月28日发布的《国务院关于解决农民工问题的若干意见》,又进一步重申"城市公办学校对农民工子女接受义务教育,要与当地学生在收费、管理等方面同等对待,不得违反国家规定向其加收借读费及其他任何费用"。尽管在政策的落实过程中,有关农民工子女受教育权的保障还存在不少问题,但是随着义务教育开始真正走向免费,解决这方面问题的障碍将越来越少。

对于联合国特别报告员提到的儿童的宗教教育问题,问题可能要更为复杂一些。我国《教育法》第8条规定,"教育活动必须符合国家和社会公共利益。国家实行教育与宗教相分离。任何组织和个人不得利用宗教进行妨碍国家教育制度的活动"。"教育与宗教相分离"是我国在教育领域一直奉行的基本原则,认为这是社会主义传统意识形态的体现。这就意味着国家一般不允许为义务教育阶段的学生设立专门的宗教学校,也不允许学校对处于公共教育阶段的学生进行宗教教育。这种制度确实与国际人权法的有关规定可能存在不协调之处,但由于在我国这种观念根深蒂固,因此很难在短时间内得以改变。与此类似的问题还有有关少年儿童的勤工俭学问题,中国的教育政策在一定程度上鼓励学生进行勤工俭学①,认为"教育与生产劳动相结合"是社会主义劳动观念的重要体现。然而,经济、社会和文化权利委员会却认为,这可能导致与国际人权法不相容的童工问题,因此它敦促中国考虑将勤工俭学从学校教育大纲中删除。当然,除了联合国特别报告员提到的某些现象外,我国的教育政策和实践在其他方面也还可能与《经济、社会、文化权利国际公约》存在不一致的地方,对于其中的有些问题,可能还存在不少争议,这些都是需要逐步予以解决或需要进行进一步探讨的问题。

(二) 有关受教育权的国内案例

中国的教育政策非常广泛,但有关受教育权的案例并不是很多。下面的几个案例大部分都是与受教育权有关的公益诉讼案件,虽然大部分案件都没有进入实质的司法程序,但这些案例对于我们理解受教育权的内容以及分析我国教育政策中的某些问题可能会有所帮助。对于其中涉及的法律问题,我们可以结合《经济、社会、文化权利国际公约》的规定、经济、社会和文化权利委员会的"一般性意见"以及中国的法律进行分析。

(1) 2001年8月,山东青岛三名考生姜妍、栾倩和张天珠向最高人民法院起诉教育部。他们声称教育部2001年作出的全国普通高校高等教育招生计划的行政行为侵犯了他们的平等受教育权,因为该计划对不同的省份限定不同的招生人数,这种限定使得不同省份的考生之间录取分数标准线差异巨大。

该案提出的问题是,我国教育部规定的不同省份确定不同录取分数线的教育政策是一种合理的区别对待还是构成歧视?《公约》规定,"高等教育应根据成绩,以一切适当方法,对一切人平等开放"。很显然,《公约》的原则要求是高等教育录取的标准应是成绩,并且应该对所有人一律平等。而教育部的政策意味着同一个高校对于来自不同省份的学生可按照不同的成绩标准录取,这对于那些来自规定录取分数线比较高的省份的学生来说,显然是不公平的。这种仅仅以生源省份为理由的区别对待政策缺乏足够的理由,它是计划经济体制在教育领域的一种延续,应该予以改革。当然,国家在某些情况下基于历史的原因对某些特殊群体(如属于少数民族)实行一定的倾斜性政策是可行的,这种"补偿行动"(affirmative action)能得到国际社会的普遍接受。

(2) 北京师陶小学是2002年9月创办的专门招收外来农民工子女的民工子弟学校,但该校未获教育部门批准。2003年3月3日,丰台区教委以不符合

---

① 例如,参见邹峥:《我国将大力推行农村中小学勤工俭学工作》,2005年5月26日新华网,请参见 http://www.xinhuanet.com/chinanews/2005-05/27/content_4315977.htm。

办学条件为由关闭了师陶小学。学校的创办人易本耀向北京市丰台区教委提出设立申请却未获答复,2004年3月,易本耀以行政不作为为由状告北京市丰台区教委,要求其批准该学校。

该案提出的问题是,在外来民工子女在城市上学非常困难的情况下,国家关闭不合规定的民办学校在多大程度上是合理的?国家对此具有什么样的责任?《公约》第13条既保障个人或团体设立及管理教育机构的自由,同时也允许国家对此等机构实施的教育规定最低标准。从这个意义上说,本案丰台区教委以不符合办学条件为由关闭师陶小学是有法律上正当依据的。然而,对于这个案件,我们还必须从"初等教育应属义务性质并一律免费"的国家义务层面来理解。因为当时能够保障北京外来农民工子女与城市户籍孩子一样受平等义务教育的学校严重不足,在这种情况下,单纯关闭学校并不能有效解决外来农民工子女的义务教育问题。如果要关闭此类不符合法律条件的民办学校,政府同时就必须切实解决在这些学校就学的学生的平等义务教育问题。当然,这个问题现在已经得到了很大改观,北京外来农民工子女的平等受义务教育问题现在也已经基本得到解决。

(3) 2005年6月,北京6岁的邹应来状告北京市教育委员会违法要求义务受教育人履行学费给付义务。原告声称,其于2005年6月11日年满6周岁的当日到被告人下辖的北京市朝阳区石佛营小学报名入学,本为履行《中华人民共和国义务教育法》强制要求的公民受教育义务,却只有在被迫按被告人要求给付了人民币现金980元才最终注册了学籍。原告的监护人认为,收费行为违反《中华人民共和国义务教育法》的规定,故诉请法院撤销市教委收取费用的行政行为,并在其管辖区域内实行义务教育免费制度。

该案提出的问题是,我国的义务教育在很长一段时间内并没有真正实现免费,这里国家应该承担什么样的责任?《公约》对于义务教育应该免费的规定是非常明确的,但我国在这方面却经历了一定的发展过程。1986年的《义务教育法》第10条规定,"国家对接受义务教育的学生免收学费",但1992年的《义务教育法实施细则》第17条却规定,"实施义务教育的学校可收取杂费",这就使得长期以来我国的义务教育并没有完全做到"一律免费"。这种状况主要是国家对于教育投入不足引起的。从2005年开始,国家对于义务教育经费保障机制进行了改革。2006年修订后的《义务教育法》第2条也已经明确规定,"实施义务教育,不收学费、杂费"。应该说,现在我国义务教育的"一律免费"问题已经基本得到解决。

(4) 2005年12月24日,国务院发布了《国务院关于深化农村义务教育经费保障机制改革的通知》(国发[2005]43号),该文件规定:全部免除农村义务教育阶段学生学杂费,对贫困家庭学生免费提供教科书并补助寄宿生生活费。

2007年春季学期,河北省南和县所有就读于公立学校的农村义务教育阶段学生均享受到了"两免一补"待遇。然而,在同地域众多民办学校中就读的农村义务教育阶段学生却没能享受到相同待遇。2007年4月28日,河北省南和县银桥中学学生小箐(化名)向北京市第一中级人民法院递交了行政起诉状,状告教育部、财政部、河北省教育厅、河北省财政厅、邢台市教育局、邢台市财政局、南和县教育局、南和县财政局行政侵权。她认为,被告在法定期限内未对包括原告在内的民办学校中农村义务教育阶段学生履行支付免学杂费补助资金的义务,侵犯了原告的权利,同时也是对包括原告在内的所有在民办学校就读的农村义务教育阶段学生的歧视,违反了宪法规定的平等保护原则。

该案提出的问题是,国家对在民办学校上学的义务教育阶段学生是否负有保障其受免费义务教育的义务?国家有关部门对公立学校和私立学校的义务教育阶段学生采取不同的政策是一种合理的区别对待还是构成歧视?《公约》对于该问题没有直接规定,但根据经济、社会和文化权利委员会的解释,缔约国并没有为私立学校提供资金的义务,"如缔约国决定为私立教育机构提供捐助,此种捐助不得含有任何被禁止实行的差别待遇"。① 这就是说,国家具有提供免费的义务教育的义务并不意味着它也有义务建立或资助私立学校(包括提供义务教育的私立学校);国家可以为私立学校提供资助,但如果国家为私立学校提供资助,这种资助就不得具有歧视性。《公民权利与政治权利国家公约》条约机构——人权事务委员会在有关案例中也持类似的观点。在"林德格林等诉瑞典案"以及"赫约德等诉瑞典案"②中,人权事务委员会指出,"瑞典孩子的父母可以自由为其孩子选择公立学校或者私立学校。申诉者选择私立学校的决定并非是国家或者有关地方政府强迫的结果……这种自由的决定必然意味着会带来某些后果,如支付学费、交通费、课本费和餐费"。委员会指出,在父母自由决定不去利用对所有人都开放的福利的情况下,不能认为缔约国构成对这些父母的歧视,因此缔约国未给上私立学校孩子的父母提供与上公立学校的孩子的父母同等的福利并没有违反第26条关于平等保护的条款。由此可见,《公约》及其他人权公约总体并不支持本案原告提出的观点。

2006年修订后的《义务教育法》第4条规定:"凡具有中华人民共和国国籍的适龄儿童、少年,不分性别、民族、种族、家庭财产状况、宗教信仰等,依法享有平等接受义务教育的权利,并履行接受义务教育的义务。"但这一条并没有对民办学校与公办学校义务教育阶段学生的平等待遇问题作出明确规定。该法第

---

① 《各人权条约机构通过的一般性意见和一般性建议汇编》,HRI/GEN/1/REV.8,8 May,2006(Chinese),第80页,第54段。

② Lindgren et al. v. Sweden,; Hjord et al. v. Seden, Human Rights Committee, Communications Nos. 298/1988 and 299/1988.

62条规定:"社会组织或者个人依法举办的民办学校实施义务教育的,依照民办教育促进法有关规定执行;民办教育促进法未作规定的,适用本法。"但2002年《民办学校促进法》第49条却只是规定,"人民政府委托民办学校承担义务教育任务,应当按照委托协议拨付相应的教育经费",这个规定意味着只有在国家委托民办学校承担义务教育任务的情况下,才有义务拨付相应的教育经费。

当然,决定本案原告观点是否合理存在的一个关键问题是,孩子的父母是否可以自由为其孩子选择公立学校或者私立学校?如果不能自由选择,那么国家的做法就可能是不正确的。本案的一个基本背景是,当地之所以会有诸多民办义务教育阶段学校,原因在于自20世纪90年代以来地方政府曾大量鼓励成立此类学校,以弥补公立学校之不足;很多学生之所以到这些民办的农村义务教育学校上学,就是因为政府没有能力提供足够的公立义务教育学校。这一点,即便在实现"两免一补"政策之后也并没有得到完全改观。此外,这些学生在决定到这些民办学校上学之时,国家还没有对公立的义务教育学校提供"两免一补"的待遇,这就意味着并不存在"自由决定"放弃国家福利的问题。在国家对公立义务教育学校学生提供"两免一补"待遇后,或许人们可以争辩说,现在在民办义务教育学校上学的学生及其家长可以"自由决定"是否上公立学校了。这一点尽管没错,但这对于原来在民办学校上学多年的学生来说意味着要"转学",考虑到转学很可能会对这些学生产生不利影响,并且可能还要付出走更远的路和上更拥挤的学校的代价,这对于他们来说是不太公平的。这是本案原告起诉的合理之处。

(5)小阳为I型糖尿病患者,必须每天进行胰岛素注射治疗。2007年通过高考考取了山东中医药大学,由于害怕自己患病遭受歧视,所以在填写高考等级审查表有无疾病史一栏时,他选择了隐瞒。新生入学后,小阳经历的严格的军训,正式被编入该校营销专业本科班学习。然而,学校通过一次偶然的机会发现小阳患病的事实后,做出了取消其2007年新生入学资格的决定。学校的决定称,小阳在入学体检复查中,因患有I型糖尿病,不符合高等学校体检要求,予以取消入校资格。教育部《高等学校招生体检工作指导意见》第1条规定,患有"严重的血液、内分泌及代谢系统疾病、风湿性疾病"的,学校可以不予录取。小阳于是向法院提起了诉讼。

该案提出的问题是,国家有关部门是否可以以健康为由剥夺或者限制公民的受教育权?《公约》规定:"高等教育应根据成绩,以一切适当方法,对一切人平等开放。"以疾病为由拒绝公民入学显然是对疾病患者的一种歧视。我国高考制度一直保留了根据体检结果决定是否录取的制度。很多公民仅仅因为患某类疾病而丧失了受高等教育的权利。2003年教育部颁布了《普通高等学校招生体检工作指导意见》,对高考入学体检标准做了一些放宽性规定,并称"除患有传染性疾病、精神性疾病、血液病、心脏病、高血压等无法完成学业的疾病及学习不能自理的考生,高等学校可以不予录取外,对患有其他疾病的考生,只要不影响专业学习和其他学生,录取时一般应不受限制"。这应该说是很大的进步,但修正后的《普通高等学校招生体检标准》仍然保留了很多患者不能入学的疾病。本案原告患有的 I 型糖尿病就属于该标准规定的不符合入学身体条件的"内分泌系统疾病"。以患疾病为由剥夺公民享受宪法规定受教育权,从人权的角度是站不住脚的。如果说在计划经济年代为了保障国家教育资源的使用效率而采取这种政策还有一定合理性的话,那么在大众化高等教育时代,这种规定已经完全丧失了正当性。当然,患病者受教育时可能遇到很多问题,但对这些问题应该通过其他方式予以解决,而不能通过简单剥夺其受教育权资格的方式解决。例如,如果确实可能因为患病无法完成学业者,学校可以不予以毕业;如果患有传染病者,国家可以要求其进行强制治疗。

(三)经济、社会和文化权利委员会对中国初次报告中受教育权保障状况的评价

经济、社会和文化权利委员会在对中国就有关实施《经济、社会、文化权利国际公约》状况提交的首次报告所发布的"结论性意见"中,对我国的受教育权保障状况提出了如下一些意见和建议:

1. 委员会欢迎《2020 年中国教育发展纲要》的颁布,作为改革和发展缔约国的教育领域的战略计划。

2. 委员会关切的是,缔约国在提供全面的免费义务初等教育方面,特别在是向农村社区、少数民族地区、贫困家庭以及国内外来人口提供免费义务初等教育方面,持续性地存在不规范现象。委员会也对某些农村地区初中生的高失学率表示关切。

3. 委员会关切地注意到,有报道称缔约国存在对少数民族的歧视,尤其是在就业、充分的生活水平、医疗、教育以及文化方面。对此,委员会感到遗憾的是,缔约国没有就有关少数民族地区的人口享受《公约》规定的经济、社会和文化权利的情况提供充分的信息。委员会关切地注意到,有来自于缔约国之外的与行使作为一种参加文化生活权的宗教自由权相关的报道,以及与使用和教授少数民族语言、历史和文化有关的报道,以及有关少数民族地区的报道。

4. 委员会深表关切地注意到,对于在学术研究中获取信息、国内外出版物以及因特网的限制。

5. 委员会敦促缔约国优先加强措施,有效地执行禁止非法雇佣童工的立法。委员会也敦促缔约国采取一切努力,包括采取预防性措施,确保被雇佣的儿童不在对其有害的条件下工作。委员会进一步鼓励缔约国考虑将勤工俭学从学校教育大纲中删除。

6. 根据与受教育权有关的第 11 条和第 13 条一般性评论,委员会呼吁缔约国采取有效措施确保包括外来儿童和少数民族儿童在内的所有儿童都能够接受免费义务初等教育。委员会也呼吁缔约国对现行的教育经费政策进行有效改革,划拨充分资金以支持在国家级、省级和地方级向所有儿童提供免费九年义务教育;取消所有与学校有关的收费以确保义务初等教育对于每个儿童来说真正是免费的。委员会进而敦促缔约国在总体上增加教育公共开支,采取特别的、有针对性的措施以便在全国逐步实现弱势群体的受教育权。

五、本章小结

如同大部分经济、社会和文化权利一样,受教育权也是一项包含众多权利要素的综合性权利,只不过与其他经济、社会和文化权利相比,受教育权的综合性特征要更加明显。它既包含国家应提供免费的义务教育这种典型的经济、社会和文化权利特征,也包含受教育自由、父母为孩子的择校自由、设立及管理教育机构的自由、学术自由等众多公民权利和政治权利的要素;如果从权利代际理论出发,它既属于强调以自由为核心的第一代人权,也属于强调以平等为核心的第二代人权,甚至它还属于以"集体权利"为特征的第三代人权,在人权的体系中,受教育权可能是唯一包含了三代人权特征的权利[①];此外,受教育权所包含的义务教育本身既是一项个人的权利,同时也是个人应履行的一项义务。

在受教育权与其他人权的关系上,它也典型地体现了《维也纳宣言和行动纲领》所声明的"一切人权均为普遍、不可分割、相互依存、相互联系"这个特点。受教育权所要保障的教育可以说是实现其他人权的一个前提性条件。无论是享受表达自由、集会和结社自由、选举权还是实现工作权、参加文化生活的权利都离不开最低限度的教育;在很多情况下,受教育的程度会直接影响到其他人权实现的程度和质量。《经济、社会、文化权利国际公约》规定,"教育应鼓励人的个性和尊严的充分发展,加强对人权和基本自由的尊重,并应使所有的人能有效地参加自由社会,促进各民族之间和各种族、人种或宗教团体之间的了解、容忍和友谊,和促进联合国维护和平的各项活动",这说明,不仅教育的目的在于促进人权,而且它也是促进人权的一个重要手段。因此可以说,受教育权的保障对于所有其他人权的实现都具有重要的意义。

《经济、社会、文化权利国际公约》规定的受教育权既赋予了缔约国许多需

---

① Manfred Nowak, "The Right to Education", in Asbjørn Eide, Catarina Krause & Allan Rosas (eds.), *Economic, Social and Cultural Rights: A Textbook*. Hague: Kluwer Law International, 2001. p.252.

要即刻予以实现的义务,也赋予了缔约国某些可以逐步实现的义务。从理论上说,受教育权中所包含的所有自由权要素的内容(包括非歧视原则)都赋予了缔约国即刻实现的义务;对于受教育权而言,即便是对资源具有很高要求的免费义务教育,原则上它也是缔约国的一项即刻义务。对那些缔约国可以逐步实现的权利内容(如免费的中等教育和高等教育),缔约国也负有立即采取行动的即刻义务。对于这些应予即可实现的权利内容,司法救济尽管并不是受教育权实现的唯一方式,但却是一种非常理想的实现方式。除了司法的方法,使用指标的方法也是一种监督缔约国履行《公约》义务的有效方式,它对于监督缔约国履行《公约》所赋予的逐渐实现的义务尤其显得非常有意义。在受教育权指标中,识字率,初等、中等和高等教育入学率、毕业率和辍学率,小学师生比,享受免费教育学生的比率,受到国家资助的贫困学生比率,公共教育支出占国民生产总值或教育总支出的比率都是一些比较有效的指标。总之,对于国家履行《公约》义务的状况,只有通过法律手段和非法律手段相结合的方式,才能得到有效的监督。

第十二章 文 化 权

第 15 条

（一）本公约缔约各国承认人人有权：

参加文化生活；

享受科学进步及其应用所产生的利益；

对其本人的任何科学、文学或艺术作品所产生的精神上和物质上的利益享受受保护之权利。

（二）本公约缔约各国为充分实现这一权利而采取的步骤应包括为保存、发展和传播科学和文化所必需的步骤。

（三）本公约缔约各国承担尊重进行科学研究和创造性活动所不可缺少的自由。

（四）本公约缔约各国承认鼓励和发展科学与文化方面的国际接触和合作的好处。

一、文化权的内容

（一）概念

《经济、社会、文化权利国际公约》中的"文化权"，是指人们参加文化生活、享受科学进步及其应用所产生的利益以及对其本人的任何科学、文学或艺术作品所产生的精神上和物质上的利益享受受到保护的权利。

1948 年的《世界人权宣言》第 27 条就提到文化权，该条在 1966 年的《经济、社会、文化权利国际公约》中得以进一步扩展。《世界人权宣言》和《经济、社会、文化权利国际公约》都采纳了个人主义的视角，将文化权视为个人的权利。民族、语言或者宗教上的少数者以群体为单位所主张的文化权，根据《公约》起草过程中各国代表的讨论意见，并不属于《经济、社会、文化权利国际公约》第 15

条关注的范围。① 因此,本文讨论的主要是作为个人人权的文化权。

(二) 文化权的要素

《经济、社会、文化权利国际公约》第 15 条规定的文化权,包含四个方面的内容:(1) 人人有权参加文化生活;(2) 人人有权享受科学进步及其应用所产生的利益;(3) 人人对其本人的任何科学、文学或艺术作品所产生的精神上和物质上的利益享受受保护之权利;(4) 进行科学研究和创造性活动所不可缺少的自由应当受到尊重。

由于"文化"是一个复杂的概念,文化权的具体内容也因之难以明确。联合国教科文组织一直致力于为文化权开列一个清单,但是此项工作异常艰巨。最为显著的问题是如何区分文化权和与文化有关的权利。

不同的机构从不同的角度已经对文化权的范围作出了一些列举和研究,例如,联合国教科文组织的文化与发展合作办公室研究了现存文件中的文化权内容,并将五十多种文化权分为十一类,这十一类包括物质和文化存在权、参与文化共同体权、有形和无形遗产权、宗教信仰和实践的权利、参与文化政策制定的权利等。位于瑞士弗莱堡大学的跨学科民族和人权研究所制定的一份对《欧洲人权和基本自由保护公约》的初步修订草案中也列举了文化权的内容,并认为对此种权利的侵犯可以通过欧洲人权法院来解决。②

从文化权的四个方面来看,以下几项内容应当是实现文化权不可缺少的要素:

1. 平等和非歧视原则

平等和非歧视已经在绝大多数国际性和区域性人权公约中得以规定,它是大多数人权文件中的"伞形条款"(umbrella clause)。《经济、社会、文化权利国际公约》第 2 条第 2 款和第 3 条也对此作出了规定。

在享受文化权的时候,平等和非歧视的原则体现为,人人有权平等地享受科学进步及其应用所产生的利益,并对其本人的任何科学、文学或艺术作品所产生的精神上和物质上的利益享受受保护之权利。在参加文化生活的时候,也不应

---

① 《公民权利和政治权利国际公约》第 27 条往往被视为对少数者的文化权的规定,该条提到了属于少数者群体的个人不得被否认同他们的集团中的其他成员共同享有自己的文化、信奉和实行自己的宗教或使用自己的语言的权利。该条也是采取了个人主义的立场,所保护的对象是"属于少数者群体的个人",而非少数者群体。参见 Asbjørn Eide and Erika-Irene Daes, Working Paper on the Relationship and Distinction between the Rights of Persons Belonging to Minorities and Those of Indigenous Peoples, (Commission on Human Rights, Sub-Commission on the Promotion and Protection of Human Rights, 2000), in E/CN.4/Sub.2/2000/10.

② Halina Niec, Cultural Rights: At the End of the World Decade for Cultural Development, available at 〈http://kvc.minbuza.nl/uk/archive/commentary/niec.html〉, visited on 3 May 2008.

受到歧视。

2. 参与权

所谓的"参与权"是指所有人有权参与创造自身文化的过程。所有人参与其自身所属的或者其他文化的权利应该受到保护。此处的"文化"应是广义的，不仅仅包括科学、文学和艺术活动，还涉及生活的各个方面，包括社会传统、宗教信仰和实践、价值、种族、意识形态、物质和技术财产、书面或口头历史以及所有艺术。

从理论上来说，许多政府保障个人参与与其群体有关的文化政策的制定过程，但是这种参与并未得到支持或者鼓励。一般来说，支持主流文化并占有重要资源的人更容易参与公共文化政策的制定，而无法获得信息、资金、咨询以及媒体的人则无法有效地参与决策的制定过程。应当认识到，所有公民有参与公共文化政策讨论的权利，有获取信息的权利，而不论其性别、收入、阶级、民族或者文化，而公共部门也应当为实现这一权利创造条件。

3. 对其本人的任何科学、文学或艺术作品所产生的精神上和物质上的利益享受受保护之权利

这项权利并不等同于知识产权。经济、社会和文化权利委员会在其第17号"一般性意见"中指出，知识产权首先是各国用来鼓励发明和创造、鼓励创造性和革新产品的传播、鼓励文化特性的发展、维护科学、文学和艺术作品的完整并使之服务于全体社会的手段。[①] 知识产权通常是暂时性的，可以被取消、转让或者配给他人使用。但文化权作为一项人权，是对人类基本权利的永恒表达。从人权的角度讲，人人有权享受对其科学、文学和艺术作品所产生的精神和物质利益的保护，这保障了作者与其作品之间的个人联系，保障了民族、社区或其他群体与其集体的文化遗产之间的联系，也保障了能够使作者享受适足的生活水准而需要的基本物质利益，而知识产权制度基本上是保护工商业和公司利益及其投资。该项权利的实现也取决于《经济、社会、文化权利国际公约》以及其他国际公约中规定的其他权利的实现，比如单独拥有以及与他人共有财产、言论自由（包括寻求、获得和传播信息以及各种思想的自由）、充分发展人的个性的权利以及文化参与的权利等。

该项权利并非完全不受限制，因为经济、社会和文化权利委员会要求缔约国在保障该项权利的时候同时考虑公众广泛地享受其作品的利益，特别要保证，在保护作者的科学、文学和艺术作品所产生的精神和物质利益方面所建立的法律和其他制度，不会影响缔约国遵守与食物权、健康权和教育权以及参加文化生活，享受科学进步及其应用的好处，或《公约》所规定的其他任何权利有关的核

---

① 经济、社会和文化权利委员会第17号"一般性意见"（E/C.12/GC/17）第1—2段。

心义务。但是对这项权利的限制必须依法、并根据权利的性质来设定,限制必须追求正当的目的,而且对于促进民主社会的普遍福利来说是严格必要的。

4. 语言的权利

语言是文化最重要的表达方式。语言使人们可以定义和描述他们所生活的世界和环境,语言反映了一个民族的历史、价值和传统,并提供了一种有效表达意见和统一行动以应对当前和未来挑战的方式。语言产生于人们彼此之间及其与环境之间互动的过程,也是一个民族生存的重要工具。因此,一个民族的语言不得被其他的或者主流的文化所否定。属于某个民族群体的个人,其使用其本民族语言的权利不应被剥夺。

5. 艺术方面的权利

艺术家个人或者团体可以交流有关艺术的经验、观点、信仰、希望等问题,而在文化民主的条件下,每个文化群体、组织或者个人也应当有条件在公开场合展出其艺术作品,与观众进行交流。目前,主流文化试图定义"艺术",并将他们认为不是艺术的东西排除出这个范围。应当认为,不管是主流文化倡导的艺术的价值,还是非主流文化倡导的艺术的价值,都应当受到保护。成文的或者不成文的文化政策应当肯定人人有进行艺术创作的权利,而不论其经济或者文化地位如何。

(三) 缔约国义务

《经济、社会、文化权利国际公约》第 2 条第 1 款规定:"每一缔约国家应尽最大能力承担个别采取步骤,或经由国际援助和合作,特别是经济和技术方面的援助和合作,采取步骤,以便用一切方法,尤其包括用立法方法,逐步达到本公约中所承认的权利的充分实现。"该《公约》规定经济、社会和文化权利可以通过国家采取一切步骤逐步实现。但是不是说国家对此承担的义务是行动的义务而非结果的义务呢?对此,经济、社会和文化权利委员会在其1990年第五届会议关于国家义务的第 3 号"一般性意见"中指出:《公约》规定逐步实现权利并确认因资源有限而产生的局限,但它同时也规定了立刻生效的各种义务,具体言之:第一,"保障"、"在无歧视的条件下行使"有关权利这项义务属于立即生效的义务;第二,《公约》第 2 条第 1 款中的"采取步骤"的义务,其本身不受其他问题的限定或者限制,也是立即生效的义务。另外,所谓的一切步骤,应当不限于立法和行政方式,还应当包括国家可以采取的财政、教育和社会领域的其他措施。

1. 非歧视的义务

非歧视的义务是一种立即生效的义务。缔约国政府应当保证在个人参与文化生活、享受科学进步及其应用所产生的利益以及保护作者的物质和精神利益方面,取缔一切形式的歧视。

2. 与参与文化生活相关的国家义务

国家首先应当尊重个人参与文化生活、选择和发展其所主张的文化取向的自由,避免采取阻碍个人参与文化生活的措施,这些措施往往是由缔约国政府机构或者公权力机构采取的。这一义务特别是在少数者保护方面显得尤为重要。现有国际公约承认在那些存在着人种的、宗教的或语言的少数人的国家中,少数人同他们的集团中的其他成员共同享有自己的文化,信奉和实行自己的宗教,或使用自己语言的权利。① 而从属于少数人群体的个人所遵奉的文化取向,可能与多数人的或者国家所倡导的文化取向相背离。国家应当尊重少数者的这种权利,特别是与之有关的使用自己的语言、表达和传播自己的文化以及信奉宗教的权利,虽然国家可以根据法律的规定对于表达和传播信息等自由作出一定限制,但是这些限制的目的应当是保证对旁人的权利和自由给予应有的承认和尊重,并在一个民主的社会中适应道德、公共秩序和普遍福利的正当需要。②

国家还有保护个人参与文化生活的义务,也就是说,当个人参与文化生活的权利受到第三人的侵犯时,国家应当根据法律提供保护或者惩罚侵犯参与文化生活权利的人。

在第三个方面,国家应当提供便利条件,促成个人参与文化生活的权利的实现。联合国经济、社会和文化权利委员会在关于《公约》第15条的报告指南中要求各缔约国提供其采取的立法和其他方面的措施,以使得人人参加文化生活、展示自己的文化的权利得以实现。③ 这些措施应当包括例如:政府应为促进文化发展和大众参加文化生活之目的提供资金、包括由公共当局向私人的创议提供支持;政府应为促进普遍参与文化以及参与传统工艺美术等目的而建立基础设施,如文化中心、博物馆、剧院、电影院等;政府应将文化认同作为个人、群体、民族和区域间相互尊重的一个因素而加以推进;政府应采取措施推进认识、享有和保护少数民族群体、少数人以及土著民族的文化遗产;政府应维护和展示人类文化遗产;政府应制定法律,保护艺术创作和表演自由(包括传播此类活动成果的自由),如果对此采取了法律的限制,这种限制的目的也应当是为了保护他人的权利和利益,保护道德、公共秩序和普遍福利,并符合一定的比例原则;政府应采取措施推动文化和艺术领域的职业教育;政府的措施还应特别关注到土著民族、弱势群体的情况。

3. 与享受科学进步及其应用所产生的利益有关的国家义务

科学进步既包括自然科学和生物科学上的进步,也包括社会科学和人文科

---

① 《公民权利和政治权利国际公约》第27条。
② 对公民权利进行限制的合法性及其条件规定在《世界人权宣言》第29条第2款。
③ 艺衡、任珺、杨立青:《文化权利:回溯与解读》,社会科学文献出版社2005年版,第396—397页。

学上的进步。国家首先有尊重的义务,也就是尊重个人自由寻求和接受科学所取得的进展的权利,也尊重个人享受科学进步及其应用所产生的利益。但是,哪些科学是进步的,哪些是不进步的,哪些是为了民主社会的普遍福利之目的应当加以限制的,对此,应进行广泛的讨论。其次,政府还有义务保护个人免受科学的负面应用所带来的侵害。此外,政府还有义务采取积极的措施确保人人可以享受科学进步及其应用所带来的福利。这些措施包括致力于维护人类自然遗产和促进健康和纯净环境的措施,为此目的而设立的体制化的基础设施,以及旨在促进传播有关科学进步的信息的措施等等。

4. 保护源自任何科学、文学或艺术创作的精神和物质利益的国家义务

这项权利主要涉及到作者的物质和精神利益。在这方面也可以分为尊重义务、保护义务和实现义务三种类型。尊重义务要求缔约国不直接或间接干涉作者享受其物质和精神利益的保护。保护义务意味着要求缔约国采取措施,防止第三方干涉作者的物质和精神利益,特别是防止未经授权而使用通过现代通信和复制技术可容易得到或者复制的科学、文学和艺术作品,为此缔约国应当通过立法建立作者权集体管理制度,要求使用者将对其作品的任何使用告知作者,并给予充分报酬。实现义务要求缔约国为充分实现第15条第1款(丙)项而采取适当的立法、行政、预算、司法、宣传和其他措施。①

在这些义务当中,以下几项为核心义务:(1) 采取立法和其他必要措施,确保作者的精神和物质利益得到有效保护;(2) 保护作者所拥有的被承认为其科学、文学和艺术作品的创作者的权利,并反对对这些作品进行有害于其荣誉或声誉的任何歪曲、割裂或其他修改,或其他损害性行动;(3) 尊重并保护作者科学、文学或艺术作品所产生的基本的物质利益,这些物质利益对于确保作者享受适足的生活水准十分必要;(4) 应确保各个群体的作者,特别是属于弱势群体和边缘化群体的作者,平等地获得使用行政、司法或其他适当补救办法的机会,使作者能够在其精神和物质利益受到侵犯时寻求并获得补救;(5) 在下列两者之间保持适当平衡:一是有效地保护作者的精神或物质利益,二是缔约国在食物权、健康权和受教育权以及在参加文化生活和享受科学进步及其应用成果权或公约所承认的其他权利方面承担的义务。

在第17号"一般性意见"中,委员会还特别强调,应采取措施确保土著人民的与其作品有关的利益得到保护;缔约国境内如果有族裔、宗教或语言上属于少数的民族,则有义务通过采取特别措施保护属于少数群体的作者的精神和物质利益,以维护少数民族文化的独特性。

---

① 经济、社会和文化权利委员会第17号"一般性意见"(E/C.12/GC/17),第28段。

5. 尊重科学和创作活动所必不可少的自由的国家义务

在这一领域,一个主要问题是学术自由和大学的自治,科学研究者和文艺创造者应当有权发表他们的科研成果,并享受适当的法律保护,包括版权法方面的保护。国家不但不应不适当地限制学术自由,还应采取积极的措施推动学术自由和大学的自治。

为此目的,国家应当设立法律、行政和司法制度,采取措施、创造必要条件,为科学研究和创造性活动提供便利措施。还应保障科学工作者、写作者、创作人员、艺术工作者以及其他个人及其各机构间进行自由的科学、技术和文化信息、观点和经验的交流。国家还应当支持学术界、科学界、专业协会、工会以及其他组织和机构进行科学研究和创造性活动。

6. 国际合作方面的国家义务

《经济、社会、文化权利国际公约》第15条第4款规定,缔约各国承认鼓励和发展科学与文化方面的国际接触和合作的好处。这一规定有四层含义:第一,人人享有保持跨国界文化接触,从其他文化引入和宣传文化作品和思想的自由;第二,人人有与生活在其他文化背景中的人在文化活动方面进行合作的自由;第三,进行国际合作,保护源自任何科学、文学和艺术作品的精神和物质利益;第四,进行国际合作,保护人类的文化遗产。

为此,缔约国政府有义务遵守科学和文化领域的全球性或区域性国际公约、协定和文书,并为这些文件在国内的执行创造法律和政策的环境。同时政府还应当创造条件,支持科学工作者、作者、艺术工作者以及其他从事科学研究或者创造性活动的人参与国际科学与文化会议、研讨会、学术会议等活动。

二、其他国际人权公约或文件中的文化权

除了《世界人权宣言》第27条、《经济、社会、文化权利国际公约》第15条外,文化权还体现在《公民权利和政治权利国际公约》第27条、《消除对妇女一切形式歧视公约》第13条、《儿童权利公约》第31条、《消除一切形式种族歧视国际公约》第5条等等。一些区域性的人权公约[①]以及政府间国际组织的文

---

① 例如,1969年《美洲人权公约》、1988年通过的《美洲人权公约附加议定书》(圣·萨尔瓦多议定书)的第14—16条、《非洲人权和民族权宪章》第17条、《欧洲保护少数民族框架公约》等文件中都有关于文化权的规定。

件①也专门规定了文化权的内容。

在《经济、社会、文化权利国际公约》之后,文化权的发展首先体现在《公民权利和政治权利国际公约》第 27 条关于少数者文化权的规定,这一条弥补了《世界人权宣言》和《经济、社会、文化权利国际公约》的一些不足。该条规定:"在那些存在着人种的、宗教的或语言的少数人的国家中,不得否认这种少数人同他们的集团中的其他成员共同享有自己的文化、信奉和实行自己的宗教或使用自己的语言的权利。"

《公民权利和政治权利国际公约》中的这一规定有时候被认为是为文化权的集体权利性质奠定了有限的法律基础。② 但是,该条款并不能认为是确定了文化权的集体权利的性质,正如人权事务委员会指出的,该条规定并确认了赋予属于少数群体的个人的权利,这种权利有别于并且独立于人人已经能够根据《公约》享受的一切其他权利。③ 人权事务委员会同时还指出,保护这些权利的目的是要确保有关少数群体的文化、宗教和社会特性得以存活和持续发展,从而加强整个社会结构。④ 由此可见,《世界人权宣言》、《公民权利和政治权利国际公约》和《经济、社会、文化权利国际公约》是针对个人的参加文化生活、享受科学进步及其应用所产生的利益以及对其本人的任何科学、文学或艺术作品所产生的精神上和物质上的利益受保护的权利,其规定的文化权的范围也比较狭窄。而《公民权利和政治权利国际公约》特别针对少数者的个人的文化权作出了规定,具有一定的进步性。

但是,文化权的范围要取决于对"文化"的定义和理解。联合国教科文组织认为"文化不单单是精英们的作品或者知识,也不限于艺术和人文科学方面的成果的获取,还应当同时包括对知识的承认、对生活方式的需求和对交流的需要"。⑤ 欧洲理事会也认为:"文化为当今大多数人口所享有,其范围远远超出了

---

① 例如,联合国教科文组织起草的《世界知识产权公约》、1960 年的《取缔教育歧视公约》、1970 年的《禁止和防止非法进口、出口和转让文化财产的所有权的方式的公约》、1972 年的《关于保护世界文化和自然遗产的公约》等等。联合国教科文组织另外还有 20 多个针对文化权利的宣言和建议,最有名的三个是:1966 年的《国际文化合作原则宣言》、1976 年《关于自由职业者参与并影响文化生活的建议》和 1980 年《关于艺术家身份的建议》。再如,1989 年国际劳工组织通过的《土著和部落民族公约》、1989 年欧洲安全与合作组织通过的"维也纳最后文件"、1992 年欧洲理事会通过的《关于地区性和少数者语言的宪章》以及 1992 年欧洲理事会通过的《保护少数民族的框架公约》等。

② Asbjorn Eide. "Cultural Rights and Minorities: Essay in Honor of Erica-Irene Daes", Gudmundur Alfredsson and Maria Stavropoulou (eds.) *Justice Pending: Indigenous Peoples and Other Good Causes* (The Netherlands: Kluwer Law International, 2002), p. 84.

③ 人权事务委员会第 23 号"一般性意见",第 1 段。

④ 同上,第 9 段。

⑤ "Definition given by the UNESCO Recommendation on Participation by the People at Large in Cultural Life and Their Contribution to It", adopted by the General Conference on 26 November 1976. UNESCO and Human Rights, Standard-Setting Instrument, Major Meetings, Publications. UNESCO Paris, 1996. Available at ⟨http://www.iupui.edu/~anthkb/a104/humanrights/cultrights.htm⟩, visited on 3 May 2008.

传统的艺术和人文科学,它包括教育制度、大众传媒和文化工业。"①如果根据上文的观点,上述三个重要的人权文件中关于文化权的范围应当扩展。

除了《世界人权宣言》、《公民权利和政治权利国际公约》和《经济、社会、文化权利国际公约》以外,文化权还体现在一系列人权文件中,如:

1. 其他全球性人权公约中的文化权内容

《消除对妇女一切形式歧视公约》第 13 条第 3 款规定了缔约国应采取一切适当措施,消除在经济和社会生活的其他方面对妇女的歧视,保证其参与娱乐活动、运动和文化生活所有各方面的权利。《儿童权利公约》第 30 条规定属于少数人或原为土著居民的儿童的文化权。《消除一切形式种族歧视国际公约》第 5 条规定,缔约国应承担义务保证人人有不分种族、肤色或民族或人种在法律上一律平等的权利,尤得享有教育与训练以及平等参加文化活动的权利,这方面的规定在《关于在民族或种族、宗教或语言上属于少数者的权利宣言》中有更为具体的体现。

2. 区域性人权文件

1948 年《美洲人民权利和义务宣言》以及 1969 年《美洲人权公约》重申了各缔约国承允经济、社会、教育、科学和文化方面的各种权利的完全实现。而 1988 年通过的《美洲人权公约附加议定书》(《圣·萨尔瓦多议定书》)第 16 条则专门规定了与《经济、社会、文化权利国际公约》第 15 条类似的"文化利益权利"。

《非洲人权和民族权宪章》第 17 条规定"人人可以自由参加本社会的文化生活",同时第 29 条第 7 款也规定了人人有义务"在于其他社会成员的关系中,本着宽容、对话和协商的精神,维护和加强非洲文化的积极价值,并且一般地为促进社会道德的健康作出贡献",该公约还承认"一切民族在适当顾及本身的自由和个性并且平等分享人类共同遗产的条件下,享有文化的发展权"。同时在国家的义务方面,其认为"促进和保护社会所确认的道德和传统价值是国家的职责"。该项规定了一个民族在文化发展方面的权利,可以看出文化权有时也是集体的权利,这项集体权利主要体现在发扬本民族的个性和自由以及保护人类共同遗产方面。

欧洲理事会也通过了一系列文件。例如,1954 年 12 月 19 日通过的《欧洲文化公约》要求缔约国采取适当措施保护和鼓励其对欧洲共同文化遗产作出的国家贡献。《欧洲人权公约》中虽然没有明确的保护文化权的内容,但是欧洲人

---

① Definition of culture given by the Arc-et-Senans Declaration (1972) on the Future of Cultural Development. Council of Europe, Reflections on Cultural Rights, Synthesis Report. CDCC (95) 11 rev. Strasbourg, 1995, p. 13. quoted from Symonides, janusz, 'Cultural Rights: A neglected Category of Human Rights', (December Issue) *International Social Science Journal* (1998), p. 559, available at ⟨http://www.iupui.edu/~anthkb/a104/humanrights/cultrights.htm⟩, visited on 3 May 2008.

权法院却在数个案例中多次考虑文化的权利,包括文化身份、语言的使用、受教育的权利、从事创造性活动的权利以及成立文化机构的权利。此外《欧洲保护少数民族框架公约》中也有大量保护少数者文化权的条款。

3. 相关国际组织制定的有关文化权的文件

(1) 联合国教科文组织

联合国教科文组织所制定的第一个保护文化权方面的公约是《世界知识产权公约》,另外还有1960年的《取缔教育歧视公约》、1970年的《禁止和防止非法进口、出口和转让文化财产的所有权的方式的公约》、1972年的《关于保护世界文化和自然遗产的公约》以及一系列针对文化权利的宣言和建议。

(2) 国际劳工组织

1989年由国际劳工大会第76届会议通过的《土著和部落民族公约》中规定了为保护有关独立民族和部落的文化权利以及与文化有关的其他权利成员国所承担的具体义务。

(3) 欧洲安全与合作组织与欧洲理事会

欧洲安全与合作组织于1989年通过的"维也纳最后文件"为参加国设定了义务:参加国应当创造条件提升对其领土范围内的少数者的种族、文化、语言、宗教上的身份认同。该组织1990年哥本哈根人权会议最后文件肯定了非歧视和平等的原则,其中特别强调了少数民族人民的文化权。欧洲安全与合作组织于1990年11月21日召开的会议上通过了《巴黎宪章》重申了上述原则。

1992年,欧洲理事会通过了《关于地区性和少数者语言的宪章》,强调了少数民族语言的多样性及其对欧洲民主和文化多样性的重要作用。欧洲理事会1992年《保护少数民族的框架公约》则规定成员国有义务尊重少数民族的一系列文化权。

三、国际案例与国家行动

国际上有关文化权的案例一般与少数者的保护有着紧密联系,而且,由于《经济、社会、文化权利国际公约》尚缺乏一个个人申诉程序,这些案子一般是在《公民权利和政治权利国际公约》或者《欧洲人权公约》的框架下提起的。比如,针对《公民权利和政治权利国际公约》第27条的规定,从属于少数者群体的个人的参与文化生活的权利受到保护。

在"拉夫拉丝诉加拿大案"(Lovelace v. Canada)中,拉夫拉丝生于加拿大,在该国登记为马里希特印第安人。1970年,她与一个非印第安人结婚,而根据当时的《加拿大印第安人法案》第12条甲款第2项的规定,她失去了作为印第安人的权利和地位,该法案规定如果属于印第安人某个部落的妇女嫁给了非印

第安人部落的人,就自动失去印第安成员的身份。拉夫拉斯因此失去了利用该部落的土地以及利益的权利以及在印第安保留地定居的权利,而在她离婚之后,这些权利也无法恢复。因此,她向《公民权利和政治权利国际公约》的监督机构——人权事务委员会提出申诉。她提出,"一个人根据法理不再是印第安人之后的主要损失应是失去居住在印第安人社区的文化利益和与家乡、家庭、朋友和邻居的联系并失去了民族的特性"。该委员会于 1981 年 7 月 30 日得出的结论是加拿大的该项法案违反了《公民权利和政治权利国际公约》第 27 条。

  欧洲人权保护体制通过欧洲人权法院的判例在一定程度上发展了对文化权的保护。例如,来自挪威的两个萨米人曾指控挪威的水电站建设干涉了他们作为渔民和驯鹿饲养者的生活,欧洲人权委员会认为,《欧洲人权公约》并不赋予少数人特别权利,但是根据该公约第 8 条,少数人群体原则上有权要求人们尊重其特殊的生活方式,因其属于"私生活"、"家庭生活"或者"家"的范围。①

  在各国国内法中,宪法和部门法一般都有关于文化权保护、特别是知识产权保护的规定。国内法院也常常审理有关侵犯知识产权方面的案例,这些案例一般是根据各国民事诉讼法规定的程序提起诉讼,并往往最终诉诸于私法上的救济。知识产权的保护有一定的期限,以防止过度垄断和激励社会创新;知识产权法律制度中还有许多权利限制的规定,以便在不损害权利人合理利益的前提下维护公共利益。因此,知识产权法一直是在保护产权人的个人利益以及促进科学技术进步、文化繁荣和经济发展与防止过度垄断之间寻找平衡点。通过各国的知识产权法,《经济、社会、文化权利国际公约》中规定的文化权能够得到一定程度的保障。

  然而,针对文化权中的一些特别问题,如少数者和土著居民的文化权、文化遗产的保护等问题,并不是每一个国家的国内法都能给予很好的解决。针对少数者和土著居民的文化权,一些国家往往没有专门的法律,只是通过普遍适用于国民的知识产权法来保护。然而,少数者和土著居民的文化和知识产权可以通过许多特别的途径表现出来,比如,宗教物品、设计、舞蹈、绘画、雕刻、歌曲和故事等,通过国内知识产权法来保护未必能达到满意的效果。在澳大利亚,出现过少数者和土著居民援引知识产权法来保护其文化权的案例。比如,在"羽布鲁尔诉澳大利亚储备银行案"(Yumbulul v. Reserve Bank of Australia)中,原告认为澳大利亚十元币上的图案设计来自于土著人的图形,但澳大利亚联邦法院认为土著人的集体利益不受澳大利亚著作权法的保护。而在"密尔普如如诉印度弗恩案"(Milpururru v. Indofurn)中,澳大利亚联邦法院则承认了一些土著人的集体利益是受法律保护的,并判决对原告集体造成的损害应当进行赔偿,而具体的

---

① No. 9278 and 9415/81, D. R. 35, 30.

赔偿数额则根据土著人自己的传统予以确定。① 可见,少数者和土著人的文化权可以通过各国知识产权法得到一定程度的保护,但在没有专门针对该群体文化权保护立法的情况下,类似情况可能会得到不同的判决。

四、中国的政策与案例

《中华人民共和国宪法》保护普通公民的文化权,《宪法》第47条规定:"中华人民共和国公民有进行科学研究、文学艺术创作和其他文化活动的自由。国家对于从事教育、科学、技术、文学、艺术和其他文化事业的公民的有益于人民的创造性工作,给以鼓励和帮助。"《宪法》还特别提及少数民族的权利,《宪法》第4条规定:"中华人民共和国各民族一律平等。国家保障各少数民族的合法的权利和利益,维护和发展各民族的平等、团结、互助关系。禁止对任何民族的歧视和压迫,禁止破坏民族团结和制造民族分裂的行为。国家根据各少数民族的特点和需要,帮助各少数民族地区加速经济和文化的发展。各少数民族聚居的地方实行区域自治,设立自治机关,行使自治权。各民族自治地方都是中华人民共和国不可分离的部分。各民族都有使用和发展自己的语言文字的自由,都有保持或者改革自己的风俗习惯的自由。"

宪法作为一国的根本大法,是其他立法的基础。在中国,宪法是否具有可诉性还存在很大的争议,因此,对宪法的具体实施主要还依靠各部门法(如《教育法》、《未成年人保护法》、《著作权法》和《专利法》等)的规定。

我国还参加了一系列国际公约,这在一定程度上体现了我国在文化权保护方面的成就。尤其值得提及的是,中国政府于2001年6月27日批准了《经济、社会、文化权利国际公约》,也于1998年10月5日签署了《公民权利和政治权利国际公约》,因此,中国政府要承担根据《经济、社会、文化权利国际公约》设定的在文化权保护方面的义务,同时在签署《公民权利和政治权利国际公约》后承担最低限度不违反该公约的义务。

以下分三个部分讨论我国在文化权保护方面的进展:第一是知识产权保护方面的进步;第二是关于与文化有权有关的信息以及表达自由;第三是关于少数民族文化权的保护。

(一) 知识产权保护方面的进步

根据《经济、社会、文化权利国际公约》第15条的规定,人们参加文化生活、

---

① The Hon Justice Michael Kirby AC CMG, Protecting Cultural Rights: Some Developments, presented at the University of Waikato CNZJ Workshop Apia Western Samoa, 12—13 October, 1998, available at 〈http://www.hcourt.gov.au/speeches/kirbyj/kirbyj_culture2.htm〉, visited on 3 May 2008.

享受科学进步及其应用所产生的利益以及对其本人的任何科学、文学或艺术作品所产生的精神上和物质上的利益享受受保护之权利。在国内法上,对此比较重要的体现是知识产权。我国从20世纪70年代末即着手制定有关知识产权的法律、法规,同时积极参加相关国际组织的活动。我国从1980年6月6日起成为世界知识产权组织的成员国。1984年12月19日,中国政府向世界知识产权组织递交了《保护工业产权巴黎公约》(简称《巴黎公约》)的加入书;从1985年3月19日起,中国成为《巴黎公约》成员国。1989年世界知识产权组织在华盛顿召开的外交会议上通过了《关于集成电路知识产权保护条约》,中国是该条约首批签字国之一。中国从1992年10月15日和10月30日起分别成为《伯尔尼公约》和《世界版权公约》的成员国。从1994年1月1日起,中国又成为《专利合作条约》成员国。1993年1月4日,中国政府向世界知识产权组织递交了《保护录音制品制作者防止未经许可复制其录音制品公约》(简称《录音制品公约》)的加入书;从1993年4月30日起,中国成为录音制品公约的成员国。

在知识产权的救济方面,公民可以通过调解、行政复议、诉讼等多种途径解决其知识产权受到侵犯的问题,同时,人民法院和国务院有关机关在知识产权案件的审理和行政管理方面也积累了大量宝贵的经验。可以说,我国在知识产权保护方面已经形成了一套比较系统的法律制度。当然,现实中也存在一些问题,比如非法复制音像制品、非法复制图书现象比较严重,因此,进一步完善知识产权的立法和司法,保护公民的知识产权,仍然是不能放松的任务。

(二) 信息自由与表达自由方面的不足

经济、社会和文化权利委员会在审查中国提交给该委员会的初次报告中指出,中国目前还存在对获取信息的限制,特别是在学术研究、获取国内外出版物以及网络信息方面限制较多。这些限制会影响到公民文化权的实现。[①]

(三) 少数民族文化权的保护

在少数民族文化权保护方面,少数民族人民除了根据宪法中的民族区域自治制度等制度而在文化权方面受到保护之外,还受到国家一些特殊优惠政策的保护。我国少数民族的传统文化受到了尊重和保护,各民族都可以自由地保持和发展本民族的文化。为使各少数民族传统文化得到保护,国家有计划地组织对各少数民族的文化遗产进行搜集、整理、翻译和出版工作,保护少数民族的名

---

① Committee on Economic, Social and Cultural Rights: Concluding Observations of the Committee on Economic, Social and Cultural Rights on Reports submitted by People's Republic of China under Articles 16 and 17 of the Covenant, at http://www.unhchr.ch/tbs/doc.nsf/898586b1dc7b4043c1256a450044f331/a206bffcd68c76b1c125700500478168/$FILE/G0542245.pdf, visited on 7 November 2008.

胜古迹、珍贵文物和其他重要历史文化遗产。国家还成立了全国少数民族古籍整理出版规划小组和办公室,组织和领导全国少数民族古籍整理工作。近十年来,国家还投入巨资对西藏拉萨的哲蚌寺、色拉寺、甘丹寺,青海的塔尔寺,新疆的克孜尔千佛洞等大批国家重点文物古迹进行了维修。国家还和有关部门通过组建少数民族文艺团体、艺术院校、文化馆和群众艺术馆等措施,大力培养少数民族文艺人才,繁荣少数民族文艺创作,发展少数民族文化艺术事业。

但是我国在少数民族文化权保护方面也存在一些不足,比如经济、社会和文化权利委员会在审查中国提交给该委员会的初次报告中指出,我国在文化和教育领域事实上还存在某些对少数民族的歧视现象。在使用和教授少数民族语言、文化和历史方面也有很多不足亟待改进。[①]

---

① Committee on Economic, Social and Cultural Rights: Concluding Observations of the Committee on Economic, Social and Cultural Rights on Reports submitted by People's Republic of China under Articles 16 and 17 of the Covenant, at http://www.unhchr.ch/tbs/doc.nsf/898586b1dc7b4043c1256a450044f331/a206bffcd68c76b1c125700500478168/$FILE/G0542245.pdf, visited on 7 November 2008.

第十三章 《公约》执行机制

一、国际人权公约执行机制概况

（一）九个核心公约及其执行机制

在联合国系统之内,对人权的实施机制存在一种重要的区分,即基于条约的人权执行机制(treaty-based)和基于联合国宪章(charter-based)的执行机制。那些直接建立于公约或其议定书的执行条款的实施或执行机制与那些一般建立于联合国有关机构的决议、进而以联合国宪章为法律依据的执行机制的主要区别在于:前者原则上只可能施行于公约或者议定书的缔约国,批准或者加入有关国际人权文件也就同时意味着接受其设定的诚信执行条约实施条款的义务,而后者出于维护世界和平与安全的考虑,法律效力可能及于所有联合国成员国,并且,在某些条件下,也可能对联合国的非会员国有影响。此外,从条约法的一般原理看,基于条约的执行措施和条约本身一样,在理论上是永久存在的,而基于宪章的措施,则可能在有关情势改善后不复存在。

《经济、社会、文化权利国际公约》与另外八个公约(《公民权利和政治权利国际公约》、《消除一切形式种族歧视国际公约》、《消除对妇女一切形式歧视公约》、《儿童权利公约》、《禁止酷刑和其他残忍、不人道或有辱人格的待遇或处罚公约》、《保护所有移徙工人及其家庭成员权利国际公约》、《残疾人权利公约》及《保护所有人免遭强迫失踪国际公约》)一起由于在联合国体系内规范了各个重要的核心人权领域而被称为"核心人权公约",同时它们也是联合国体系内人权的条约执行机制的基础。就具体的执行机制而言,九个人权公约基本设置了两类实施机制:报告机制和申诉机制。所有核心人权公约都要求缔约国定期向公约特设的独立专职委员会提交关于本国履行公约义务的情况的报告,而多数核心人权公约,例如《公民权利和政治权利国际公约》、《消除一切形式种族歧视国际公约》、《禁止酷刑和其他残忍、不人道或有辱人格的待遇或处罚公约》、《消除对妇女一切形式歧视公约》、《保护所有人免遭强迫失踪国际公约》也都通过公约直接规定或通过附加议定书设立了接受和处理缔约国之间或有关个人提出的来文或申诉的制度。

（二）强制性与任择性机制

如同许多学者已经指出的,虽然国际人权公约已将人权问题国际化,而且人权保护与世界和平和安全密切相关,但是人权的保护、国际人权法的实施却首先有赖于国内的实施措施。虽然人权是国际人权条约关注的对象,但人权问题首先是一国国内的管辖事项。任何国家都多多少少会存在保护国内人民权利的法律、政策和措施,这些积极措施是国内人权的最根本保障,可以说国内法律体系内的行动是实施人权(文件)最简单和最有效的方法。相对于国内措施,国际人权机制更具消极性质,它只是国内机制的一种补充形式,毕竟无论是设立国际人权标准,救济人权侵害还是创设人权实施机制,都需要国家的自愿接受和合作。就执行机制而言,这种表达国家接受与合作意愿的意思表示的不同会产生"强制性"与"任择性"的区别。一般来说,国家签署或批准人权公约本身就意味着同时无条件接受了条约条款中规定的执行机制。当然,人权公约中的强制性机制一般仅包括设立专职委员会和递交履约报告。

很多人权条约通常会附有"任择性"议定书(或某些情况下是条约中包含的"任择条款")。议定书可能是针对原条约中原有的或新出现的问题,提出进一步解决的方案。这种方案可能是增加条约的实体内容,也可能增加程序性的规定。就增加条约实施程序的议定书而言,最经常的情形就是增加个人申诉程序,除此之外,可能还包括设立国家间申诉或调查程序。这种规定申诉制度的议定书之所以是"任择性"的,是因为它不能自动地对原条约的签署国产生法律约束力。议定书中的义务是附加的,内容可能比原条约更为苛刻,所以各国可以独立选择是否接受这一议定书的约束。为此,任择议定书都设有独立的签约机制。通常情况下,只有那些已经同意接受原公约约束的国家才能签署任择议定书。但这并非一个绝对的规则,《儿童权利公约》的任择议定书就允许非公约签字国的国家签署或者加入这一协议。例如,美国没有签署《儿童权利公约》,但却签署了该公约的两个任择议定书。

(三)《公约》执行机制的特殊性(可诉性问题)

有关《经济、社会、文化权利国际公约》执行机制特殊性的讨论主要集中在这些权利是否可以成为提起国际申诉的理由,或者说,对于这些权利设计类似《公民和政治权利国际公约》第一议定书那样的申诉机制是否有必要以及是否可行。

在讨论这一问题之前,有必要了解一下联合国体系内的人权申诉机制。联合国人权条约体系申诉机制、基于宪章的申诉机制以及某些专门机构的申诉机制,可以统称为联合国申诉体系,其特点是申诉程序管辖的普遍性与整体申诉内容的全面性,最有代表性的就是人权委员会的1503和1235程序、《公民权利和政治权利国际公约》第一议定书中人权事务委员会的申诉程序和国际劳工组织的申诉程序。绝大部分公约或组织的申诉机制都向个人或(和)团体开放,部分机制同时还包含国家间申诉制度。由于个人和团体多是人权侵害的受害者,所以他们适用机制的积极性最高。但国家之间申诉则大不相同,国家在提起针对另一国的申诉时,政治考虑可能要远远多过对人权侵害的关注,所以国家间申诉经常只是作为一种可能的保护方法被确立在公约文本中,而实际上则形同虚设,很少适用,作用极为有限。

就经济、社会和文化权利而言,一方面,目前国际上并不存在一个普遍的、专门的经济、社会和文化权利申诉程序或者完全涵盖这些权利的其他申诉机制;另一方面,现存的国际人权申诉机制,无论其依据和范围如何,又都或多或少地涉及经济、社会和文化权利;某些国际组织(如国际劳工组织)框架下的申诉机制甚至具有单纯针对经济、社会和文化权利的性质。

在《经济、社会、文化权利国际公约》的起草过程中,就有人建议为其设计相应的申诉制度,但由于当时对于经济、社会和文化权利的理解偏向于认为其不具有可诉性,所以最后这个建议被否决了。在此后的几十年里,国际社会在这个问题上保持了长期的沉默。虽然第一次世界人权会议已经呼吁各国政府发展和完善"健全有效之国内及国际经济及社会发展政策",但很长时间以来经济、社会和文化权利还是被有意识地忽略了。随着"冷战"的结束,人权概念上的意识形态分歧愈显淡化,国际社会开始了加强经济、社会和文化权利实施机制的努力。其中最重要的尝试就是试图为经济、社会和文化权利公约制定一个附加议定书,从而为人权受侵害的个人和团体向国际机构提出申诉创造条件;同时完善经济、社会和文化权利委员会的工作方式并强化其职能。经济、社会和文化权利委员会也意识到,只要本来措辞模糊的《公约》条款未被细化,国家在国内具体适用《公约》权利的可能性就微乎其微,因此通过申诉程序在国际层面细化《公约》权利显得越来越重要。

1990年经济、社会和文化权利委员会第一次讨论了为《公约》准备议定书的问题,在1991年委员会第六届会议上又正式讨论了这一问题。1992年,联合国防止歧视和保护少数人小组委员会特别报告员明确建议设立实施《经济、社会、文化权利国际公约》的附加议定书,随后,经济、社会和文化权利委员会广泛讨论了委员会时任主席菲利普·阿尔斯顿(Philip Alston)提出的相关报告。1993年《维也纳宣言和行动纲领》敦促联合国人权委员会"同经济、社会和文化权利委员会合作,继续审查《经济、社会、文化权利国际公约》任择议定书"。人权委员会于1994年重申了这一任务,它邀请经济、社会和文化权利委员会就此向人权委员会提出报告。经济、社会和文化权利委员很快就向人权委员会提交了一份进程报告。1996年,经过长时间的讨论,经济、社会和文化权利委员在试图以一致同意通过议定书草案未果的情况下,最终不得不以多数决定通过议定书草案。可以想象,作为由独立专家组成的经济、社会和文化权利委员会对草案尚且不能达成一致,更何况各国政府。这种分歧意味着它通向开放签字和批准的道路不会很平坦。

经济、社会和文化权利委员会预料到议定书可能会遭遇困难,因此它在1993年向世界人权会议提交的"分析报告"中也详细分析了申诉制度的被动性质以打消缔约国的顾虑。它认为,首先,《公约》的任何议定书将严格属于任择性质,只适用于那些明确通过批准或加入表明同意受其约束的缔约国。第二,依据国际程序的许可提交有关经济、社会和文化权利的申诉已经成为国际人权保护的一般原则,而并非一种创新。就此委员会提出了广泛存在于国际劳工组织、联合国教科文组织等机构内的申诉程序以及美洲和欧洲的类似做法作为例证。第三,上述机制和所有其他方面的申诉程序的经验表明,没有理由担心议定书会导致大量申诉。第四,在议定书程序之下,由相关国家保留针对委员会的申诉意见的最终决定权。第五,要使两类权利的不可分割性、相互依存性和相互关联性在联合国的工作中得以贯彻,就有必要为《经济、社会、文化权利国际公约》设立申诉制度以矫正两类权利在实施措施上的不平衡。

反对为经济、社会和文化权利设立申诉机制的主要意见认为,这些权利在实质上是不可裁判的,也即不能通过司法途径解决权利争端或获得权利救济。另外,由于《公约》权利渐进实现的性质及其概念和术语的概括性,使得《公约》实施机构要决定缔约国是否以及在多大程度上违反《公约》并不容易,大部分申诉将会集中于缔约国在实现某些目标时努力不足,而委员会无法在个案中确定缔约国应当以怎样的进度来实现这些目标。

针对上述观点,向来存在很多反对意见。实际上,国际人权法的发展已经否定了经济、社会和文化权利绝对的渐进性和完全不可诉的认识。经济、社会和文化权利委员会已经在其第3号"一般性意见"里指出,《公约》中的许多权利要求直接和立即的实施,因此可以具有可诉性,这些权利包括第3条男女平等的权利、第7条同工同酬的权利、第8条的工会权利、第13条义务初级教育和父母对子女教育的选择权利以及第15条科研和创作的自由等等。此外,《公约》中那些排除国家干涉的权利,比如第6条通过"自由选择"工作隐含的免于强迫劳动的权利以及第11条住房权含有的免于任意驱逐的自由等,也都可以直接进行司法裁判。至于经济、社会和文化权利委员会如何行使处理申诉的权利和以什么标准判断缔约国是否侵犯权利、违反国家义务以及相应侵犯或违反的程度,这有赖于未来委员会在处理申诉时解释《公约》的权力和发展法理的能力,但并不能因此否定申诉机制的必要性。事实上,一个有效的申诉机制将逐渐廓清《公约》权利的性质和术语的内涵,从而使国家义务更加明确;现实的申诉案例在法律解释上的功能必然强于"一般性意见"和报告机制中的建设性对话。委员会认为,与对申诉制度的普遍认识相反,它们的价值并不在于其作为矫正和救济机制运作的程度,而更在于它们能够使法律规范明确化从而使国家更能事先精确了解自己的义务。

经过多年的努力,2008年6月18日,联合国人权理事会终于通过了最后版本的《经济、社会、文化权利国际公约任择议定书》草案。该草案生效后,个人将有权在《经济、社会、文化权利国际公约》中规定的权利受到侵犯时,向经济、社会和文化权利委员会提出申诉。此外,这一议定书也确立了国家间相互申诉的制度以及经济、社会和文化权利委员会就特定情况开展调查的程序。人权理事会通过《任择议定书》是联合国一项非常重要的成就。《任择议定书》将为那些常常与贫困、歧视和忽视相关的人权侵犯行为受害者提供一个重要的救济平台。

申诉机制对于报告制度的补充作用是显而易见的,这也就是多数人权公约都尽量同时设立这两种机制的原因所在。作为两种机制的衔接,一国在向国际人权机构提交报告时也应当就过去发生的申诉和履行机构作出的申诉决定的情况进行报告,同时,国家报告也可能成为人权机构处理申诉时的参考资料。申诉制度法律意义要远远超越处理争端的范畴,因为条约委员会在处理申诉的同时,也将以最直观和最丰富的方式阐释相关人权文件用语的涵义,不断廓清国家义务的具体内容和实施中的实际问题;基于个案的委员会集体"意见"在说明各种权利表述意义方面的价值也要远大于委员会的"一般性意见"或者对审查缔约国报告的结论性意见,这种发展法理的功能是申诉机制最深远的意义所在。但申诉机制的最大缺点是它经常是任择性的,缺乏适用上的普遍性。申诉只能针对认可人权机构处理申诉职能的国家提出,否则人权机构便不能受理。这样,国家的同意既是提起申诉的基本前提也是申诉不被接受的第一个障碍。

二、经济、社会和文化权利委员会

(一) 委员会与《公约》的关系

《经济、社会、文化权利国际公约》虽然规定了报告机制,但其本身并没有像《公民权利和政治权利国际公约》一样规定设立由独立专家组成的条约机构。目前经济、社会和文化权利委员会并不是根据《经济、社会、文化权利国际公约》直接设立的,而是由联合国经社理事会决议设立的,因此从技术上来看,它只是联合国的一个机关,而非条约机构。它的职权也来自于经社理事会而非《经济、社会、文化权利国际公约》。委员会的这种地位有着明显的优点和弱点。一方面,由于它属于联合国机关,经费直接来源于联合国而非缔约国,因此与其他条约机构相比少了许多财政困难;此外,委员会与《公约》的脱钩使得它可以在经社理事会授权之下比较自由地发展自己的工作方法,而不必受《公约》的严格限制。另一方面,由于委员会与经社理事会关系紧密而与《公约》不发生直接联系,这使得委员会对《公约》开展的工作缺乏其他条约机构的直接效力。委员会于1987年开始正式工作,从此,《经济、社会和文化权利公约》的执行机制开始接近于联合国其他主要公约。

经济、社会和文化权利委员会是经社理事会的辅助机构,因此应对经社理事会负责,它应当就其包括审议缔约国报告在内的活动向它报告,而且应当在审查国家以及专门机构提交的报告的基础上形成建议。作为委员会最切实的工作成果,委员会每次会议之后向经社理事会提出的报告最受国际社会的关注。该报告包括委员会对每个国家报告的审议总结、联合国专门机构提供的资料、国家代表对委员会提问的回复以及委员会的总结报告。如果委员会特别关注某个国家的人权情况的话,它将会把有关报告转交经社理事会,后者会定期提请联合国大会以及其他机构注意。委员会的报告除了提交经社理事会审议外,还会广泛地在联合国其他机构、其他人权机构和国际社会传播,这样,国家的人权状况就会受到国际社会最广泛的关注,从而可以促使国家更好地实施《公约》确认的基本权利。

(二)委员会的建立

目前,经济、社会和文化权利委员会由18名在人权领域具有公认能力的专家组成,他们不代表任何政府或者组织,完全以个人身份活动。为保证委员的公正和独立,各条约委员会的主席会议建议委员应当不参与本国报告的审议。委员会成员由经社理事会从国家提名的人选中以无记名投票方式选出,委员会的组成应适当考虑成员的均匀地理分布并且应能代表世界各种不同的社会形式和法律体系。

委员会成员的资质不仅与其审议缔约国报告的能力紧密联系,而且也还会影响到缔约国对委员会的信任。《公约》涉及的很多问题不只局限于法律范畴,委员会的组成因此不能只包括法律专家,还应当尽量包含具有其他领域专业知识的成员以使其能从容应对食物、住房、医疗保健等各个方面的专业问题。此外,委员会审议国家报告时从外界获得技术援助和咨询也显得非常重要,这也使得委员会不断扩大联合国各专门机构的参与。虽然人们对于委员会成员的地区分配存在一些批评,但另外一个方面它确实也是保证委员会成分代表性和多样化的重要保证。

委员会成员每届任期四年,届满如被重新提名可以连选连任,在照顾到委员地区分布的条件下每两年改选委员会的一半成员。在每次选举的至少四个月前,联合国秘书长应书面请求缔约国在三个月内提交他们的委员提名,至迟在选举前一个月秘书长应当将提名名单提交到经社理事会。虽然只有《公约》缔约国才能提名委员会人选，但是，由于选举是在经社理事会进行的，所以所有经社理事会成员国都有投票权。委员会设主席一人，副主席三人，报告员一名，由委员会内部选举决定。

根据经社理事会的最初设计，委员会每年的会期为三个星期，但是由于工作量的关系，后来每年增加一届会议，即委员会每年有六个星期的会期，而且必要时候还可以召开特别会议。委员会会议一般分别于5月和11、12月间在日内瓦召开，截至2009年底，委员会已举行了43届会议。委员会1989年的第三届会议通过了委员会的程序规则，经1990年和1993年两次修订后成为其工作方式和程序的基本规范。

（三）委员会的职权

在《经济、社会、文化权利国际公约任择议定书》生效之前，委员会的主要职责是审议国家提交的关于履行《公约》义务的报告。委员会每次会议一般审查五六个国家报告，如果一个缔约国在委员会安排国家陈述其报告日程的最后关头要求推迟陈述，委员会将不会同意此种要求，即使在国家代表缺席的情况下，仍会继续审议报告的程序。此外，如果国家拒绝与委员会合作，不提交或者严重拖延提交报告，委员会会首先通知该国，要求在将来的特定会议上审议其报告，如果国家到期仍不提交报告，委员会将根据自己掌握的所有材料对该国的经济、社会和文化权利保障状况进行评议。委员会需要作出决定时，应当以多数票通过，但是，表决并不是委员会采取决定的一般规则，而只是在不能达成一致的例外情况下，才进行投票。"一致原则"是委员会决策的一般原则。

在每届会议中，委员会都有一天的时间进行所谓的"一般讨论"（general discussion），就《公约》的特定条款、特定权利或者其他与《公约》相关的主题展开讨论和研究。委员会通过与联合国的特别报告员、非政府组织的专家以及联合国各专门机构的代表积极对话，获得他们的专业知识和技术帮助，从而使得这种一般讨论具有很高的专业性和权威性。此外，一般讨论使委员会能够研究一些与审议缔约国报告不直接相关的问题，也使它与其他机构的联系愈发紧密。在所有可参与的人员和组织中，非政府组织在一般讨论中最为活跃。

为帮助国家履行报告义务并详细阐释《公约》的宗旨和条文内涵，委员会从1988年起发布了一系列的"一般性意见"（general comments）。由于可以向国家揭示体现在国家报告中的诸多不足，"一般性意见"逐渐被视为促进《公约》实施的有效手段。同时，通过委员会各成员一致同意达成对《公约》中特定条款和术语的解释，"一般性意见"也是委员会发展《公约》法理的重要途径。"一般性意见"通过委员会审查国家报告过程中积累的经验来帮助和促进缔约国将来对

《公约》的实施,使有关国家注意那些反映在许多国家报告中的问题。在此过程中,委员会在实际上会对《公约》条文进行解释,虽然这种解释并没有法律拘束力,但由于委员会在监督《公约》执行中的权威性和专业性,在实践中大多数缔约国都将这些"一般性意见"作为进一步实施《公约》的指针。截止到2009年12月21日,委员会已经发布了21项"一般性意见",内容涉及《公约》报告制度、国际技术援助措施、国家义务的性质、食物权、残疾人权利、工作权和文化权利等诸多方面。

三、《公约》的报告制度

(一) 缔约国报告制度简介

报告制度本质上是建立于缔约国和国际机构对话基础之上的非辩论性程序。对于多数国家而言,起草人权条约的报告已经是政府某些部门的例行公事,而政府派员参加报告的国际审查也已是一国外交的当然组成部分和意义重大的外交活动。报告制度也是最广泛地被实施和接受的国际人权监控机制。1919年的《国际劳工组织章程》首先引进了报告机制,并设计出了"报告——审查——公布"的基本思路。这种思路作为执行公约温和而有效的方法后来被广泛引入了其他国际条约,而它最重要的影响是被普遍地拓展到了国际人权条约的执行措施之中。20世纪50年代,联合国在国际劳工组织实践的基础上发展出了就《世界人权宣言》条款普遍的和自愿的报告制度,但由于种种原因,这个制度在实践中并不理想。1966年的《消除一切形式种族歧国际公约》首先在联合国人权体系内构建了义务性的定期报告制度,其后不断扩展到其他公约。此外,报告制度也是各区域性国际人权条约国际监督机制的基础。

从表面上看,由于缔约国必须应对委员会的审查而使报告制度具有对抗性,但事实上,报告制度是目前最有效和最普遍的有关国际人权实施的合作方式,它的建设性对话的基本思路保证了它能充分显示国际人权合作的积极效应。委员会就认为,《公约》第四部分包含的报告义务主要是为了帮助缔约国实现其条约义务而设计的,同时也为(经社)理事会和(经济、社会和文化权利)委员会履行监督缔约国遵守它们的条约义务和便利《公约》规定的经济、社会文化权利的实现的责任提供一个基础。报告制度并非强加于国家,更不是一种对抗性程序。各个条约发展的报告制度存在一些相同的基本要素:国家通过缔约自愿承担条约规定的报告义务;由独立专家组成的委员会审议国家报告;其主要目的在于帮助国家更好地实现《公约》权利而非指责它们的所作所为。从缔约国方面看,报告程序也应当被理解为一次重新审视国内相关领域人权状况和再次确认本国承允的尊重和促进人权的国际义务的契机,而非一种程式性的国际手续。对于有关的国际机构(委员会)来说,审查报告的主旨在于对国家未来的行动提供建议和指针,而并非指摘报告的缺陷。

报告制度和申诉制度是国际人权法最主要的两种实施机制。其中,报告制度是国际人权保护的消极方法中适用最普遍、方式最平和的机制,它的主要目的在于帮助缔约国实施人权标准,所以普遍性和温和性是其根本要求。但是,这同时也隐含着报告制度的许多缺陷:首先,报告制度的效果往往流于浮泛,它可以指导报告国的法律和实践,但在本质上不能对其行为做是非判断,所以国际监督机构审议报告后的意见也多是一般性的政策性建议,虽然在少数报告程序中存在实地调查的可能,但是由于报告制度严重依赖主要来自报告国的书面情报,因而很难做到完全客观和具体;其次,由于报告制度中国际监督机构处于相对被动的地位,是报告程序的相对一方,递交报告和参与审议以及嗣后对相关建议的实施都需要报告国良好的合作意愿和持续的积极行动,这种制度的直接结果就是出现大量滞交和拒交报告的状况,并且相关建议在缔约国的落实状况也不尽如人意;最后,报告制度更多关注的是报告国在宏观上实践人权条约和规范的效果,目的是在报告国国内营造尊重人权和享受人权的整体环境,侧重于减少未然的人权侵害,因而很少从实际个案出发关注已然的个人权利的侵犯与相关救济。

(二) 报告制度的目的和意义

经济、社会和文化权利委员会在1989年发布的第1号"一般性意见"里详细论述了报告制度的7项不同目的,依据该7项目的,可以总结出报告制度的五点基本作用:

第一,国际监督作用。各个条约设立的委员会都曾强调一般法律情况的报告是不充分的,单纯描述法律程序的报告不会受到委员会的欢迎,并将会导致委员会要求国家代表补充许多详细资料。报告应当包含详尽的和依据充分的最近发展,并且应当在理论上的状况和实践中的情形之间取得平衡,这就要求在国内存在一个健全的针对每一具体权利的规律性的监督机制。报告制度的监督作用是确定和救济可能发生的人权侵害不可或缺的第一步,"尤其是国家在缔约或加入条约后的初始报告,更应当对该国的立法、司法、行政规范和程序以及实际操作进行全面和细致的反映和检视以保证最大限度地与《公约》条款相符合"。

第二,公众审查功能。人权条约不只是力求促进实现国家的国际义务,而且从根本上来说是为了实现它对其公民的义务。这样,国家准备报告的过程同时也就是征询有关的社会、经济和文化部门或社会团体的过程,这同时也就赋予了他们监督和审查政府准备中的报告的正确性、完整性和专业性的机会。许多国家为准备报告经常向有关具体问题的非政府组织收集资料,或者请这些组织提交对报告草案的评论,甚至有些国家将起草报告的任务交给包含非政府部门代表在内的团体,更多国家的实践是将报告以及委员会的审查结果向大众公布供其评论。"通过这些方式,准备报告及其在国内的审议过程可使其至少和委员会与报告国代表在国际层面的建设性对话一样有价值。"

第三,政策规划作用。许多人权问题可以通过修改有关立法,改变某些行政实践或者向有关机构发布适当指导的简单方法求得解决。但是上述快捷方法对于更多的人权问题可能会无济于事,因其解决有赖于长期的一系列政策规划以确保完全而长期的履行《公约》义务。大多数经济、社会和文化权利(如教育权、社会保障权以及工作权等),都要求长期的和渐进的政策和法律规划。报告审查机构(委员会)不会要求国家在一夜之间完全实现这些权利,但是它会期望能从国家的报告中看出国家为实现这些权利而发展与《公约》权利的目的和实质相契合的政策和立法的轨迹,并且很多时候,委员会的建议可能包含对国家未来政策和立法的指导。

第四,双重评价作用。国家准备的定期报告的义务为国际社会和国家本身提供了评价其人权方面进展的一个好机会。报告审查机构(委员会)非常注意比较前期报告中揭示的问题和后续报告中在这些方面的进展,同样,国家也可以利用报告的机会检视两期报告间就报告涉及的人权问题所取得的进展以及与预定目标的差距。当然,委员会更加强调国家在报告中提出影响实现有关人权的因素和问题。报告不能"只报喜不报忧",一味鼓吹国家人权成就的报告并不会受委员会的欢迎。在委员会的认识里,即使那些人权记录最好的国家仍然有可以继续改善的空间,而国家开诚布公地坦承问题更能显示它与委员会合作的诚意。从国家方面来看,只有承认问题的存在,才可能为其寻找解决方法,也才可能真正促进和保护国内人权。委员会因此认为,"国家详细报告约束实现人权的'因素和困难'非常重要。识别和确认相关困难的过程就提供了设计更为适当的政策的框架"。所以,报告制度的评价作用,无论从主体还是从主题来看,都具有双重的性质。

第五,信息交流作用。联合国设计人权报告制度的初衷之一就是收集会员国在这一领域内正反两个方面的经验以便它们相互学习。同时,它也可帮助委员会确认"国际社会帮助国家的最合适的方法"。此外,不同国家的报告也能反映对《公约》的不同理解,这促使审查机构(委员会)就这些问题给出统一的建议性认识,经济、社会和文化权利委员会发表的"一般性意见"和委员会会议期间进行的"一般讨论"就是关于很多国家报告中集中反映的问题具有权威性的建议性评论。所以,国家的报告对委员会来说也是一种资料来源,后者可以将这些集体经验提炼为具有指导性的并对所有缔约国都有影响的建议。

(三) 报告的起草与内容要求

以积极的政治合作意愿为基础，缔约国应当认真准备《公约》实施情况的报告。政府应该为负责起草报告的人员提供足够的时间、物质资源和必要的授权，应当保证报告起草人员有足够的时间完成任务。根据关于实施《公约》的《林堡原则》和委员会的意见，国家未按《公约》要求提交报告即构成对《公约》义务的违反。因此，根据《公约》规定，为应付报告义务而做成的不充分和不真实的报告正是对《公约》义务的违反。另外，由于报告强烈的时效性，迟交或者拖延不交报告更是对《公约》义务的严重违反。事实上，拖延递交报告的现象普遍存在，为此，委员会曾通知那些严重拖延递交报告的国家：只有当委员会收到更加及时的情报，委员会才会在最近一份报告和有关的记录的基础上审议它们履行《公约》义务的情况。如果国家仍不提交报告，委员会将指定一名委员在没有国家提供的情报的条件下就该国实施《公约》的情况作出报告。

许多国家都可能要面对有限的可用资源的问题，但是周详的计划和协调可以最大限度地利用资源。政府可以考虑设立一个政府部门间的高级别的工作机构负责报告起草中的协调工作。在这个机构的监督之下，报告的各个部分可以分配给相关的政府部门，之后再由该协调机构统一完成。不管采用什么方式，重要的是正确协调此项工作，明确各个部门的任务并确保它们使用一致的方法完成报告的实质内容。可以想象，在很多国家，政府官员和行政人员对于国际人权标准的总体了解水平是很低的，通过参与扩大报告准备工作的人员的范围，报告的实质水准将会因为这些人员的专业知识而大为提高。此外报告程序可以帮助政府行政人员增加在他们各自的领域里对国际人权法的了解，从而为消除国内法律和实践与国际人权标准的差异奠定基础。

对于报告起草最重要的莫过于形成报告实质内容的资料和信息的收集与采纳了。从国家批准或者加入《公约》的那一刻开始，就应当展开系统化地收集、整理和分析相关信息和资料的工作，虽然通常情况下一国在成为《公约》缔约国之前就应当完成对国内立法和行政实践是否和《公约》义务相符的检查工作，但它仍然应是国家准备初始报告的起点。一般来说，国家使用在报告里的资料来源可以归为两类：政府来源和非政府来源。政府可以为所有《公约》报告起草人员设立专门的情报和资料机构，也可以将各个政府部门和地方政府机关的资料作为报告起草之用，或者利用已有的报告。这些都是各个国家采用的报告资料搜集的典型途径。报告资料的非政府来源可以是非政府机构的信息和报告，大众媒体的报道以及学者的调查和研究等。这些非政府来源的资料对于政府准备报告有举足轻重的作用。首先，来源于政府的资料往往只是表明政府的观点，虽然从根本上说，国家提交给委员会的报告是政府本身对自己在经济、社会和文化权利方面作为的自我评价，但对政府来说，在准备报告时是有必要了解政府以外的社会机构是如何评价其作为的。相对于国际谴责，政府自然更乐意接受国内各界的批评和建议，而且也只有在了解到本国国民对于政府实施《公约》义务的评价之后，政府才可能做成建立于民意基础上的高度真实的报告。其次，很多时候，某些非政府机构掌握的信息或者资料可能并不为政府所了解，而且这些非政府性质的资料来源更多地关注人权侵害以及各自相关领域内的人权问题和进展，它们在很大程度上比政府的资料更加客观和专业。当然，是否采用以及在多大程度上采用非政府来源的资料仍然是由作为报告起草者的政府裁量的，但是如果政府无视这一重要的资料来源或者低估其价值本身可能就是对于国内人权问题的忽视。尤其是在发展中国家，当政府可能没有足够的资源用来对资料的收集和整理时，非政府来源的资料就显得尤为重要了，它们可能会是政府准备报告时最丰富的资料保障。

在起草阶段，报告的各个部分应当在有关的政府机构间尽可能广泛地加以讨论以保证报告的完整性和正确性。报告的最后文本应当广泛征求政府官员、非政府机构、社会团体及其他主体的评论和意见。这个程序可能比较费时，但是除了可以保证报告的质量之外，它还可以提高社会公众对政府的报告义务及其履行程度的了解。所以，提交给委员会的报告最后文本应当尽量使报告国国民、政府、报告的起草群体和负责审查的国际机构都感到满意。

2008年11月，经济、社会和文化权利委员会在其第49次会议上通过了《缔约国根据〈经济、社会、文化权利国际公约〉第十六和十七条提交条约专要文件的准则》，取代原经修订的一般性准则，这一新准则考虑了2006年6月人权条约机构第五次委员会间会议上通过的《国际人权条约提交报告的协调准则》（HRI/GEN/2/Rev.5）以及委员会的结论性意见、"一般性意见"和各类声明中逐渐演变出的执行《公约》的各种做法。

据此准则，依据《国际人权条约提交报告的协调准则》提交的国家报告分两部分：针对且适用于所有人权条约报告要求的共同核心文件和满足某一特定条约要求的专门文件（即条约专要文件）。共同核心文件应根据协调准则的规定，列入关于报告国的一般性资料、保护和增进人权的一般性框架以及关于不歧视和平等及有效补救措施的一般性资料。向经济、社会和文化权利委员会提交的条约专要文件则不应重复共同核心文件所列的资料，或单纯列出或说明缔约国通过的立法。它应该参照委员会的"一般性意见"，载入具体资料介绍《公约》第1条至第15条在法律和事实上的执行情况，并列入资料说明近期有哪些法律和实践的发展演变影响了《公约》所确认之权利的充分实现。它还应列出资料说明为达到该目标采取的具体措施以及取得的进展。除初次提交的条约专要文件以外，还应列入资料说明已采取了哪些步骤解决委员会在关于缔约国前一次报告的结论性意见或在"一般性意见"中提出的问题。

就《公约》确认的具体权利而言,条约专要文件应说明:(1)缔约国是否为落实《公约》每项权利而通过了框架性国家法律、政策和战略,查明为达此目的可用的资源以及这类资源成本效益最大的利用方式;(2)任何监测全面落实《公约》权利进展情况的现有机制,除按照协调报告准则附录3提供的资料以外,还要参照人权事务高级专员办事处列出的说明性指标框架和清单(HRI/MC/2008/3),逐一确定与《公约》每项权利相关的指标和相关国家基准;(3)现有哪些机制可以确保缔约国作为国际组织和国际金融机构成员国在采取行动以及谈判和批准国际协定时,充分考虑到了它对《公约》承担的义务,以便确保各项经济、社会、文化权利免受损害,特别是处境最为不利和最为边缘化的群体的这种权利免受损害;(4)国内法律秩序纳入和直接适用《公约》每项权利的情况,并提供相关判例法的具体实例;(5)现有哪些司法和其他相关补救措施,帮助其权利受到侵犯的受害人获得补偿;(6)由于缔约方无法控制的因素造成的阻碍充分实现《公约》权利的结构性障碍或其他重大障碍;(7)过去五年间《公约》每项权利享有情况的逐年比较的统计数据,按年龄、性别、族裔、城镇/农村居民和其他相关状况分列。

(四)缔约国报告的审议

迄今为止,《经济、社会、文化权利国际公约》的国际监督和执行机制仍然完全依赖于单一的报告制度(任择议定书生效后将增加个人来文制度)。根据《公约》第16条第1款,所有的报告都提交给联合国秘书长。实践中秘书处承担了接受报告的责任,并且负责将报告转交给有关的联合国专门机构。

此后,报告审查程序就正式启动。秘书处将报告进行整理和翻译后,就将其转至由五位委员组成的"会前工作组"(pre-sessional working group),由该工作组在委员会全体会议审议该报告6个月前进行初步审查。工作组在初步审查后作出初步审查报告并指定一人对国家的报告进行详细审查,之后就该报告列出一个问题列单并将其转给报告国。委员会应当尽量控制列单上的问题数目并应确保这些问题紧密围绕报告,而报告国应当在向委员会口头陈述报告前书面回答这些问题。

委员会审查国家报告是公开进行的,虽然在委员会审议报告期间由报告国政府代表向委员会口头进行陈述并不是报告国的强制义务,但是委员会仍强烈建议报告国派出代表参加委员会审议,事实上大多数国家的政府代表团都出席了委员会的审议会议,并且由于该角色的重要性,从委员会和相关国家的角度来看,都要求代表的经历、地位和专业知识应保证他们能把握《公约》确立的全部权利。代表团首先要向委员会提供介绍性说明并回应会前工作组的书面问题,之后与即将审议的报告有关的联合国专门机构向委员会提供相关信息,然后才由委员会的委员向出席会议的国家提出问题和观察评论(observations),委员会将给国家代表一段时间准备这些问题,往往是另择一日听取国家代表的回答,而在这段时间内委员会也不能再提出全新的、可能使国家无法准备的问题。国家代表则应当尽量详尽地回答委员会的问题,如果在会期内不能给出满意答复,委员会通常会要求国家在会议后提供补充信息以便其在未来的会议期间进行审议。

委员会在审议结束后,将发表"结论性意见"(concluding observations)作为对于国家报告的审查结论,它同时也是委员会对《公约》在报告国的状况的决议。与国家报告的内容相对应,"结论性意见"分为"导言"、"积极方面"、"影响《公约》实施的因素和困难"、"首要关注事项"和"意见和建议"五个部分。它在委员会每次会议的最后一天向公众发布。虽然委员会的"结论性意见",尤其是其中的意见和建议没有法律拘束力,但它们显示了联合国系统内唯一有权做此类声明的专家机构的意见,因此,无视这些意见或者不依其建议采取行动的国家将会被认为未诚信履行自己的《公约》义务。实际上,在有些情形下,委员会也作出了有关国家违反《公约》义务的结论,并要求缔约国停止进一步的侵害行为。

国家准备报告和向委员会提交、陈述报告,直到报告完成后的后续工作,是国家的报告义务和委员会监督职责的一个互动过程。这个过程根据履行义务主动权的转换分为三个阶段:第一个阶段是国家准备报告的过程,是国家主动完成报告义务的过程;第二个阶段是国家派员参加委员会审查报告会议的过程,在这个阶段委员会掌握着审查国家履行《公约》义务的主动权,而国家则相对处于被动地位;第三阶段是报告审查后的后续工作,委员会和国家各自应主动履行其义务和职责,在这点上双方都占有一定的主动权。

在按顺序论述各阶段里国家和委员会的活动之前,必须着重强调一点,即国家与委员会合作的政治意愿,因为它最终决定了报告程序的推进和效果。很多时候,政府可能将向国际机构报告国内人权状况的义务视作对国家主权的冲击,也会考虑到其他国家可能利用本国的报告寻求外交上的筹码,同时还会担心报告会为那些不友好的组织和机构提供反对本国的材料等,所有这些考虑都可能使国家在准备报告时小心翼翼地选择资料,进而导致报告的不充分和不真实。但这些担心实际上是一种多虑引致的错觉。首先,国家向国际机构报告国内人权状况是依据条约承担的义务,而缔约本身就是国家主权的一种积极表现,那么经由缔结国际人权条约产生的报告义务则是国家行使主权的自然结果,从根本上来说是与国家主权相合而不是相背的。其次,国家的报告行为向国际社会显示了它与相关国际人权机构合作的意愿和为此作出的积极努力,表明国家没有游离于保护人权的国际机制之外,也没有刻意隐瞒国内人权状况的缺陷,这在实践中只可能改善国家的国际形象并为其外交赢得主动。

当国家将定稿的报告提交委员会后,国家与委员会的对话阶段便正式开始。国家首先应当注意提交的报告的完整性,很多时候应当提供适当的补充资料以便委员会客观公正地理解报告内容。委员会的成员来自各种地理区域和不同的文化背景和法律体系,而且对于报告国的国内情形可能了解甚少,因此他们往往根据自己的背景以自己的观点对待报告国提供的法律和行政规则,所以国家的法律应有必要附带其具体实施的分析性说明或者司法决定、法庭判例等,这些虽然不是报告的构成部分,但它们对于减少委员会的疑问作用很大。

建设性对话的质量取决于政府代表在出席审议时通过与委员会的对话对报告中的信息缺口的弥合程度和消除委员会疑虑的效果,而委员会在政府代表的参与下对报告进行口头审查已经是委员会实行的普遍和有效的国际监督实践,所以虽然审查报告的时间因素可能影响审查效果,但是国家派出出席审查的代表人员的素质却是这种对话的效果的最大影响因素。根据委员会的实践,出席委员会报告审查会议的政府代表应当具有能够提供最权威、最详细和最新信息的法律地位和权利,并且应当具有细致讨论和回应委员会有关《公约》实施的任何问题的专业知识和能力,所以国家最好应派遣高级别的代表团,同时其规模应能涵盖《公约》的所有领域,其中应包含一定的报告起草人员。总之,代表团应当能够担负和委员会进行有效、真诚和全面对话的职能,并足以在报告审查后影响国内有关《公约》实施问题的决定。

委员会的与政府代表对话的会议内容反映在"摘要记录"(summary records)中,如果记录有错误可以纠正,所以报告国政府应当仔细审查对话中政府代表发言的正确性,以免错误的陈述在被记录后对报告国有不利影响。报告国应当仔细分析委员会的所有要求以确定未完满答复的问题和需要进一步提供的信息,根据委员会的建议和对报告国人权状况的理解,报告国应主动向委员会提供补充资料。有时候,如果整个报告都不够完整和详细,国家可能有必要重新准备一份全新的报告,但绝大多数情况下,委员会只是在报告国代表未能澄清报告中不完善的问题或者对委员会着重关注的紧迫问题重视不足时,会要求报告国在审查会议后提交补充性说明。另外一方面,委员会对特定问题的关注也同时向报告国表明该国日后定期报告的工作重点。

对话结束之后,委员会依据程序规则开始评议国家报告并作出审议结论,根据《林堡原则》的建议,委员会审议报告的主要侧重点是"分析阻碍《公约》所载权利实现的原因和要素,并在可能的情况下指出解决方法",但是,这种方式不应排除在信息确凿的情况下作出"缔约国未能遵守其《公约》义务的决定"。报告审议结束后委员的职责还包括向经社理事会作出报告等,而国家在第三阶段的主要义务则是考虑和采纳委员会的意见和建议。采纳委员会的建议和对话结论的主要切入点应当是委员会在其报告评论中表明的国内法律和政策的修正和变化。实际上很多时候，委员会的评议就是指出立法的变化以使某些法律与《公约》之下国家的国际义务相一致，同样，某些行政规定和实践也可能需要相应的改变，这个国际法的基本原则集中体现在1969年《维也纳条约法公约》里。

同时，政府应当使所有参与起草报告的人员详细了解政府代表在委员会面前陈述报告的情况，尤其是，政府应当使受《公约》影响的司法机关和政府机构、介入报告起草的团体等及时了解政府代表与委员会对话的结果以便他们在各自的职责之下采取行动回应委员会关注的各类问题。国际人权公约的实施最终关系到国内每个人的权利，所以报告和审议过程及结果的公开是政府在报告审查后义务的最主要方面。将报告本身和记录其审查过程的文件公诸于世是政府在向委员会报告之后国内后续工作的重要方面。政府可以通过大众媒体在国内报道政府与委员会的对话过程，也可以将报告和有关文件出版发行以便大众了解和讨论。

（五）中国首次报告及其审议

中国于1997年10月27日签署了《经济、社会、文化权利国际公约》，2001年2月28日，第九届全国人民代表大会常务委员会批准加入《公约》。2001年3月27日，中国常驻联合国代表团向联合国秘书长递交了批准书。2001年6月27日，《公约》正式对中国生效。根据《公约》第16条、第17条及经济、社会和文化权利委员会相关规定，中国应于2003年6月27日前通过联合国秘书长向经济、社会和文化权利委员会提交关于《公约》执行情况的首次报告。中国政府于2003年6月27日按期向联合国提交了首次履约报告。

报告着重从国家立法、司法实践情况，包括存在的困难和问题等方面介绍了中国执行《公约》的总体情况。报告分为三个部分：第一部分为中国（大陆地区）执行《公约》方面的有关情况及进展。第二部分为中国香港特别行政区执行《公约》的有关情况，由香港特别行政区政府撰写。第三部分为中国澳门特别行政区执行《公约》的有关情况，由澳门特别行政区政府撰写。根据该报告序言，报告在撰写过程中"遵循经济、社会和文化权利委员会关于缔约国提交首次履约报告的一般性准则和一般性意见"。中央政府报告部分由序言和12部分正文组成，共8万余字，主要说明了中国在落实自决权、采取措施保障充分实现各项权利、男女平等、工作权、享有良好工作条件的权利、参加工会的权利、享有社会保障的权利、对家庭的保护、享有适足生活水准的权利、健康权、受教育权、参加文化生活、享受科学进步的权利等方面的情况，报告许多内容涵盖10年跨度。此外，中国政府还提交了约10万字的补充答复材料。

联合国经济、社会和文化权利委员会在2005年4月27到29日举行的第6

至第 10 次会议上审议了中国关于《经济、社会、文化权利国际公约》的首次履约报告。参加审议的中国代表团由中央政府和两特区政府官员组成,并分别向委员会介绍履约报告。根据中国代表团团长、中国常驻日内瓦代表团代表沙祖康大使所做的陈述发言,中国政府高度重视报告撰写和审议工作,成立了由外交部、劳动和社会保障部、教育部、卫生部、建设部等 15 个部门组成的报告撰写工作组,在搜集和综合各政府部门、学术机构、新闻媒体和民间团体提供的材料基础上形成初稿,经广泛征求社会各界意见后反复修改、审核,用长达一年时间完成起草工作。报告主要介绍中国政府为促进《公约》各项权利制定的法律和计划、采取的措施以及设立的机构,包括取得的成绩以及存在的困难和不足。

经济、社会和文化权利委员会在 2005 年 5 月 13 日举行的第 27 次会议上通过了关于中国报告的"结论性意见"。委员会首先欢迎中国作为缔约国按时提交了首次报告,报告编写总体上符合委员会的准则,并对委员会的问题单所作的全面书面答复表示赞赏。在积极方面,委员会肯定了中国政府在劳动者保护、社会保障制度、农民权益保护、艾滋病防治等方面采取的措施,同时对《2020 年教育发展纲要》表示欢迎。在"妨碍执行《公约》的因素和困难"方面,委员会虽然承认中国"幅员辽阔,人口众多",但同时指出,"缔约国并不存在任何有碍缔约国有效履行《公约》的重大因素和困难"。在谈到"主要关注问题"时,委员会用 28 个分段列出了其非常关注的中国在履行《公约》义务方面存在的问题,包括报告提交之前未经公众咨询,缺少有关经济、社会和文化权利领域可比性的统计数据,国内流动人口在就业、社会保障、卫生服务、住房和教育等方面受到事实上的歧视,性别不平等现象仍实际存在,实行劳动教养,在不起诉、不审判、不复审的情况下把强迫劳动作为改造措施的做法,正规福利制度的多项改革措施尚未扩大到农村,在城市开发项目和农村发展项目以及 2008 年奥运会前发生了强制搬迁现象,在全面普及免费初级义务教育方面仍存在各种问题以及在学术研究、中外出版物和互联网方面,对获取信息规定了限制等。最后,对应上述问题,委员会用 30 个分段提出了丰富的意见和建议。

四、经济、社会和文化权利申诉与调查机制

(一) 申诉机制的一般要求

2008 年 12 月 10 日(即世界人权日),联合国大会的 A/RES/63/117 号决议通过了《〈经济、社会、文化权利国际公约〉任择议定书》,该议定书于 2009 年 9 月 24 日开放签署,并将在获得 9 个国家批准后正式生效。

根据这一议定书,经济、社会和文化权利委员会有权接受和审议个人来文,

但来文所针对的申诉对象须是批准了该任择议定书的《公约》缔约国(第1条)。申诉可以由声称其经济、社会和文化权利受到侵害的受害者个人或群体提出,也可以由其他人代其提出。当然,在代理提出的情况下,申诉者应获得受害者个人或群体的同意,除非申诉者能证明没有此种同意的正当性(第2条)。此外,来文必须在用尽当事国所有当地救济渠道之后方可提出,除非当地救济被不合理地拖延(第3条第1款)。

申诉还须满足一系列受理条件方可被委员会所接受,这些条件主要包括:来文应在用尽当地救济后一年内提出(除非申诉人可以证明无法在这一时限内提出);有关事实须发生于或延续至议定书对被申诉国家发生效力之后;同一事项未受到委员会或另一国际调查程序的审议;来文不是明显缺乏依据或单纯基于大众媒介的报道;不可匿名且应书面提出(第3条第2款)。此外,如果来文并未表明申诉者受到了明显的不利影响,委员会也可拒绝审议该事项,除非来文具有严肃的普遍重要性(第4条)。

就国家间申诉而言,申诉国和被申诉国必须都是接受了议定书的缔约国,在这一条件下,如果一个缔约国认为另一缔约国没有尽到《公约》义务,即可向委员会提出申诉(第10条)。

(二) 申诉的处理程序

如果个人来文满足申诉要求,委员会将以保密方式提请有关缔约国注意这一申诉;收到通知的缔约国则应在六个月内向委员会提交书面的解释或声明,以澄清有关事项以及该国已经提供的救济(第6条)。同时,委员会在收到来文之后、作出决定之前的任何时候都可以要求有关缔约国紧急考虑采取必要的临时措施,以防止对受害者造成不可挽回的损害(第5条)。

对于受理的申诉,委员会应积极居中调解以促使各方达成友好解决,当然,此种解决方案应以尊重《公约》义务为基础(第7条)。委员会在审议来文时应依据所有提交给它并转发给相关各方的文件,以闭门会议的方式进行,同时可以适当参考来自于联合国各机关、专门机构、其他国际组织,包括地区人权体系的文献,以及与申诉有关的缔约国的意见。此外,非常重要的一点是,委员会在审议来文时,应考虑相关国家根据《公约》第二部分(国家义务的一般原则)所采取的措施的合理性(第8条)。

在来文审议结束后,委员会会将其意见连同相应的建议转达给申诉各方;缔约国应给予这些意见和建议应有的考虑,并在六个月内提交书面回应,包括该国就这些意见和建议所采取的措施。此外,委员会还可以促请缔约国在其国家报告中就有关事项向委员会提交进一步的信息(第9条)。

国家间申诉的程序与个人申诉略有不同。首先,如果一个缔约国认为另一国未尽到《公约》义务,申诉国可以通过来文的方式提请该另一国注意,也可以直接提请委员会注意该事项;接到来文的国家应在三个月内向发出来文的国家提交书面解释或其他声明以澄清有关事项,包括相关的国内程序和所采取的救济措施。此后,如果在接到来文六个月内相关事项未获满意解决,则任何一国都可以将该事项提交到委员会并通知另一缔约国。委员会在接到申诉后,应首先居中调解,以争取获得友好解决,在此期间,委员会的闭门会议应有申诉双方国家的代表参加,并提交意见。最后,委员会应尽快解决相关争议并就该事项提交报告。这一报告的内容根据解决方式不同而有不同:如果达成了友好解决,则该报告只需简单说明事实和达成的解决方法;如果未达成友好解决,报告则应说明两国间争议事项的相关事实,委员会也可以同时向双方提出自己的意见(第10条)。

(三) 调查程序

《〈经济、社会、文化权利国际公约〉任择议定书》也设立了经济、社会和文化权利委员会的调查职能,但是这种职能在具体缔约国的实施则必须以有关国家认可委员会的调查职权作为基础(第11条第1款)。

从委员会角度来看,调查程序相对于申诉程序是一种更加主动的机制。当委员会收到可靠信息显示存在严重或系统侵犯经济、社会和文化权利的情况时,委员会可以促请有关缔约国配合委员会审查这种信息并提交意见。之后,委员会可以指定一个或多个成员开展调查并提出报告;在有关缔约国同意的情况下,这类调查可以包括在该国领土上的访问(第11条第3款)。在审议了此种调查的发现之后,委员会将把调查发现连同其意见和建议传达给相关缔约国,该国则应在收到委员会的意见和建议后六个月内向委员会提交其评论(第11条第6款)。在调查程序结束以后,委员会经与有关缔约国协商,可以决定在其年报中加入这一程序的结果概述(第11条第7款)。

作为调查程序的跟进措施,委员会可以促请有关缔约国在其国家报告中包括为回应调查而采取的措施的详细说明。在必要的情况下,委员会还可以在上述的六个月期限过去后要求有关缔约国告知该国为回应调查所采取的措施(第12条)。此外,委员会还可以在获得有关缔约国的同意后,向联合国专门机构等其他有关机构传达委员会关于来文和调查的意见和建议,以寻求必要的国际技术援助与合作(第14条)。

五、《公约》在缔约国的实施

(一)《公约》在国内法中的地位与执行

我国《宪法》对于国际条约在国内的适用没有明文的规定。《民法通则》则规定:"中华人民共和国缔结或者参加的国际条约同中华人民共和国的民事法律有不同规定的,适用国际条约的规定,但中华人民共和国声明保留的条款除外。中华人民共和国法律和中华人民共和国缔结或者参加的国际条约没有规定的,可以适用国际惯例。"很多法律、法规也都依此作出了类似的规定。但实际上,我国并没有确立国际条约高于国内法的一般原则,而且国际条约在中国适用的具体做法也并不统一。

由于人权公约对国内法律秩序冲击较大,我国对待人权条约的普遍做法是修改相关的国内法律,或者通过新的国内立法以保证在国内实际履行公约义务。例如《妇女权益保障法》就是我国为适应《消除对妇女一切形式歧视公约》的要求而制定的相关国内法。另外,从我国向禁止酷刑委员会提交的《中华人民共和国执行〈禁止酷刑和其他残忍、不人道或有辱人格的待遇或处罚公约〉情况的第三次报告》中可以明显看出我国对这类公约义务履行方式的倾向。这份报告详尽列举了我国为执行公约修订《刑法》和《刑事诉讼法》的相关情况,如取消收容审查、增加死刑执行方式、提前律师介入刑事诉讼的时间等,这是报告认为中国履行了公约义务的一个重要论据。可见,对于人权公约,我国并未将其简单地直接纳入国内法体系,而是采取了修改相关国内法的做法,最终法院直接适用的仍然是国内法。实际上,为了满足《经济、社会、文化权利国际公约》的要求,中国在1997—2001年间修订和新制定的法律超过30项,其中包括《宪法》。1999年3月,第九届全国人民代表大会第二次会议通过《宪法》修正案,其中包括保护公民经济、社会和文化权利方面的内容,如增加"个体经济、私营经济等非公有制经济,是社会主义市场经济的重要组成部分","国家保护个体经济、私营经济的合法权利和利益"等条款。

(二) 非政府组织的作用

长期以来委员会都很关注非政府组织在提供缔约国公约实施状况等情报方面的巨大作用。它是联合国内第一个接受非政府组织递交有关公约权利在特定国家实施情况的书面资料和口头陈述的条约监督机构,可以说与非政府组织的正式而密切的合作是经济、社会和文化权利委员会工作方式中最独特的方面,同时也是委员会工作内容的多样性和技术性的重要体现。2000年9月,委员会编写了《非政府组织参与经济、社会和文化权利委员会活动》(E/C.12/2000/6)的说明文件,用以指导非政府组织参与它的工作。根据这一文件,向非政府组织开放的委员会主要活动包括缔约国报告的审议、一般讨论日和"一般性意见"的起草,且非政府组织参与活动的主要方式是提交书面意见和参加专题讨论。

委员会每期会议第一天的下午会议专门为非政府组织提供一个表达它们关于缔约国是否认真履行《公约》义务的看法的机会。只要非政府组织提供的情报明确关注《公约》条款,直接与委员会审查的事项相关并真实可信,措辞中肯,委员会将听取其口头陈述。委员会指出,非政府组织程序的目的是使其尽可能充分地获取有关信息,审查其可能获得资料的正确性和相关性以及使吸收非政府组织情报的过程更加透明和客观。希望向委员会提供情报的非政府组织可以在委员会会议前几个月致函委员会秘书处要求参与非政府组织程序。具有联合国咨询机构地位的非政府机构或其他与这些非政府组织有联系的团体可以参加委员会会议,并且具有联合国咨询地位的非政府组织可以随时向委员会提交书面资料。

1994年在委员会第10届会议上,一些非政府组织提请委员会关注有关菲律宾将大量家庭强制驱逐出其居住地的事件,委员会据此认为这"足以引起人们关注这些侵害行为以及以后可能构成对《公约》义务进一步违反的某些措施"。在这些非政府组织提供的情报的基础之上,委员会要求菲律宾政府就此作出答复,菲政府第二年提交了相关报告。委员会在审议之后认为,菲律宾政府有组织地强制驱除约20万户家庭而不为其提供足够可用的住所与《公约》义务不相符,并据此要求该国政府除非在绝对特殊的情况下,经考虑所有其他选择,并充分尊重所有受波及的人们的权利的条件下不可进行强制驱除,应立即停止所有不加区分和非法的强制驱逐。这个案例有几点值得注意:首先,整个程序的启动是基于非政府组织提供的情报资料,而不是通过委员会对缔约国报告的审查,委员会要求菲政府提供报告的行为似乎是在行使其在某些严重的情况下要求缔约国提交特别报告的职责。其次,委员会暗示性地指出缔约国违反了条约义务,虽然这并不一定走出了报告程序的轨道,但是也表明委员会正在不断地采取所谓的"准司法"机制,而不只停留在建议性或辅助性职能的层次上,其实,这一趋势早在1987年的《林堡原则》中便体现出来了。最后,委员会在本案中不仅关注当前的救济措施,而且意在通过提前介入来防止将来的侵害行为,这使委员会执行措施的滞后性和被动性有很大改善。总而言之,这个案例不仅完整地体现了在非政府组织介入下委员会的工作方式,而且在许多方面显示出了委员会工作方式的演变趋势。

这种演变的突出一点就是委员会在对待紧迫和严重的人权侵害的方式上的新转变。委员会已经不再单纯依靠作为一般方法的缔约国报告制度,而是采取了派遣代表团实地调查的方法。1995年和1997年,委员会认为缔约国在报告中提供的情报没有完全消除委员会对于缔约国侵犯《公约》权利的顾虑,遂分别要求巴拿马和多米尼加共和国接受委员会派出的由两位委员组成的代表团以实地收集有关信息。虽然两个国家最初都反对接受代表团,但是最后它们都接受了这个建议。代表团在实地调查之后提出自己的报告,这些报告原则上是保密的,但是委员会也通过了一系列论及两次实地调查的观察报告。这两次调查实践是委员会在报告制度上和工作思维上的巨大突破,使委员会掌握了更多的主动,应会引致更具建设性的对报告制度的改进。虽然在《公约》和委员会的组织文件中都没有关于其调查权的规定,但是所有这些变化都显示着一个趋势,即委员会可以在《公约》和组织文件的空白之间,在它与经社理事会的紧密联系之中发展规则,开创、更新自己的工作方式,强化工作效果,其中由其起草的旨在建立个人申诉制度的《公约》任择议定书的通过,正是委员会新工作方式的最近成果。

附录一 《经济、社会、文化权利国际公约》

序　　言

本公约缔约各国,

考虑到,按照联合国宪章所宣布的原则,对人类家庭所有成员的固有尊严及其平等的和不移的权利的承认,乃是世界自由、正义与和平的基础,

确认这些权利是源于人身的固有尊严,

确认,按照世界人权宣言,只有在创造了使人可以享有其经济、社会及文化权利,正如享有其公民和政治权利一样的条件的情况下,才能实现自由人类享有免于恐惧和匮乏的自由的理想,

考虑到各国根据联合国宪章负有义务促进对人的权利和自由的普遍尊重和遵行,

认识到个人对其他个人和对他所属的社会负有义务,应为促进和遵行本公约所承认的权利而努力,

下兹同意述各条:

第 一 部 分

第一条

一、所有人民都有自决权。他们凭这种权利自由决定他们的政治地位,并自由谋求他们的经济、社会和文化的发展。

二、所有人民得为他们自己的目的自由处置他们的天然财富和资源,而不损害根据基于互利原则的国际经济合作和国际法而产生的任何义务。在任何情况下不得剥夺一个人民自己的生存手段。

三、本公约缔约各国,包括那些负责管理非自治领土和托管领土的国家,应在符合联合国宪章规定的条件下,促进自决权的实现,并尊重这种权利。

第 二 部 分

第二条

一、每一缔约国家承担尽最大能力个别采取步骤或经由国际援助和合作,

特别是经济和技术方面的援助和合作,采取步骤,以便用一切适当方法,尤其包括用立法方法,逐渐达到本公约中所承认的权利的充分实现。

二、本公约缔约各国承担保证,本公约所宣布的权利应予普遍行使,而不得有例如种族、肤色、性别、语言、宗教、政治或其他见解、国籍或社会出身、财产、出生或其他身份等任何区分。

三、发展中国家,在适当顾到人权及它们的民族经济的情况下,得决定它们对非本国国民的享受本公约中所承认的经济权利,给予什么程度的保证。

第三条

本公约缔约各国承担保证男子和妇女在本公约所载一切经济、社会及文化权利方面有平等的权利。

第四条

本公约缔约各国承认,在对各国依据本公约而规定的这些权利的享有方面,国家对此等权利只能加以限制同这些权利的性质不相违背而且只是为了促进民主社会中的总的福利的目的的法律所确定的限制。

第五条

一、本公约中任何部分不得解释为隐示任何国家、团体或个人有权利从事于任何旨在破坏本公约所承认的任何权利或自由或对它们加以较本公约所规定的范围更广的限制的活动或行为。

二、对于任何国家中依据法律、惯例、条例或习惯而被承认或存在的任何基本人权,不得借口本公约未予承认或只在较小范围上予以承认而予以限制或克减。

第 三 部 分

第六条

一、本公约缔约各国承认工作权,包括人人应有机会凭其自由选择和接受的工作来谋生的权利,并将采取适当步骤来保障这一权利。

二、本公约缔约各国为充分实现这一权利而采取的步骤应包括技术的和职业的指导和训练,以及在保障个人基本政治和经济自由的条件下达到稳定的经济、社会和文化的发展和充分的生产就业的计划、政策和技术。

第七条

本公约缔约各国承认人人有权享受公正和良好的工作条件,特别要保证:

(甲)最低限度给予所有工人以下列报酬:

(1)公平的工资和同值工作同酬而没有任何歧视,特别是保证妇女享受不差于男子所享受的工作条件,并享受同工同酬;

（2）保证他们自己和他们的家庭得有符合本公约规定的过得去的生活。

（乙）安全和卫生的工作条件；

（丙）人人在其行业中有适当的提级的同等机会,除资历和能力的考虑外,不受其他考虑的限制；

（丁）休息、闲暇和工作时间的合理限制,定期给薪休假以及公共假日报酬。

第八条

一、本公约缔约各国承担保证：

（甲）人人有权组织工会和参加他所选择的工会,以促进和保护他的经济和社会利益；这个权利只受有关工会的规章的限制。对这一权利的行使,不得加以除法律所规定及在民主社会中为了国家安全或公共秩序的利益或为保护他人的权利和自由所需要的限制以外的任何限制。

（乙）工会有权建立全国性的协会或联合会,有权组织或参加国际工会组织；

（丙）工会有权自由地进行工作,不受除法律所规定及在民主社会中为了国家安全或公共秩序的利益或为保护他人的利益和自由所需要的限制以外的任何限制；

（丁）有权罢工,但应按照各个国家的法律行使此项权利。

二、本条不应禁止对军队或警察或国家行政机关成员的行使这些权利,加以合法的限制。

三、本条并不授权参加一九四八年关于结社自由及保护组织权国际劳工公约的缔约国采取足以损害该公约中所规定的保证的立法措施,或在应用法律时损害这种保证。

第九条

本公约缔约各国承认人人有权享受社会保障,包括社会保险。

第十条

本公约缔约各国承认：

一、对作为社会的自然和基本的单元的家庭,特别是对于它的建立和当它负责照顾和教育未独立的儿童时,应给以尽可能广泛的保护和协助。缔婚必须经男女双方自由同意。

二、对母亲,在产前和产后的合理期间,应给以特别保护。在此期间,对有工作的母亲应给以给薪休假或有适当社会保障福利金的休假。

三、应为一切儿童和少年采取特殊的保护和协助措施,不得因出身或其他条件而有任何歧视。儿童和少年应予保护免受经济和社会的剥削。雇用他们做对他们的道德或健康有害或对生命有危险的工作或做足以妨害他们正常发育的工作,依法应受惩罚。各国亦应规定限定的年龄,凡雇用这个年龄以下的童工,应予禁止和依法应受惩罚。

第十一条

一、本公约缔约各国承认人人有权为他自己和家庭获得相当的生活水准,包括足够的食物、衣着和住房,并能不断改进生活条件。各缔约国将采取适当的步骤保证实现这一权利,并承认为此而实行基于自愿同意的国际合作的重要性。

二、本公约缔约各国既确认人人享有免于饥饿的基本权利,应为下列目的,个别采取必要的措施或经由国际合作采取必要的措施,包括具体的计划在内:

(甲)用充分利用科技知识、传播营养原则的知识、和发展或改革土地制度以使天然资源得到最有效的开发和利用等方法,改进粮食的生产、保存及分配方法;

(乙)在顾到粮食入口国家和粮食出口国家的问题的情况下,保证世界粮食供应,会按照需要,公平分配。

第十二条

一、本公约缔约各国承认人人有权享有能达到的最高的体质和心理健康的标准。

二、本公约缔约各国为充分实现这一权利而采取的步骤应包括为达到下列目标所需的步骤:

(甲)减低死胎率和婴儿死亡率,和使儿童得到健康的发育;

(乙)改善环境卫生和工业卫生的各个方面;

(丙)预防、治疗和控制传染病、风土病、职业病以及其他的疾病;

(丁)创造保证人人在患病时都得到医疗照顾的条件。

第十三条

一、本公约缔约各国承认,人人有受教育的权利。它们同意,教育应鼓励人的个性和尊严的充分发展,加强对人权和基本自由的尊重,并应使所有的人能有效地参加自由社会,促进各民族之间和各种族、人种或宗教团体之间的了解、容忍和友谊,和促进联合国维护和平的各项活动。

二、本公约缔约各国认为,为了充分实现这一权利起见:

(甲)初等教育应属义务性质并一律免费;

(乙)各种形式的中等教育,包括中等技术和职业教育,应以一切适当方法,普遍设立,并对一切人开放,特别要逐渐做到免费;

(丙)高等教育应根据成绩,以一切适当方法,对一切人平等开放,特别要逐渐做到免费;

(丁)对那些未受到或未完成初等教育的人的基础教育,应尽可能加以鼓励或推进;

(戊)各级学校的制度,应积极加以发展;适当的奖学金制度,应予设置;教员的物质条件,应不断加以改善。

　　三、本公约缔约各国承担,尊重父母和(如适用时)法定监护人的下列自由:为他们的孩子选择非公立的但系符合于国家所可能规定或批准的最低教育标准的学校,并保证他们的孩子能按照他们自己的信仰接受宗教和道德教育。

　　四、本条的任何部分不得解释为干涉个人或团体设立及管理教育机构的自由,但以遵守本条第一款所述各项原则及此等机构实施的教育必须符合于国家所可能规定的最低标准为限。

第十四条

　　本公约任何缔约国在参加本公约时尚未能在其宗主领土或其他在其管辖下的领土实施免费的、义务性的初等教育者,承担在两年之内制定和采取一个逐步实行的详细的行动计划,其中规定在合理的年限内实现一切人均得受免费的义务性教育的原则。

第十五条

　　一、本公约缔约各国承认人人有权:

　　(甲)参加文化生活;

　　(乙)享受科学进步及其应用所产生的利益;

　　(丙)对其本人的任何科学、文学或艺术作品所产生的精神上和物质上的利益,享受被保护之利。

　　二、本公约缔约各国为充分实现这一权利而采取的步骤应包括为保存、发展和传播科学和文化所必需的步骤。

　　三、本公约缔约各国承担尊重进行科学研究和创造性活动所不可缺少的自由。

　　四、本公约缔约各国认识到鼓励和发展科学与文化方面的国际接触和合作的好处。

第 四 部 分

第十六条

　　一、本公约缔约各国承担依照本公约这一部分提出关于在遵行本公约所承认的权利方面所采取的措施和所取得的进展的报告。

　　二、(甲)所有的报告应提交给联合国秘书长;联合国秘书长应将报告副本转交经济及社会理事会按照本公约的规定审议;

　　(乙)本公约任何缔约国,同时是一个专门机构的成员国者,其所提交的报告或其中某部分,倘若与按照该专门机构的组织法规定属于该机构职司范围的事项有关,联合国秘书长应同时将报告副本或其中的有关部分转交该专门机构。

第十七条

一、本公约缔约各国应按照经济及社会理事会在同本公约缔约各国和有关的专门机构进行谘商后,于本公约生效后一年内,所制定的计划,分期提供报告。

二、报告得指出影响履行本公约义务的程度的因素和困难。

三、凡有关的材料应经本公约任一缔约国提供给联合国或某一专门机构时,即不需要复制该项材料,而只需确切指明所提供材料的所在地即可。

第十八条

经济及社会理事会按照其根据联合国宪章在人权方面的责任,得和专门机构就专门机构向理事会报告在使本公约中属于各专门机构活动范围的规定获得遵行方面的进展作出安排。这些报告得包括它们的主管机构所采取的关于此等履行措施的决定和建议的细节。

第十九条

经济及社会理事会得将各国按照第十六条和第十七条规定提出的关于人权的报告和各专门机构按照第十八条规定提出的关于人权的报告转交人权委员会以供研究和提出一般建议或在适当时候参考。

第二十条

本公约缔约各国以及有关的专门机构得就第十九条中规定的任何一般建议或就人权委员会的任何报告中的此种一般建议或其中所提及的任何文件,向经济及社会理事会提出意见。

第二十一条

经济及社会理事会得随时和其本身的报告一起向大会提出一般性的建议以及从本公约各缔约国和各专门机构收到的关于在普遍遵行本公约所承认的权利方面所采取的措施和所取得的进展的材料的摘要。

第二十二条

经济及社会理事会得提请从事技术援助的其他联合国机构和它们的辅助机构以及有关的专门机构对本公约这一部分所提到的各种报告所引起的任何事项予以注意,这些事项可能帮助这些机构在它们各自的权限内决定是否需要采取有助于促进本公约的逐步切实履行的国际措施。

第二十三条

本公约缔约各国同意为实现本公约所承认的权利而采取的国际行动应包括签订公约、提出建议、进行技术援助、以及为磋商和研究的目的同有关政府共同召开区域会议和技术会议等方法。

第二十四条

本公约的任何部分不得解释为有损联合国宪章和各专门机构组织法中确定联合国各机构和各专门机构在本公约所涉及事项方面的责任的规定。

第二十五条

本公约中任何部分不得解释为有损所有人民充分地和自由地享受和利用他们的天然财富与资源的固有权利。

第 五 部 分

第二十六条

一、本公约开放给联合国任何会员国或其专门机构的任何会员国、国际法院规约的任何当事国、和经联合国大会邀请为本公约缔约国的任何其他国家签字。

二、本公约须经批准。批准书应交存联合国秘书长。

三、本公约应开放给本条第一款所述的任何国家加入。

四、加入应向联合国秘书长交存加入书。

五、联合国秘书长应将每一批准书或加入书的交存通知已经签字或加入本公约的所有国家。

第二十七条

一、本公约应自第三十五件批准书或加入书交存联合国秘书长之日起三个月后生效。

二、对于在第三十五件批准书或加入书交存后批准或加入本公约的国家,本公约应自该国交存其批准书或加入书之日起三个月后生效。

第二十八条

本公约的规定应扩及联邦国家的所有部分,没有任何限制和例外。

第二十九条

一、本公约的任何缔约国均得提出对本公约的修正案,并将其提交联合国秘书长。秘书长应立即将提出的修正案转知本公约各缔约国,同时请它们通知秘书长是否赞成召开缔约国家会议以审议这个提案并对它进行表决。在至少有三分之一缔约国赞成召开这一会议的情况下,秘书长应在联合国主持下召开此会议。为会议上出席并投票的多数缔约国所通过的任何修正案,应提交联合国大会批准。

二、此等修正案由联合国大会批准并为本公约缔约国的三分之二多数按照它们各自的宪法程序加以接受后,即行生效。

三、此等修正案生效时,对已加接受的各缔约国有拘束力,其他缔约国仍受本公约的条款和它们已接受的任何以前的修正案的拘束。

第三十条

除按照第二十六条第五款作出的通知外,联合国秘书长应将下列事项通知同条第一款所述的所有国家：

（甲）按照第二十六条规定所作的签字、批准和加入；

（乙）本公约按照第二十七条规定生效的日期，以及对本公约的任何修正案按照第二十九条规定生效的日期。

第三十一条

一、本公约应交存联合国档库，其中文、英文、法文、俄文、西班牙文各本同一作准。

二、联合国秘书长应将本公约的正式副本分送第二十六条所指的所有国家。

附录二 《〈经济、社会、文化权利国际公约〉任择议定书》[①]

(2008年12月10日联合国大会通过)

序言

本议定书各缔约国

鉴于按照《联合国宪章》所宣布的原则,对人类家庭所有成员的固有尊严及其平等和不移权利的承认,乃是世界自由、正义与和平的基础,

提及《世界人权宣言》宣称人人生而自由,在尊严和权利上一律平等,人人有资格享有《宣言》所载的一切权利和自由,不会因种族、肤色、性别、语言、宗教、政见或其他观点、族裔或社会来源、财产、出生或其他身份而受任何歧视,

忆及《世界人权宣言》和诸人权公约均确认,只有在创造了使人可以享有其公民、文化、经济、政治和社会权利的条件的情况下,才能实现自由人类享有免于恐惧和匮乏的自由的理想,

重申所有人权和基本自由的普遍性、不可分割性、相互依存性和相互联系性,

忆及《经济、社会、文化权利国际公约》(下简称为"《公约》")各缔约国承诺将最大限度地利用其可利用之资源,各自采取步骤或经由国际援助和合作,特别是经济和技术方面的援助和合作采取步骤,以便通过一切适当方法,尤其是采取立法措施的方法,逐渐达到本公约所承认之权利的充分实现,

鉴于为了进一步达到《公约》的目的并实施《公约》各条款,授权经济、社会和文化权利委员会(下简称"委员会")行使本议定书所规定的职责是非常适当的,

均同意下述各条:

第1条 委员会受理和审查来文的职权

1. 成为本议定书缔约方的《公约》缔约国承认委员会根据本议定书各条款的规定拥有受理和审查来文的职权。

2. 若来文涉及不属于本议定书缔约方的《公约》缔约国,委员会则不应受理

[①] 该草案由黄金荣根据英文文本翻译,仅供参考。

这种来文。

第2条 来文

任何声称《公约》第二和第三部分所确认之任何权利受到侵犯并且属于缔约国管辖下的受害者个人或者由个人组成的群体，或者这些个人或群体的代表，均可提出来文。若来文是代表个人或者由个人组成的群体提出的，来文则应该经由他们的同意，除非来文者可以证明没有获得这种同意是有合理依据的。

第3条 可受理性

除非委员会确定来文者已用尽所有的国内救济手段，否则就不应对来文进行审查。但若这种救济手段的实施过程被不合理地拖延，则不应适用上述规则。

当遇到下述情况时，委员会应宣布对来文不予受理：

（1）在用尽国内救济手段后一年内没有提出来文的，但来文者可以证明在此时间期限内提出来文是不可能的除外；

（2）来文事项所涉事实发生在本议定书在有关缔约国生效之前的，除非那些事实一直延续到生效日期之后；

（3）委员会已经审查过同一事项或者其他国际调查或解决程序已经审查过或正在审查同一事项的；

（4）来文与《公约》条款不相容的；

（5）来文显然缺乏依据、没有经过充分论证或者单纯依据大众传媒报道的；

（6）来文是对提交来文权利的一种滥用，或者当

（7）来文是匿名或者不是以书面方式提出的。

第4条 没有表明明显遭受不利后果的来文

当来文并没有表明来文者曾遭受一个明显不利后果时，如有必要，委员会可以拒绝对来文进行审查，除非委员会认为此来文提出了一个具有普遍价值的重大问题。

第5条 临时性措施

1. 在收到来文之后作出决定之前，委员会可随时向有关缔约国转达请求其予以紧急考虑的下述请求，即请求缔约国采取在例外情况下可能需要的临时性措施，以免给来文所涉及的违反行为的受害者造成可能无可挽回的损失。

2. 尽管委员会依本条第1款的规定可行使自由裁量权，但这并不意味着它已对来文的可受理性和是非曲直作出了决定。

第6条 来文的送交

1. 除非委员会认为因来文没有提到有关的缔约国而不予受理，否则委员会应将根据本议定书提交给它的任何来文秘密提请有关缔约国注意。

2. 有关缔约国应在六个月内向委员会提交书面解释或者声明以澄清问题，若可能，还要说明缔约国已经提供的救济措施。

第 7 条 友好解决

1. 委员会应对有关缔约国进行斡旋,以便能够在尊重《公约》确定的义务基础上使问题得到友好解决。

2. 若通过友好解决方式达成协议,根据本议定书对来文进行的审查即告结束。

第 8 条 对来文的审查

1. 委员会对于依第 2 条收到的来文应根据所有向它提交的文件进行审查,只要这种文件也送交有关缔约国。

2. 委员会根据本议定书审查来文时应召开非公开会议。

3. 在依本议定书对来文进行审查时,委员会认为适当时可以参考源于其他联合国机构、专门机构、基金会、项目机构和机制的相关文件,源于包括区域性人权体制在内的其他国际组织的文件,以及缔约国提交的任何资料或评论。

4. 在依本议定书对来文进行审查时,委员会应审查缔约国根据《公约》第二部分规定所采取的步骤的合理性。在此过程中,委员会应牢记缔约国为了实施《公约》所确认的权利可以采取一系列可能的政策措施。

第 9 条 对委员会观点的回应

1. 在审查来文之后,委员会应将其对来文的观点及其可能提出的建议送达有关缔约国。

2. 缔约国应对委员会的观点及其可能提出的建议给予适当考虑,并应在六个月内向委员会提交一份书面回答,该回答应包含可以说明缔约国根据委员会的观点和建议已采取的任何行动的信息。

3. 委员会可请求缔约国在以后依《公约》第 16 条和第 17 条所提交的缔约国报告中,就其为了回应委员会的观点及其可能提出的建议,包括委员会认为适当的建议,而提出有关缔约国已经采取的措施的进一步信息。

第 10 条 国家间来文

1. 本议定书缔约国根据本条规定,可随时声明它承认委员会有权受理和审查一缔约国指控另一缔约国未履行《公约》义务的来文。根据本条规定所提出的可以予以受理和审查的来文,必须是由曾经声明承认委员会职权的缔约国所提出。若来文涉及没有作出此种声明的缔约国,则委员会不应予以受理。根据本条所受理的来文应根据下述程序进行处理:

(1) 若本议定书一缔约国认为另一缔约国没有履行《公约》的义务,它可以用书面来文的方式提请该缔约国注意此事项。该缔约国也可以将此事项告知委员会。在收到来文后三个月内,接收国应向提出来文的国家提供一份澄清此事项的书面解释或者其他任何书面声明,其中应在尽可能和相关的范围内,指出过去、现在或将来所适用或采取的国内程序和救济措施。

(2) 若最初来文的接收国在收到来文后六个月内,对该事项的处理没有令有关缔约国双方满意,则任何一国均有权以通知的方式将此事项提交委员会,并同时通知另一缔约国。

(3) 只有在委员会已经确定有关此事项的所有现有国内救济手段均已援用并穷尽的情况下,它才应处理提交给它的事项。但若这种救济手段的实施过程被不合理地拖延,则不应适用上述规则。

(4) 在遵循本款第(3)项规定的情况下,委员会应对有关缔约国进行斡旋,以便能够在尊重《公约》所确认的义务基础上使问题得到友好解决。

(5) 委员会依本条对来文进行审查时,应召开非公开会议。

(6) 对于依本款第(2)项提交给委员会的任何事项,委员会可请求本款第(2)项提到的有关缔约国提供任何相关的信息。

(7) 在委员会审查该事项时,本款第(2)项提到的有关缔约国应有权派代表出席并提出口头和(或)书面说明。

(8) 委员会自收到依本款第(2)项发出的通知之日起,应在合理的时间内按以下方式提出一项报告:

1) 若依第(4)项的规定就解决方案达成一致,委员会则应将其报告限于对事实和解决方案作一简短陈述;

2) 若依第(4)项的规定就解决方案未达成一致,委员会在其报告中则应陈述与有关缔约国之间的问题有关的事实。有关缔约国提出的书面说明和对口头说明的记录也应附在报告上。

对每一事项,均应将报告送交各有关缔约国。

2. 各缔约国根据本条第1款所作的声明应交存联合国秘书长;秘书长应将声明副本送交其他缔约国。缔约国可以通知秘书长的方式随时撤回声明。此种撤回不得影响对已按照本条规定送交之来文所涉任何事项的审议;在秘书长收到撤回声明的通知后,除非有关缔约国另作了一个新声明,否则就不应再接受该缔约国的来文。

第 11 条 调查程序

1. 本议定书缔约国可随时声明承认委员会依本条规定所享有的职权。

2. 若委员会获得的可靠信息表明,缔约国对《公约》第二和第三部分所确认的权利存在严重或系统的侵犯,委员会则应请求该国在对此信息的审查方面进行合作,并为此就有关信息提出评论。

3. 在考虑有关缔约国可能提出的任何评论以及任何其他可利用的可靠信息的基础上,委员会可指定其中一个或更多委员开展调查,并迅速向委员会提出报告。经缔约国批准或同意,调查也可包括到该国领土进行访问。

4. 这种调查应秘密进行，并且在此过程的任何阶段均应寻求缔约国的合作。

5. 在对此类调查的结果进行审查后，委员会应将这些结果以及任何评论或建议送交有关缔约国。

6. 有关缔约国应在收到委员会送交的调查结果、评论和建议后六个月内向委员会送交其评论。

7. 这类依第2款所进行的有关调查的程序结束之后，委员会在与有关缔约国协商之后可决定在其依第15条所作的年度报告中对此调查程序的结果作一简要叙述。

8. 任何已依本条第1款作出声明的缔约国可随时以通知秘书长的方式撤回此声明。

第12条　对调查程序的回应

1. 委员会可请求有关缔约国在其依《公约》第16条和第17条所提交的报告中加上为了回应依本议定书第11条所作的调查而采取的任何详细措施的内容。

2. 若有必要，委员会可在第11条第6款所指的六个月期限结束后，请求有关缔约国告知其为了回应这种调查而采取的措施。

第13条　保护措施

缔约国应采取一切适当措施确保其管辖下的个人不会因为依本议定书向委员会提出来文而受到任何形式的不公对待或胁迫。

第14条　国际援助和合作

1. 若来文和调查表明需要提供技术建议或援助，委员会在其认为适当的时候并在获得有关缔约国同意的情况下应向联合国各专门机构、各基金会和项目组织以及其他有权机构送交有关来文和调查的观点或建议；若缔约国对这些观点或建议提出评论和意见，也应将这些评论和意见一并送交这些机构。

2. 在有关缔约国同意的情况下，委员会也可将依本议定书所提出的来文中出现的任何问题提请这些机构注意，这些问题可能有助于它们在各自的专业领域内决定可能有助于援助国在实施《公约》所确认的权利方面取得进步的国际措施的可行性。

3. 应该依联合国大会的有关程序建立一个按联合国的财政条例和规则进行管理的信托基金，以便在有关缔约国同意的情况下为促进该缔约国对《公约》所确认权利的实施而为其提供专家和技术援助，从而在本议定书的范围内帮助其提高在经济、社会和文化权利领域的国家能力。

4. 本条规定不应影响各缔约国在履行《公约》所确定的义务方面所负有的各种义务。

第 15 条 年度报告

委员会应在其年度报告中简要叙述其依本议定书所开展的各种活动。

第 16 条 传播和信息

各缔约国均承诺将广泛宣传和传播《公约》和本议定书,增进人们获取委员会观点和建议,尤其是涉及该缔约国事项的观点和建议的机会,并以残疾人可以利用的形式这么做。

第 17 条 签署、批准和加入

1. 本议定书交由任何已签署、批准或加入《公约》的国家签署。

2. 本议定书交由任何已批准或加入《公约》的国家批准。批准书应交由联合国秘书长保存。

3. 本议定书交由任何已批准或加入《公约》的国家加入。

4. 自加入书交存联合国秘书长之时起,加入即发生效力。

第 18 条 生效

1. 本议定书应在第 9 份批准或加入书交存联合国秘书长之日起三个月后正式生效。

2. 在第 10 份批准或加入书交存后,对于任何批准或加入本议定书的国家,本议定书均应在交存批准或加入书之日起三个月后正式生效。

第 19 条 修正案

本《公约》任何缔约国均可对本议定书提出修正案并将其提交联合国秘书长。秘书长应将提议的修正案送交各缔约国,并要求其通知秘书长是否赞成召开缔约国会议以对提议进行审议并表决。若从秘书长送交提议之日起四个月内,至少 1/3 的缔约国赞成召开这一会议,秘书长则应以联合国的名义召开此会议。经出席和参与投票的 2/3 缔约国多数通过的任何修正案均应由秘书长提交联合国大会批准,并交由所有缔约国接受。

依本条第 1 款通过或批准的修正案应在交存之接受书数量达到修正案通过之日缔约国数量的 2/3 后第 30 日正式生效。此后,对于任何缔约国,修正案均应在其交存接受书后的第 30 日正式生效。修正案应只对那些接受它的缔约国有拘束力。

第 20 条 退约

1. 任何缔约国均可随时以书面通知联合国秘书长的方式退约。退约应于秘书长接到通知之日起六个月后正式生效。

2. 退约不应影响本议定书各项规定对退约生效日期前依第 2 条和第 10 条提出的任何来文或者依第 11 条提起的任何程序继续适用。

第 21 条 秘书长的通知

联合国秘书长应将下述事项通知《公约》第 26 条第 1 款提到的所有国家:

（1）依本议定书所进行的签署、批准和加入；

（2）本议定书和依第 19 条所提出的任何修正案的生效日期；

（3）依第 20 条所提出的退约。

第 22 条　官方语言

1. 本议定书应交存联合国档案库，其中阿拉伯文、中文、英文、法文、俄文和西班牙文文本均同样真实有效。

2. 联合国秘书长应将本议定书正式副本送交《公约》第 26 条提到的所有国家。

附件三　参考文献相关网址

联合国网站：http://www.un.org
国际劳工组织网站：http://www.ilo.org
欧洲理事会网站：http://www.coe.int
欧洲人权法院网站：http://www.echr.coe.int
欧洲社会权利委员会集体申诉案例网页：http://www.coe.int/t/dghl/monitoring/socialcharter/Complaints/Complaints_en.asp
联合国经济、社会和文化权利委员会网页：http://www2.ohchr.org/english/bodies/cescr/index.htm
经济、社会和文化权利委员会"一般性意见"汇编网页（中文）：http://daccess-dds-ny.un.org/doc/UNDOC/GEN/G08/422/34/PDF/G0842234.pdf?OpenElement
中国政府2003年提交的履行《经济、社会、文化权利国际公约》首次报告网页（中文）：http://daccess-ods.un.org/TMP/2225013.22627068.html
在经济、社会和文化权利委员会第34次会议期间中国政府与委员会的问答网页：http://www2.ohchr.org/english/bodies/cescr/docs/HR.CESCR.NONE.2004.10.pdf
经济、社会和文化权利委员会对中国首次履约报告得出的"结论性意见"网页：http://www.unhchr.ch/tbs/doc.nsf/(Symbol)/E.C.12.1.Add.107.En?Opendocument